글로벌 투자 리더들의
선택

글로벌 투자
리더들의
선택

초판 1쇄 인쇄 2025년 7월 14일
초판 1쇄 발행 2025년 7월 21일

지은이 남기성
펴낸이 이종두
펴낸곳 (주)새로운 제안

책임편집 엄진영
디자인 보통스튜디오
영업 문성빈, 김남권, 조용훈
경영지원 이정민, 김효선

주소 경기도 부천시 조마루로385번길 122 삼보테크노타워 2002호
홈페이지 www.jean.co.kr
쇼핑몰 www.baek2.kr(백두도서쇼핑몰)
SNS 인스타그램(@newjeanbook), 페이스북(@srwjean)
이메일 newjeanbook@naver.com
전화 032) 719-8041
팩스 032) 719-8042
등록 2005년 12월 22일 제386-3010000251002005000320호

ISBN 978-89-5533-668-9 (13320)

※이 책은 저작권법에 따라 보호를 받는 저작물이므로 무단 전재 및 복제를 금하며, 이 책의 전부 또는 일부 내용을 이용하려면 반드시 저작권자와 ㈜새로운 제안의 동의를 받아야 합니다.
※잘못 만들어진 책은 구입하신 서점에서 바꾸어드립니다.
※책값은 뒤표지에 있습니다.

글로벌 투자 리더들의 선택

세계를 움직이는
투자자들,
그들이 매수한 종목은?

남기성 지음

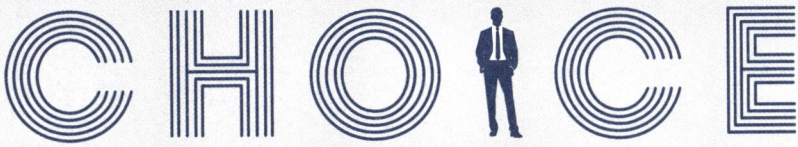

GLOBAL INVESTORS CHOICE

새로운제안

이 책을 읽는 방법 -
'단 하나의 기업' 선정 원칙과 특별 사례들

이 책은 각 투자 리더 및 기관의 핵심 투자 철학이 어떻게 구체적인 '단 하나의 기업또는 자산' 투자 결정으로 이어지는지를 탐구한다. '단 하나의 기업' 선정 과정은 각 투자 주체의 성격과 투자 방식의 다양성 때문에 여러 고려 사항을 포함한다.

1. 현대 기술 투자의 복잡성 - 오픈AI마이크로소프트와 같은 표기

오픈AI는 현대 기술 투자의 복잡성을 보여주는 대표적 사례이다. 챗GPT로 전 세계를 놀라게 한 오픈AI는 마이크로소프트와의 복잡한 파트너십 속에 놓여 있다. 마이크로소프트는 130억 달러 이상을 투자하고 애저 클라우드를 독점 제공하지만 오픈AI를 소유하지는 않으며 복잡한 수익 공유 계약과 비영리 거버넌스 구조를 가진다.

오픈AI 투자자는 마이크로소프트부터 세쿼이아, a16z, 엔비디아, 소프트뱅크, 피델리티까지 다양하며 최근 400억 달러 펀딩으로 3,000억 달러 기업 가치를 인정받았다. 이러한 기업은 기존 '단 하나의 기업' 분석 틀로는 설명하기 어려운 새로운 유형이다. 독자 이해를 위해 '오픈AI'로 단순 표기했다.

2. '단 하나의 기업' 선정의 어려움과 접근 방식

각 투자자 유형별로 다른 접근 방식을 적용했다.

○ 퀀트 펀드 - 짐 시몬스/르네상스, 시그마 등

이들은 수천 개의 종목을 초단타 또는 중단기 모델에 따라 매매한다. 특정 시점의 상위 1개 종목이 이들의 복잡한 전략이나 철학을 온전히 대표하기 어렵다. 이 경우, 해당 기업은 그들의 '투자 대상'이기 이전에 '투자 방법철학'이 구체적인 데이터와 알고리즘 분석을 통해 어떻게 어떤 유형의 기업으로 연결되는지 보여주는 '결과물' 또는 '예시'로서 제시된다. 기업 자체의 분석보다 그들의 '투자 방법론'에 더 많은 비중을 두어 서술했다.

○ 매크로 투자자 - 레이 달리오, 조지 소로스, 폴 튜더 존스 등

이들은 주식 외에 환율, 금리, 원자재 등 다양한 자산군에 투자하며, 주식 포지션은 거시 경제 전망에 따른 일시적인 베팅일 수 있다. 따라서 특정 주식 1개가 이들의 '단 하나의 기업'이라고 하기는 어렵지만, ETF IEMG, GLD, CME를 대표 종목으로 선정한 것은 그들의 거시적 자산 배분 관점이나 특정 시장선물/옵션에 대한 베팅을 상징적으로 보여주기 위함이다. 해당 자산 ETF, 거래소이 왜 그들의 거시 전략에 중요한지를 설명하는 데 초점을 맞춘다.

○ 행동주의 투자자 - 칼 아이칸, 빌 애크먼, 서드 포인트 등

이들의 '대표 종목'은 현재 또는 과거에 경영권 개입 등을 시도하며 큰 비중을 담았던 '타겟 기업'이다. 이 기업을 선정한 이유가 일반적인 장기 투자 관점과는 다르며, '주주 행동주의'라는 특성과 그들의 개입 방식이 기업에 미친 영향을 명확히 설명하는데 초점을 맞

춘다. 특정 기업의 문제점을 발견하고 해결하려는 시각을 조명한다.

○ 대형 패시브 운용사 - 블랙록, 피델리티 등

이들 자산 운용사는 특정 종목을 '선별'하는 것이 아니라 주요 시장 지수를 추종하여 수많은 기업들을 시가총액 비중대로 기계적으로 편입한다. 이 경우 '단 하나의 기업'은 운용사의 '선택' 결과가 아니라, 그 운용 방식패시브 지수 추종에 따라 포트폴리오에서 가장 큰 비중을 차지하게 된 '대표적인 조각'으로서 제시된다. 해당 종목을 '인덱스 투자와 거대 기관의 운용 방식'이라는 관점에서 서술한다.

○ JP모건과 골드만삭스

이들 회사는 전통적인 '자산 운용사'라기보다는 투자 은행 업무, 상업 은행, 자산 관리, 트레이딩 등 금융 산업의 거의 모든 영역을 아우르는 복합적인 '종합 금융 그룹'이다. 이들의 '단 하나의 기업'으로 상장된 지주 회사 자체JPM, GS를 선정한 것은, 개별 투자 사례보다 이러한 '종합 금융 그룹'이 가진 다면적인 사업 구조와 글로벌 자본 시장에서의 역할 전체를 상징적으로 보여주기 위함이다. 해당 기업이 왜 '글로벌 금융 시스템의 축약판'인지를 설명하는데 초점을 맞춘다.

○ 국부펀드와 연기금

각국의 서로 다른 설립 목적과 투자 철학을 반영한 다양한 접근 방식을 보인다. 이 책에서는 대표적인 노르웨이 국부펀드, 싱가포르 테마섹, 국민연금, 캘퍼스만을 다루었다. 사우디 PIF 와 Uber Technologies^UBER, 카타르 QIA와 Volkswagen AG ^VOW3.DE, 쿠웨이트 KIA와 Nestlé^NESN.SW, 중국 CIC와 Taiwan Semiconductor^TSMC, 싱가포르 GIC와 Alphabet^GOOGL, 일본 GPIF와 Amazon^AMZN, 캐나다 CPPIB와 J&J^JNJ 등은 좀 더 구체적으로 다루고 싶었으나 지면상 내용을 축소해서 담았다.

3. 중복 종목 처리

애플, 테슬라, 아마존, 마이크로소프트 등 시총 상위 기업들은 여러 투자자 포트폴리오에 공통적으로 등장한다. 이는 해당 기업들이 다양한 투자 기준에 부합하기 때문이다. 중복 최소화를 목표로 했지만 완전히 피하기는 어려워, 같은 기업이라도 각 투자자의 고유한 시각과 철학에서 다르게 조명했다. 패시브 운용사의 시가총액 기준 보유와 기술 투자자의 혁신 잠재력 투자는 근본적으로 다르게 서술된다.

4. 비트 코인 관련

한국에서는 암호화폐 거래소를 통한 비트코인 매매는 합법이지만 금융당국이 자본시장법 위반 소지를 이유로 현물 비트코인 ETF 투자는 금지하고 있으며 대신 선물 기반 비트코인 ETF^BITO 등나 비트코인 관련 기업 주식코인베이스 COIN, 마이크로스트래티지 MSTR, 로빈후드 HOOD 등을 통한 간접 투자가 가능하다.

프롤로그

'오마하의 현인' 워렌 버핏이 2025년 5월 버크셔 해서웨이 회장직에서 물러나며 하나의 시대가 저물었다. 거장의 퇴장은 세계 투자 시장에 큰 울림을 주었지만, 동시에 새로운 시대의 개막을 알리는 신호이기도 했다.

베일리 길포드는 2013년 테슬라에 주당 6달러분할 고려 시 0.4달러로 투자해 2024년 488달러까지 상승하며 1,220배의 놀라운 수익률을 기록했다. 2018년 모더나 IPO 당시에도 주당 23달러에 투자해 2021년 485달러까지 상승하며 3년 만에 21배 수익을 거두었다.

세쿼이아 캐피탈은 1977년 애플, 1999년 구글, 1993년 엔비디아가 스타트업이었을 때 '첫 번째 투자자'로 참여하며 천문학적 수익을 남겼다. 코튜 매니지먼트는 오픈AI, 앤트로픽, 캐릭터AI 같은 AI 혁명 기업들을 발굴하며 새로운 성공 사례를 만들고 있다.

투자 거장들의 선택은 수많은 이들에게 연구와 모방의 대상이 되었다. 그들은 어떻게 불확실한 시장에서 성공의 봉우리에 다다랐을까? 그들의 포트폴리오에는 어떤 비밀이 숨겨져 있을까?

금융 시장은 단 하루도 쉬지 않고 변화한다. 이러한 복잡한 환경 속에서 투자자들은 끊임없이 질문한다. 어디에 투자해야 하는가? 무엇을 믿어야 하는가? 어떻게 하면 소중한 자산을 안전하게 지키고 의미 있게 불릴 수 있을까?

이 책은 바로 이러한 질문에 대한 답을 찾는 여정이다. 우리는

'세계의 투자 거장들'에게서 그 지혜를 구한다. 오랜 세월 변치 않는 원칙으로 성공한 가치 투자자부터 파괴적 혁신에 베팅하는 성장 투자자, 거시 경제를 읽는 전략가, 기업 변화를 이끄는 행동주의자, 데이터와 알고리즘으로 시장을 해독하는 퀀트 투자자까지 그 스펙트럼은 매우 다양하다.

글로벌 투자 무대에서는 노르웨이 국부펀드, 싱가포르 테마섹, 한국 국민연금, 소프트뱅크 비전펀드 같은 거대 기관들의 움직임이 시장 전체에 큰 파도를 만든다. 이들이 선택하는 기업과 자산은 글로벌 자본 흐름을 보여주는 중요한 지표가 된다.

이 책의 차별점은 각 투자자의 '투자 철학과 그 철학이 투영된 단 하나의 기업'에 집중한다는 점이다. 35인의 투자 거장과 17개의 기관투자자들이 저마다의 독특한 시각으로 선택한, 그들의 투자 철학을 가장 잘 보여주는 '단 하나의 기업' 이야기가 핵심이다.

우리는 이 '단 하나의 기업'을 통해 해당 투자자가 무엇을 중요하게 생각하는지, 세상을 어떻게 바라보는지, 어떤 기준으로 기업을 평가하는지 그리고 '왜' 그 기업에 자본을 투입했는지 알아본다. 워렌 버핏의 코카콜라, 캐시 우드의 테슬라, 드러켄밀러의 엔비디아, 코튜 매니지먼트의 쇼피파이, 그 이야기 속에는 깊은 통찰이 숨겨져 있다.

이 책은 '파괴적 혁신' 기술 투자로 압도적 수익률을 거둔 사례들에 주목한다. 40달러 연체료에서 시작된 넷플릭스, 파산 직전에서 세계 최고 시총 기업으로 부활한 애플, 닷컴 버블 후 94.4% 폭락했다가 600배 상승한 아마존의 극적 여정은 투자의 본질을 보여준다. 2001년 아마존 저점6달러에 투자했다면 100만 원이 20년 만에 6억 원이 되었을 것이다20:1 분할 적용.

    이러한 경이로운 수익률의 배후에는 '장기 투자'와 '남다른 안목'이라는 공통된 철학이 있다. 단기적 시장 소음에 흔들리지 않고, 기업의 본질적 가치와 장기 성장 잠재력을 믿으며, 남들이 보지 못하는 기회를 포착하는 것이다.

    이 책은 궁극적으로 독자들이 '미래를 향한 자신만의 포트폴리오'를 구축하는 데 필요한 영감과 지혜를 제공한다. 어떤 투자 스타일이 자신에게 맞는지, 기업 분석 시 어떤 점에 주목해야 하는지, 위험 관리를 어떻게 해야 하는지에 대한 실질적 통찰을 얻을 수 있다.

    물론 투자에는 항상 위험이 따른다. 이 책의 사례들은 과거의 성공을 보여주지만, 과거 성과가 미래를 보장하지는 않는다. 이 책은 위대한 투자자들의 지혜로운 여정에서 배우는 교훈이 독자의 투자 판단에 도움이 되는 참고 자료가 되기를 바란다.

목차

이 책을 읽는 방법 - '단 하나의 기업' 선정 원칙과 특별 사례들   4
프롤로그   8

PART 1   위대한 개인 투자자들의 선택

CHAPTER 1   혁신과 성장의 선구자들   18

1 | 캐시 우드와 테슬라   19
2 | 낸시 텐글러와 일라이 릴리   28
3 | 톰 리와 마이크로스트래티지   36
4 | 마크 안드리센과 로블록스   43
5 | 크리스티 설리번과 브로드컴   51
6 | 줄리안 로버트슨과 스타벅스   59

CHAPTER 2   거시경제 전략가들   67

7 | 레이 달리오와 신흥국 시장 ETF   68
8 | 스탠리 드러켄밀러와 엔비디아   77
9 | 조지 소로스와 팔란티어 테크놀로지스   86
10 | 제레미 그랜섬과 넥스트에라 에너지   97
11 | 트레이시 셰이던과 엑손모빌   105
12 | 제프리 군들라흐와 SPDR Gold Shares   113
13 | 폴 튜더 존스와 CME Group   122

CHAPTER 3　행동주의와 위기 투자자들　129

14 | 칼 아이칸과 옥시덴탈 페트롤리움　130
15 | 빌 애크먼과 치폴레 멕시칸 그릴　138
16 | 데이비드 아인혼과 제너럴 모터스　145
17 | 데이비드 테퍼와 메타 플랫폼스　152
18 | 마이클 버리와 징동닷컴　161

CHAPTER 4　퀀트 & 기술적 분석가들　168

19 | 짐 시몬스와 노보 노디스크　169
　○ AI를 이용한 투자 - 르네상스에서 개인 AI 전략까지　177
20 | 켄 그리핀과 아마존　183
21 | 투 시그마와 서비스나우　192
22 | 마크 미너비니와 슈퍼 마이크로 컴퓨터　199
23 | 에드 소프와 퀄컴　206

CHAPTER 5　애널리스트 및 시장 분석가들　212

24 | 토니 사코나기와 애플　213
25 | 아담 조나스와 테슬라　221
26 | 마크 마하니와 넷플릭스　229
27 | 리치 그린필드와 월트 디즈니　237
28 | 댄 아이브스와 엔비디아　245

CHAPTER 6　가치투자의 거장들　253

29 | 워렌 버핏과 코카콜라　254
30 | 가이 스피어와 마스터카드　262
31 | 조엘 그린블랫과 알파벳　270
32 | 하워드 막스와 브룩필드 자산운용　279

33	브루스 베어코위츠와 뱅크오브아메리카	289
34	세스 클라만과 아메리칸 인터내셔널 그룹	297
35	빌 밀러와 JP모건 체이스	305

PART 2 기관의 시선
-거대한 자본은 어디로 향하는가

CHAPTER 1 국부펀드와 글로벌 연기금 316

36	노르웨이 국부펀드와 마이크로소프트	317
○ 노르웨이 국부펀드 - 규모, 재원 그리고 성공적인 운용 비결	325
37	싱가포르 테마섹과 메이투안	328
38	국민연금과 월마트	336
39	캘퍼스와 버크셔 해서웨이	343
○ 글로벌 국부펀드와 연기금의 투자 철학	351

CHAPTER 2 글로벌 자산운용사 356

40	JP모건과 JPM	357
41	골드만삭스와 골드만삭스 그룹	365
42	블랙록과 마이크로소프트	372
43	피델리티와 넷플릭스	381
○ 글로벌 금융 시장의 핵심 주체들	390

| CHAPTER 3 | **사모 & 성장 투자기관** | 394 |

44 | 세쿼이아 캐피탈과 에어비앤비　　　　395
45 | 소프트뱅크 비전펀드와 Arm 홀딩스　　　405
46 | 베일리 길포드와 모더나　　　　　　　　413
47 | 코튜 매니지먼트와 쇼피파이　　　　　　422
48 | 베인 캐피털과 도미노 피자　　　　　　　431
○ 시장의 숨은 거인 - 서스쿼해나　　　　　439
○ 시장을 뒤흔든 호랑이 - 타이거 글로벌　　440

| CHAPTER 4 | **퀀트 & 헤지펀드** | 441 |

49 | 브리지워터 어소시에이츠와 프록터 앤 갬블　442
50 | 서드 포인트와 델 테크놀로지스　　　　　451
51 | 포인트72와 팔로알토 네트웍스　　　　　460
52 | 엘리엇 매니지먼트와 현대자동차 그룹　　468

에필로그　　　　　　　　　　　　　　　　477

PART 1

위대한 개인 투자자들의 선택

CHAPTER 1

혁신과 성장의 선구자들

1 | 캐시 우드와 테슬라
2 | 낸시 텐글러와 일라이 릴리
3 | 톰 리와 마이크로스트래티지
4 | 마크 안드리센과 로블록스
5 | 크리스티 설리번과 브로드컴
6 | 줄리안 로버트슨과 스타벅스

캐시 우드Cathie Wood와 테슬라Tesla, TSLA

혁신의 물결을 타는 미래가치 발굴가

캐시 우드Cathie Wood는 2014년 자신이 설립한 자산 운용사 아크 인베스트ARK Invest를 통해 **파괴적 혁신**Disruptive Innovation 분야에 집중 투자하며 전 세계적인 명성을 얻은 인물이다. 전통적인 투자 방식에서 벗어나 인공지능, 로봇공학, 에너지 저장, DNA 시퀀싱, 블록체인 기술과 같이 세상을 근본적으로 변화시킬 기술에 초기부터 투자하는 전략을 추구했다.

2020년 팬데믹 이후 기술주 강세장에서 아크 인베스트의 ETF들이 기록적인 수익률을 올리면서 '돈 나무 언니'라는 별명으로 불리며 개인 투자자들 사이에서 폭발적인 인기를 얻었다. 비록 2022년 기술주 하락장에서 큰 손실을 겪기도 했지만, 자신의 투자 철학을 굽히지 않고 장기적인 비전을 강조하며 논쟁의 중심에 서 있다.

아크 인베스트는 투명한 리서치와 모델 공개를 통해 투자 과정을 공유하는 것으로도 유명하다.

캐시 우드의 투자 철학

캐시 우드와 아크 인베스트의 투자 철학은 '파괴적 혁신 플랫폼'에 대한 깊이 있는 연구와 장기적인 비전 투자로 요약된다. 이들은 기술 발전이 특정 임계점을 넘어서면 비용 하락과 성능 향상이 급격히 일어나 기존 산업을 파괴하고 완전히 새로운 시장을 창출한다고 본다.

- **파괴적 혁신 기술 식별** - 인공지능, 로봇공학, 유전체학, 에너지 저장, 블록체인 등 세상을 바꿀 5대 핵심 혁신 플랫폼 기술을 식별하고 이 기술들이 어떻게 융합되고 발전하는지를 연구한다.
- **비용 하락과 성장 잠재력** - 이러한 혁신 기술을 통해 비용 곡선이 급격히 하락하고 채택률이 빠르게 증가하면서 폭발적인 시장 성장과 기업 가치 상승을 이끌어낼 잠재력을 가진 기업을 찾는다.
- **장기 투자** 5-10년 - 단기적인 시장 변동에 일희일비하지 않고, 혁신 기술의 잠재력이 현실화될 때까지 5년에서 10년 이상의 장기적인 관점에서 투자한다.

- **고高집중 투자** - 연구를 통해 확신을 가진 소수의 혁신 기업에 포트폴리오의 상당 부분을 집중 투자하여 성공 시 수익률을 극대화하는 전략을 취한다.
- **오픈 리서치** - 투자 모델, 리서치 자료, 웨비나Webinar, 'Web'과 'Seminar'를 결합한 용어로, 온라인으로 진행되는 세미나나 강의를 의미한다 등을 공개하여 투자 과정의 투명성을 높이고 투자 아이디어를 공유한다.

테슬라Tesla, 파괴적 혁신의 상징

테슬라Tesla, TSLA는 캐시 우드와 아크 인베스트의 파괴적 혁신 투자 철학을 가장 잘 보여주는 대표적인 기업이다. 테슬라는 아크 인베스트의 포트폴리오에서 가장 큰 비중을 차지해왔으며, 캐시 우드가 자신의 투자 논리를 설명할 때 가장 자주 인용하는 기업 중 하나이다.

테슬라는 일론 머스크가 이끄는 전기차EV 제조업체로 가장 잘 알려져 있지만 단순히 자동차를 넘어 배터리 기술, 에너지 저장 솔루션파워월, 메가팩, 태양광 발전, 인공지능자율주행 오토파일럿/FSD, 로보틱스 옵티머스, 소프트웨어 등 광범위한 기술 영역을 아우르는 기업이다. 설계, 제조, 판매, 충전 인프라, 소프트웨어까지 수직 계열화된 독특한 사업 모델을 가지고 있다.

아크 인베스트는 테슬라를 단순한 자동차 회사가 아니라, 여러 '파괴적 혁신 플랫폼'의 교차점에 있는 기업으로 여겼다. 자동차 산업뿐 아니라 에너지 산업까지 혁신하려는 야심 찬 비전을 가진 기업으로서 기술 혁신과 빠른 실행력으로 시장의 기대를 한 몸에 받고 동시에 논란의 중심에 서기도 했다.

 **캐시 우드의 테슬라 투자 논리**

캐시 우드가 테슬라를 '파괴적 혁신의 상징'이자 자신의 대표적인 투자 종목으로 삼은 배경에는 아크 인베스트만의 독특한 시각과 장기적인 모델링이 있었다.

- **다중 혁신 플랫폼의 교차점** - 아크 인베스트는 테슬라를 전기차 자율주행, 공유 모빌리티, 에너지 저장, 로봇공학, 인공지능 등 여러 파괴적 혁신 플랫폼의 교차점에 있는 기업으로 보았다. 이는 아크 인베스트가 추구하는 여러 혁신 테마에 동시에 해당하는 기업이었다.
- **비용 하락과 시장 성장 잠재력** - 배터리 비용이 지속적으로 하락하고 있으며 이는 전기차 및 에너지 저장 시스템의 가격 경쟁력을 높여 시장 채택률을 크게 증가시킬 것이라고 예측했다. 테슬라는 이러한 비용 하락을 주도하며 생산 규모 확대를 통해 추가적인 비용 절감을 이룰 수 있는 능력이 있다고 보았다.
- **데이터와 인공지능 리더십** - 테슬라가 수백만 대의 차량을 통해 자율주행 데이터를 축적하고 이를 기반으로 AI 소프트웨어를

개발하는 능력이 경쟁사 대비 압도적인 우위에 있다고 평가했다. 자율주행 기술의 발전은 '로보택시'와 같은 새로운 공유 모빌리티 시장을 창출하고 테슬라에게 막대한 수익을 가져다줄 잠재적인 미래 성장 동력으로 보았다.

- **수직 계열화와 혁신 속도 -** 테슬라의 설계, 제조, 소프트웨어, 판매, 충전 인프라까지 아우르는 수직 계열화는 전통적인 자동차 회사와 차별화되는 지점이었다. 아크는 이러한 구조가 기술 혁신을 가속화하고 시장 변화에 더 빠르게 대응할 수 있는 테슬라만의 강점이라고 보았다.
- **비전과 실행력 -** 일론 머스크라는 리더의 비전과 테슬라의 빠른 실행력 또한 아크가 테슬라에 높은 점수를 준 요인이었다. 비록 논란이 많았지만, 아크 인베스트는 테슬라가 제시하는 미래 비전과 그것을 현실로 만들어가는 실행 능력이 파괴적 혁신 기업에게 요구되는 자질이라고 평가했다.

캐시 우드에게 테슬라는 단순히 돈을 잘 버는 기업을 넘어, 아크 인베스트가 정의하는 파괴적 혁신 기술이 현실 세계를 어떻게 변화시키고 기업 가치를 급격히 성장시킬 수 있는지를 보여주는 대표적 사례이자 투자 철학의 상징이었다.

차마스 팔리하피티야의 테슬라에 대한 시각

차마스 팔리하피티야Chamath Palihapitiya는 스리랑카계 캐나다-미국인 벤처 투자자이자 억만장자로, 페이스북 초기 경영진으로 성공한 후 소셜 캐피털Social Capital을 설립하여 기술 기업과 성장 투자에 집중해왔다.

SPAC기업인수목적회사를 활용하여 소파이SoFi, 버진 갤럭틱Virgin Galactic, 오픈도어Opendoor에 대한 투자로 막대한 이익을 남긴 것으로 알려져 있으며 '올인All-In' 팟캐스트의 공동 진행자로서 대담하고 논쟁적인 발언으로 주목받고 있다.

2020년 2월 CNBC 인터뷰에서 테슬라를 공매도하는 투자자들을 비판하며 일론 머스크를 "역사상 가장 혁신적인 기업가 중 한 명"으로 평가했다. 당시 그는 테슬라 주가가 3배 이상 크게 상승할 것분할 후 2024년 말에 488달러까지 상승하여 2020년 8월 5:1과 2022년 8월 3:1 주식 분할 적용으로 산출해 보면 결국 그의 전망이 정확하게 맞았다.이라 전망하며 "테슬라 주식을 한 주도 팔지 말라"고 조언했다. 특히 테슬라를 단순한 자동차 회사가 아닌, '분산 에너지 기업'으로 보는 시각을 강조했다.

"나는 왜 사람들이 잘 돌아가고 있는 것을 팔려고 하는지 이해하지 못한다. 당신은 무엇을 하고 있는지 아는 사람들과 함께하기 위해 돈을 받는 것이고, 이 사람일론 머스크은 일관되게 세계에서 가장 중요한 기업가 중 한 명이었다. 그렇다면 왜 그에게 맞서 베팅하는가?"

 **테슬라 투자를 통해 배우는 교훈**

캐시 우드의 테슬라 투자 사례는 파괴적 혁신 투자에 대한 중요한 교훈을 준다.

1. **미래 기술 플랫폼을 알아보는 시각** - 현재의 기업 모습만이 아닌, 기술 발전을 통해 앞으로 세상을 어떻게 변화시킬지를 상상하고 예측하는 능력이 필요하다.

2. **비용 곡선의 하락과 성장 가능성** - 기술 발전으로 인해 제품/서비스의 비용이 급격히 낮아지면 폭발적인 시장 확대가 일어날 수 있으며 이러한 변화를 이끄는 기업에 큰 기회가 있다.

3. **장기적 관점과 확신** - 파괴적 혁신은 현실화되기까지 오랜 시간이 걸리고 변동성이 크다. 단기적인 시장의 움직임이나 부정적인 시각에 흔들리지 않고 자신의 비전에 대한 확신을 가지고 인내해야 한다.

4. **기술 융합의 시너지 효과** - 테슬라처럼 여러 혁신 기술EV, 배터리, AI, 에너지이 결합되어 새로운 가치를 창출하는 기업이 더 큰 잠재력을 가질 수 있다.

5. **전통 산업의 파괴적 혁신** - 자동차와 같은 오래된 전통 산업도 새로운 기술과 접목되면 완전히 다른 가치를 창출할 수 있으며 이러한 산업 변혁에 초점을 맞춘 투자가 큰 성과를 낼 수 있다.

 ## 케시 우드 스타일의 포트폴리오

캐시 우드의 투자 철학과 접근 방식을 현대 시장에 적용한다면 다음과 같은 포트폴리오 구성을 고려할 수 있다.

● AI + 자율주행 혁신 (35%)

- Tesla^{TSLA} – 전기차, 자율주행, 에너지, 로봇을 아우르는 다중 혁신 플랫폼
- UiPath^{PATH} – RPA로보틱 프로세스 자동화 분야 리더, 업무 혁신의 핵심
- NVIDIA^{NVDA} – AI 인프라 필수 기업

● 유전체학/헬스케어 혁신 (30%)

- Exact Sciences^{EXAS} – 암 조기 진단 혁신 기업, 비용 하락과 보급 확산 예상
- CRISPR Therapeutics^{CRSP} – 유전자 편집 치료 분야 선두주자
- PacBio^{PACB} – 장거리 유전체 분석 기술ARKG ETF 주요 편입 종목

● 에너지 저장 + 클린테크 (20%)

- QuantumScape^{QS} – 차세대 전고체 배터리 기술 개발, 잠재력 높음
- Stem^{STEM} – 에너지 저장 및 AI 기반 에너지 최적화 플랫폼

● 블록체인/디지털 경제 (15%)

- Coinbase^{COIN} – 디지털 자산 인프라 대표주
- Block^{SQ} – 비트코인, 디지털 결제 혁신 기업

캐시 우드 스타일의 투자 포트폴리오는 "AI, 유전체학, 에너지 저장, 블록체인 분야의 초기 리더들에 집중 투자하며 장기 인내와 기

술 비용 하락, 대중화 트렌드를 포착하는 전략"으로 요약할 수 있다. 높은 변동성을 감수하더라도 미래를 바꿀 기술에 아직 시장이 과소평가하는 기업을 발굴하여 장기적 관점에서 투자하는 것이 그녀의 핵심 전략이다.

낸시 텐글러 Nancy Tengler 와
일라이 릴리 Eli Lilly, LLY

**안정 속 성장을
추구하는 가치 검증**

낸시 텐글러는 라퍼 텐글러 인베스트먼트 Laffer Tengler Investments 의 최고 투자 책임자 CIO 로서, 안정적이고 신뢰할 수 있는 대형 우량주에 장기 투자하는 전략으로 알려져 있다. 그녀는 금융 시장에서 깊은 통찰력과 보수적 철학으로 명성을 쌓은 투자 전문가다. 라퍼 텐글러 인베스트먼트의 수장으로서, 화려한 혁신 기업보다 건실한 기초체력을 갖춘 기업을 발굴하는 데 주력한다.

그녀의 투자 레이더는 이미 검증된 비즈니스 모델, 일관된 수익 창출력 그리고 주주 친화적 정책을 가진 기업들을 향한다. 텐글러는 거시경제 환경을 분석하는 능력과 기업 가치를 정확히 평가하는 안목으로, 시장 변동성 속에서도 흔들리지 않는 견고한 포트폴리오를 구축해왔다. 특히 배당 성장주에 대한 그녀의 독특한 접근법은 많은 투자자들에게 안정적인 수익과 자본 보존의 균형을 제시한다. 화려한 스포트라이트보다 꾸준한 성과를 추구하는 전략은 시장의 광풍이 지나간 후에도 살아남는 진정한 가치 투자의 본질을 보여준다.

낸시 텐글러의 투자 철학

경제 분석가인 아서 라퍼Arthur Laffer와 함께 회사를 이끌며 거시 경제 환경도 참고하지만 그녀의 핵심 투자 전략은 다음 세 가지 원칙을 중심으로 한다.

- **퀄리티**Quality - 기업의 재무 건전성낮은 부채 비율, 일관된 이익 성장 기록, 강력한 현금 흐름, 시장 내 확고한 경쟁 우위, 유능한 경영진 등을 평가한다. 위기 상황에서도 흔들리지 않는 튼튼한 기업을 우선시한다.
- **성장**Growth - 혁신이나 시장 확장을 통해 지속 가능한 성장을 이룰 잠재력을 가진 기업을 찾는다. 급격하고 예측하기 어려운 '파괴적' 성장보다는 검증된 기술이나 시장 지위를 바탕으로 하는 안정적인 성장에 초점을 맞춘다. 연구 개발R&D 역량이나 신규 시장 개척 능력이 중요한 평가 요소다.
- **인컴**Income - 기업이 벌어들인 이익을 주주에게 배당금 형태로 지급하거나 자사주 매입을 통해 주주 가치를 높이는 정책

을 중요하게 여긴다. 배당금은 안정적인 현금 흐름을 제공하며 기업의 재무적 안정성을 보여주는 지표로 활용한다.

이러한 원칙 아래 텐글러는 시장의 단기 변동에 좌우되지 않고 장기적인 관점에서 투자하며 다양한 금융 미디어를 통해 투자 전략과 시장 전망에 대한 의견을 활발히 공유하고 있다.

 **일라이 릴리**Eli Lilly**, 퀄리티 기반 혁신 성장의 모델**

일라이 릴리는 1876년에 설립된 오랜 역사와 전통을 가진 세계적인 제약 회사다. 당뇨, 암, 면역 질환, 신경 과학 등 다양한 질병 분야에서 의약품을 연구, 개발, 생산하는 기업으로, 제약 산업의 핵심인 연구 개발R&D 역량에서 뛰어난 성과를 보여왔다.

최근에는 비만 및 당뇨 치료제 분야에서 티르제파티드 성분을 활용한 혁신적인 신약마운자로, 젭바운드을 성공적으로 출시하며 전례 없는 성장세를 기록하고 있다. 낸시 텐글러의 포트폴리오에서 일라이 릴리는 중요한 비중을 차지하며 그녀의 '퀄리티 + 성장 + 인컴' 투자 철학을 구현하는 대표적인 기업으로 평가받고 있다.

낸시 텐글러의 일라이 릴리 투자 논리

낸시 텐글러가 일라이 릴리를 주요 투자 종목으로 선택한 이유는 다음과 같은 투자 논리에 기반한다.

- **헬스케어 섹터 내 최상급 퀄리티** - 제약 산업은 경기 변동에 덜 민감한 방어적 성격을 지닌다. 질병 치료제에 대한 수요는 경제 상황과 무관하게 꾸준하며 신약 개발 및 규제 승인의 높은 장벽은 강력한 경쟁 우위를 제공한다. 일라이 릴리는 탁월한 R&D 역량, 글로벌 유통망, 튼튼한 재무 구조로 헬스케어 섹터에서도 최상의 퀄리티를 가진 기업이다.
- **R&D 기반 지속 가능한 성장** - 일라이 릴리의 성장은 단기적 유행이 아닌 수십 년간의 R&D 투자와 과학적 역량이 결실을 맺은 결과다. 특히 당뇨/비만 치료제 시장에서의 혁신적 신약 개발은 전 세계적 수요를 창출하며 폭발적인 매출 및 이익 성장으로 이어졌다. 텐글러는 이러한 과학 기반 성장이 지속 가능하다고 판단했다.
- **주주 친화적 정책** - 일라이 릴리는 오랜 기간 꾸준히 배당금을 지급해 온 기업이다. 주가 급등으로 배당 수익률은 다소 낮아졌으나, 안정적인 배당 정책과 강력한 이익 성장을 바탕으로 한 배당금 증액 및 자사주 매입 여력은 텐글러의 '인컴' 기준을 충족시켰다.

● **방어적 특성과 성장성의 균형** - 일라이 릴리는 헬스케어라는 방어적 섹터에 속해 시장 불황기에도 상대적 안정성을 갖추면서, 동시에 혁신적인 신약 파이프라인을 통해 바이오테크 기업 수준의 성장 잠재력을 보유하고 있다. 이러한 방어력과 성장성의 균형은 텐글러의 투자 전략과 완벽히 일치한다.

드러켄밀러의 눈으로 본 일라이 릴리

스탠리 드러켄밀러는 현대 투자 역사상 가장 성공적이고 유연한 거시 투자자 중 한 명이다. 그는 자신의 듀케인 패밀리 오피스(Duquesne Family Office)를 통해 일라이 릴리 주식에 상당한 규모로 투자하며 주목받았다.

드러켄밀러의 투자 방식은 낸시 텐글러처럼 기업의 '퀄리티'나 '인컴'에 집중하는 전통적인 가치/성장 투자와는 다르다. 그는 거시 경제의 큰 흐름과 시장을 움직이는 주요 트렌드를 파악하고 유연하게 대규모 베팅을 한다. 일라이 릴리가 그의 포트폴리오에서 상당한 비중을 차지한 것은 바로 일라이 릴리가 가진 거대한 시대적 트렌드의 수혜 기업으로서의 잠재력을 읽었기 때문이다.

그는 인구 고령화와 건강에 대한 관심 증가라는 장기적인 메가 트렌드 속에서 비만 및 당뇨 치료제 시장이 폭발적으로 성장할 것을 예측했다. 특히 일라이 릴리가 개발한 '티르제파타이드(Tirzepatide)' 성분의 약물(마운자로, 젭바운드)이 보여준 획기적인 체중 감량 효과는 이 시장의 판도를 바꿀 게임 체인저가 될 것이라고 판단했다.

드러켄밀러는 일라이 릴리가 단순히 하나의 신약을 개발한 회사를 넘어, 수조 달러 규모로 성장할 비만 치료제 시장이라는 거대한 트렌드의 가장 강력하고 직접적인 수혜자가 될 것이라고 보았다. 그의 일라이 릴리 투자는 강력한 거시 트렌드와 그 핵심 수혜 기업에 대한 베팅이었다. 결과적으로 일라이 릴리의 주가는 드러켄밀러가 투자한 2022년 초 250달러 수준에서 신약의 성공과 함께 드라마틱하게 상승했고, 약 3년 만에 3-4배에 달하는 막대한 수익을 거두었다. 이는 일라이 릴리가 낸시 텐글러처럼 퀄리티와 성장을 중시하는 투자자에게도 그리고 드러켄밀러처럼 거대한 트렌드를 읽고 기회에 베팅하는 투자자에게도 매력적인 '훌륭한 기업'이었음을 보여주는 사례이다. 드러켄밀러의 일라이 릴리 투자는 거시적 통찰이 어떻게 특정 기업에 대한 대규모 베팅으로 이어지고 큰 성공을 거두는지를 보여준다.

 **일라이 릴리 투자를 통해 배우는 낸시 텐글러의 교훈**

낸시 텐글러의 일라이 릴리 투자 사례에서 얻을 수 있는 중요한 교훈은 다음과 같다.

1. **전통 산업 내 혁신 가치** - 성장 기회는 첨단 기술 섹터에만 국한되지 않는다. 전통적이고 안정적인 산업 내에서도 꾸준한 R&D와 혁신을 통해 폭발적인 성장을 달성하는 기업이 존재한다. 이러한 '퀄리티 기반 성장주'는 뛰어난 투자 대상이 될 수 있다.
2. **기업 퀄리티의 중요성** - 불확실한 시장 환경에서 기업의 퀄리티는 중요한 방어선이 된다. 일관된 이익 창출, 튼튼한 재무 구조 그리고 산업의 방어적 특성은 시장 변동성에 대한 완충재 역할을 한다.
3. **R&D 역량의 가치** - 특히 제약 산업과 같이 연구 개발이 미래를 좌우하는 분야에서는 기업의 과학적 역량과 파이프라인신약 개

발 현황을 깊이 이해하는 것이 중요하다.
4. **균형 잡힌 투자 접근법** - 성장, 퀄리티, 인컴의 균형을 추구하는 전략은 장기적으로 안정적이면서도 뛰어난 성과를 달성하는 데 효과적이다.
5. **전통과 혁신의 공존** - 오랜 역사를 가진 기업도 끊임없이 혁신한다면 새로운 성장 기회를 창출할 수 있다.

낸시 텐글러 스타일의 포트폴리오

낸시 텐글러의 투자 철학과 접근 방식을 현대 시장에 적용한다면 다음과 같은 포트폴리오 구성을 고려할 수 있다.

● **헬스케어 (40%)**
- Eli Lilly^{LLY} - 비만·당뇨 치료제 혁신과 탄탄한 퀄리티를 갖춘 기업
- Novo Nordisk^{NVO} - GLP-1 치료제 세계 1위로, 안정성과 성장성을 동시에 보유
- UnitedHealth Group^{UNH} - 미국 최대 헬스케어 보험·서비스 기업으로 견고한 수익성 유지

● **소비재/생활필수품 (20%)**
- Procter & Gamble^{PG} - 소비재 대표주로 불황기에도 강한 방어주 특성 보유
- Coca-Cola^{KO} - 글로벌 소비재 브랜드로 높은 배당 지급 능력

● **기술 대형주 (20%)**

- Microsoft^MSFT – 클라우드^Azure 기반 안정적 성장과 높은 퀄리티
- Apple^AAPL – 강력한 브랜드와 서비스 부문 성장으로 안정성과 성장성 모두 갖춤

● **금융 (10%)**

- JPMorgan Chase^JPM – 미국 최대 은행으로 탄탄한 재무구조 보유
- Visa^V – 글로벌 결제 인프라 리더로 높은 수익성과 성장성 확보

● **산업/인프라 (10%)**

- Caterpillar^CAT – 인프라 투자 수혜와 경기순환성 방어력을 갖춘 기업

낸시 텡글러의 현대 포트폴리오는 "검증된 퀄리티와 지속 가능한 성장성을 모두 갖춘 기업들에 장기 투자하는 전략"으로 요약할 수 있다. 높은 변동성보다는 안정적이고 예측 가능한 성과를 중시하며 특히 불확실한 시장 환경에서도 견고함을 유지할 수 있는 핵심 우량주를 선호한다.

톰 리Tom Lee와
마이크로스트래티지MicroStrategy, MSTR

데이터로 미래를 읽는
시장 흐름의 항해사

톰 리Tom Lee는 미국의 대표적인 시장 전략가이자 리서치 회사인 펀드스트랫 글로벌 어드바이저스Fundstrat Global Advisors의 공동 설립자이다. 그는 개별 기업의 심층 분석보다는 거시 경제 지표, 시장 사이클, 산업 동향 분석을 통해 전체 시장 방향이나 특정 섹터의 전망을 제시하는 역할로 잘 알려져 있다. 특히 '펀드스트랫 바운스Fundstrat Bounce'라는 용어로 회자되는 강세장 전망을 제시해왔으며 전통적인 주식 시장 분석뿐 아니라 비트코인에 대한 깊이 있는 분석과 낙관적 전망으로도 유명하다.

 **톰 리의 투자 철학**

톰 리의 투자 철학은 데이터 기반의 거시 분석과 시장 트렌드 식별에 중점을 둔다. 그는 하향식 Top-down 방식 거시경제→ 섹터 → 개별기업 순으로 분석하여 투자하는 방식을 말한다 시장을 바라보며 다음과 같은 핵심 원칙을 따른다.

- **거시 경제 분석** - 인플레이션, 금리, 고용, 경기 지표 등 다양한 거시 경제 데이터를 분석하여 시장의 전반적인 환경과 방향을 파악한다.
- **시장 사이클과 유동성** - 시장의 단기 및 장기 사이클 그리고 시장에 공급되는 유동성의 변화가 자산 가격에 미치는 영향을 중요하게 분석한다.
- **산업 및 섹터 트렌드 식별** - 거시적 환경 변화 속에서 성장 잠재력이 높은 산업이나 섹터 트렌드(예를 들어 기술 발전, 에너지 전환, 자산 디지털화 등)를 식별하고 투자 기회를 찾는다.
- **양적 모델 및 예측** - 통계 모델과 데이터를 활용하여 주식 시장 지수, 특정 섹터 또는 자산의 가격 경로를 예측하고 목표치를 제시한다.
- **새로운 자산 클래스 탐구** - 전통적인 자산 외에 비트코인과 같은 새로운 자산 클래스의 등장 배경, 가치, 시장 영향을 분석하고 전망한다.

마이크로스트래티지MicroStrategy, 비트코인의 대리인

마이크로스트래티지는 본래 비즈니스 인텔리전스BI 소프트웨어를 개발하고 제공하는 회사였다. 그러나 2020년 이후 마이클 세일러 Michael Saylor CEO의 주도로 기업의 잉여 현금과 부채 발행 자금으로 비트코인을 공격적으로 매입하기 시작하면서 회사의 성격이 완전히 바뀌었다. 현재 마이크로스트래티지는 소프트웨어 회사이면서 동시에 세계에서 비트코인을 가장 많이 보유한 상장 기업이 되었다. 주가는 소프트웨어 사업 가치와 비트코인 보유량 그리고 차입금 구조가 복합적으로 반영되어 움직인다.

왜 마이크로스트래티지였나? 톰 리의 투자 논리

톰 리가 마이크로스트래티지를 주목한 배경에는 시장 전략가로서 비트코인이라는 새로운 트렌드와 공개 시장 자산의 연결성에 대한 깊은 통찰이 있었다.

- **비트코인 트렌드의 상징** - 톰 리는 비트코인을 단순한 투기 자산이 아닌, 디지털 금이자 탈중앙화된 화폐 시스템으로서 장기적으로 가치가 크게 상승할 잠재력을 가진 새로운 자산 클래스로 보았다. 마이크로스트래티지는 이러한 비트코인에 기업 자산을 대규모로 투자한 최초의 상장 기업 중 하나로, 그가

분석하고 긍정적으로 전망하는 '비트코인 트렌드'를 공개 주식 시장에서 가장 명확하게 대표하는 기업이었다.

- **비트코인 노출의 대리인** - 일반 투자자나 기관 투자자에게 비트코인에 직접 투자하는 것은 규제, 보관, 기술적 문제 등으로 쉽지 않았다. 마이크로스트래티지 주식은 상장 주식 형태로 비트코인 가격 변동에 노출될 수 있는 간접적인 방법을 제공했다. 톰 리는 이러한 '비트코인 프록시비트코인에 직접 투자하지 않고도 비트코인 가격 변동에 간접적으로 노출될 수 있는 투자 수단'로서의 역할을 주목했고, 자신의 비트코인 가격 전망이 마이크로스트래티지 주가 전망으로 이어지는 연결 고리를 설명했다.

- **전략가의 분석 대상** - 톰 리는 마이크로스트래티지를 분석할 때 전통적인 소프트웨어 사업 가치에 더해 보유 비트코인의 가치 변화, 비트코인 매입을 위한 차입금 규모 및 조건 등을 복합적으로 고려했다. 기업의 가치가 보유 자산비트코인과 차입 구조에 크게 좌우되는 MSTR의 특성은 시장 트렌드와 금융 구조 분석이라는 전략가의 분석 역량을 보여주는 흥미로운 대상이었다.

- **시장 트렌드를 반영하는 자산** - 마이크로스트래티지 주가는 비트코인 가격과 매우 높은 상관관계를 보였다. 톰 리는 시장 트렌드비트코인 강세가 자산 가격에 어떻게 반영되는지를 보여주는 사례로 마이크로스트래티지를 제시하며 그의 시장 분석 결과를 설명했다.

톰 리의 시장 분석과 기술 트렌드

톰 리는 펀드스트랫 글로벌 어드바이저스를 통해 데이터 기반의 거시 경제 분석과 시장 트렌드 식별에 집중하는 전략가이다. 그는 단순한 기업 분석을 넘어 인플레이션, 금리, 유동성 등 광범위한 거시 경제 지표들을 심층적으로 분석한다. 이러한 데이터를 통해 시장의 전반적인 환경과 방향을 파악하고 투자 아이디어를 제시하는 방식을 택한다.

그는 특히 시장의 유동성 흐름과 다양한 시장 사이클을 파악하는 데 중요한 분석 역량을 투입한다. 중앙은행의 통화 정책이나 신용 시장 상태가 자산 가격에 미치는 영향을 분석한다. 이러한 유동성 변화가 시장의 단기 및 장기 사이클을 어떻게 주도하는지 파악하려 한다.

또한 그는 기술 혁신이 만드는 구조적인 산업 및 섹터 트렌드에 주목한다. 인공지능, 디지털 자산화 등 시대를 관통하는 기술 변화를 식별하고, 이러한 변화가 어떤 산업의 성장을 가속화하고 어떤 기업들에게 기회를 제공하는지를 분석한다. 이러한 그의 하향식 분석은 종종 시장을 선도하는 대형 기술 기업들에 대한 긍정적인 전망으로 이어진다.

마이크로스트래티지 투자를 통해 배우는 톰 리의 교훈

1. 새로운 트렌드 감지의 중요성 - 시장 전략가는 거시 경제뿐 아니

라 새로운 기술 및 자산 트렌드에도 주목해야 한다. 비트코인과 같은 새로운 자산 클래스가 어떻게 등장하고 시장에 통합되는지를 이해하는 것이 중요하다.

2. **트렌드 대리인**Proxy **기업 발굴** - 공개 주식 시장에서 특정 트렌드나 자산에 간접적으로 노출될 수 있는 '대리인' 기업을 찾아낼 수 있다. 직접 투자하기 어려운 자산이라도 관련 기업 분석을 통해 기회를 찾을 수 있다.

3. **기업 가치의 다양한 요소 고려** - 기업 분석 시, 전통적인 사업 외에 보유 자산이나 특별한 기업 전략이 기업 가치에 미치는 영향을 폭넓게 고려해야 한다. 마이크로스트래티지의 경우 소프트웨어 사업보다 비트코인 보유량이 주가에 더 큰 영향을 미쳤다.

4. **트렌드와 자산 가격의 상관관계 이해** - 시장 트렌드와 자산 가격의 상관관계를 이해하는 것이 중요하다. 특정 트렌드에 강하게 연결된 자산은 트렌드의 변화에 따라 큰 변동성을 보일 수 있다.

5. **메가 트렌드 중심의 배분 전략** - 주요 메가 트렌드를 식별하고, 이에 따라 자산을 전략적으로 배분하는 것이 효과적이다. 단일 기업보다는 트렌드 전체에 대한 판단이 선행되어야 한다.

 **톰 리 스타일의 포트폴리오**

톰 리의 투자 철학과 접근 방식을 현대 시장에 적용한다면 다음과 같은 포트폴리오 구성을 고려할 수 있다.

- **비트코인 관련 대리인**^{Proxy} **(40%)**

  - MicroStrategy^{MSTR} – 비트코인 직접 노출 상장 기업으로 기존 포지션 유지

  - Coinbase^{COIN} – 디지털 자산 인프라 기업으로 규제화 이후 강력한 성장 예상

  - Robinhood^{HOOD} – Z세대 기반의 암호화폐 거래 활성화와 구조적 고객 확장

  - Bitcoin^{BTC} – 디지털 금, 인플레이션 헷지 수단으로 성장

- **AI/테크 메가 트렌드 (30%)**

  - NVIDIA^{NVDA} – AI 컴퓨팅 인프라 리더로 데이터 센터·모델 학습의 핵심

  - Palantir Technologies^{PLTR} – 데이터 분석과 AI 통합 플랫폼으로 정부/기업용 데이터 기반

- **에너지 전환**^{ESG 트렌드} **(20%)**

  - NextEra Energy^{NEE} – 클린 에너지 전환 수혜 대표주

  - Tesla^{TSLA} – 전기차, 에너지 저장, AI 자율주행 플랫폼

- **장기 인플레이션 헤지**^{자산 대체 수단} **(10%)**

  - SPDR Gold Trust^{GLD} – 금 ETF로 인플레이션 리스크 대비

톰 리 스타일의 현대 포트폴리오는 "비트코인, AI, 에너지 전환이라는 메가 트렌드에 집중 투자하며, 이를 대표하는 종목과 ETF를 전략적으로 담는다"로 요약할 수 있다.

마크 안드리센 Marc Andreessen 과
로블록스 Roblox, RBLX

기술 혁명의 선구자에서
미래산업 설계자로

마크 안드리센 Marc Andreessen 은 인터넷 시대를 개척한 선구자이자 실리콘밸리에서 가장 영향력 있는 벤처 캐피탈리스트 중 한 명이다. 1990년대 초 웹 브라우저인 넷스케이프 Netscape 를 공동 개발하여 전 세계적인 인터넷 확산에 결정적인 역할을 했으며 이는 인터넷 산업의 폭발적인 성장을 알리는 신호탄이었다.

2009년, 벤 호로위츠와 함께 안드리센 호로위츠 Andreessen Horowitz a16z라는 벤처 캐피탈 회사를 공동 설립하면서 투자자로서 제2의 전성기를 맞았다. 여기서 'a16z'는 회사 이름인 Andreessen Horowitz에서 첫 글자 'a'와 마지막 글자 'z' 사이에 있는 글자 수 16개를 세어 만든 이름이다. a16z는 소프트웨어, 인터넷, 핀테크, 암호화폐 등 미래 기술 트렌드를 이끌 기업에 공격적으로 투자하며 가장 주목받는 벤처 캐피탈VC 중 하나로 자리매김했다. 마크 안드리센은 기술의 미래와 시장의 변화에 대한 날카로운 통찰력을 바탕으로 기술 산업계에 지대한 영향을 미치고 있다.

 **마크 안드리센과 a16z의 투자 철학**

마크 안드리센과 a16z의 투자 철학은 "기술이 세상을 바꾼다"는 강력한 믿음 아래 미래의 파괴적 기술 및 플랫폼에 선제적으로 투자하고 성장을 지원하는 것에 집중한다. 이들은 단순히 재무 지표가 좋은 기업을 찾는 것을 넘어 거대한 시장을 창출하거나 재편할 잠재력을 가진 '카테고리 리더'가 될 수 있는 기업에 초기 단계부터 과감하게 베팅한다.

- **미래 기술 트렌드 식별** - 소프트웨어, 인터넷, AI, 블록체인 등 앞으로 수십 년간 세상을 변화시킬 핵심 기술 트렌드를 식별하고 그 방향성을 예측한다.
- **플랫폼 및 네트워크 효과 중시** - 사용자나 개발자, 판매자 등 다양한 참여자들이 모여 서로에게 가치를 더하는 플랫폼 기업과 참여자가 늘어날수록 서비스의 가치가 더욱 커지는 네트워크 효과를 가진 기업을 매우 중요하게 평가한다.
- **'미개척 시장**Wild Markets**' 공략** - 이미 레드오션인 시장보다 아

직 정의되지 않았거나 빠르게 변화하여 규칙이 확립되지 않은 '미개척 시장'에서 기회를 찾는다. 이러한 시장이야말로 새로운 플레이어가 카테고리 리더가 될 수 있는 곳이라고 본다.

- **창업가 및 팀에 대한 신뢰** - 아이디어만큼이나 그것을 실행할 수 있는 창업가와 팀의 능력과 비전을 중요하게 평가한다. VC 투자는 초기 단계에서 아이디어만 있을 때 이루어지므로 결국 사람을 보고 투자하는 성격이 강하다.

- **적극적인 성장 지원** - 단순한 자금 지원을 넘어, a16z는 포트폴리오 기업의 성장 단계별 필요한 모든 지원네트워킹, 인재 채용, 마케팅, 전략 수립 등을 제공하는 것으로 유명하다.

로블록스Roblox, 메타버스와 사용자 창조 경제의 가능성

로블록스는 수억 명의 사용자들이 모여 다른 사용자들이 만든 다양한 3D 게임 및 경험을 즐기고, 동시에 스스로 콘텐츠게임, 아바타 아이템 등를 제작하여 수익을 얻을 수 있는 온라인 엔터테인먼트 플랫폼이다. '게임' 플랫폼으로 알려져 있지만, 단순히 게임을 넘어 가상 콘서트, 교육, 사교 활동 등 다양한 형태의 상호작용이 일어나는 가상 세계이자 커뮤니티 플랫폼의 성격이 강하다. 특히 10대 이하의 젊은 사용자들이 핵심 유저층을 형성하고 있으며 '메타버스'라는 개념이 부상하면서 더욱 주목받았다.

마크 안드리센이 공동 설립한 a16z는 로블록스가 비상장 단계에 있을 때부터 일찌감치 투자하며 성장을 지원했다. 로블록스는 2021년 전통적인 IPO 대신 직접 상장 방식을 통해 뉴욕 증권거래소에 상장했고, 상장 후에도 안드리센은 이 기업이 가진 미래 플랫폼으로서의 잠재력에 대해 긍정적인 시각을 유지했다.

 **왜 로블록스였나? 마크 안드리센의 투자 논리**

마크 안드리센이 로블록스를 그의 대표적인 투자 종목엄밀히는 VC 투자 포트폴리오 기업 중 하나로 삼은 배경에는 그가 그리는 '차세대 인터넷'에 대한 비전과 로블록스가 가진 플랫폼 기업으로서의 강력한 잠재력을 알아보는 VC의 시각이 있었다.

● **미래 인터넷 플랫폼의 구현체** - 안드리센은 인터넷의 다음 단계를 '실감 나고 상호작용적인 가상 세계'로 보고 있으며 이는 메타버스라는 개념과 연결된다. 로블록스는 이러한 미래 인터넷 세상, 즉 사용자들이 단순히 콘텐츠를 소비하는 것을 넘어 스스로 콘텐츠를 만들고 소통하며 경제 활동까지 하는 가상 세계 플랫폼을 가장 먼저 그리고 성공적으로 구축한 기업이었다.

● **강력한 양방향 네트워크 효과** - 로블록스의 핵심은 사용자플레이어와 개발자크리에이터 사이의 강력한 양방향 네트워크 효과이다. 플레이어가 많을수록 개발자들은 더 많은 콘텐츠를 만들 동기를 얻고, 매력적인 콘텐츠가 많아질수록 더 많은 플레이

어가 유입된다. 이 선순환 구조는 플랫폼의 가치를 기하급수적으로 증폭시키고 강력한 해자를 형성한다.

- **사용자 제작 콘텐츠UGC 모델의 힘** - 로블록스의 콘텐츠 대부분은 사용자들이 직접 만든 것이다. 이는 로블록스 회사가 모든 콘텐츠를 직접 제작하는 데 드는 막대한 비용을 절감하게 하고, 사용자 커뮤니티 스스로가 플랫폼의 가치를 지속적으로 높이게 만든다. UGC User Generated Content 모델은 확장성이 뛰어나고 사용자 충성도를 높이는 특성이 있다.

- **젊은 사용자 기반과 미래 시장 잠재력** - 로블록스는 주로 젊은 사용자층을 타겟으로 한다. 이들은 앞으로 디지털 세상의 핵심 소비층이자 크리에이터가 될 미래 세대이다. 이들을 조기에 확보하고 플랫폼에 묶어두는 것은 미래 시장을 선점하는 것과 같다.

- **VC 투자 관점의 성장 잠재력** - 로블록스는 상장 당시 이미 큰 기업이었지만 a16z는 이 기업이 메타버스라는 거대한 잠재 시장에서 여전히 초기 단계이며 앞으로 수십 배 이상 성장할 수 있는 잠재력이 있다고 보았다. 그들의 투자 논리는 단순한 재무적 저평가를 넘어 플랫폼의 사용자 성장률, 사용자 참여도, 신규 수익 모델 확장 가능성 등 VC 관점의 기하급수적 성장 잠재력에 초점을 맞췄다.

마크 안드리센에게 로블록스는 단순히 돈을 벌어다 줄 투자 대상을 넘어 그가 넷스케이프를 통해 꿈꾸었던 인터넷 혁명의 다음 단계, 즉 사람들이 가상 세계에서 연결되고 창조하며 경제 활동까지 하는 미래 플랫폼의 비전이 현실로 나타나는 모습을 보여주는 상징적인 기업이었다.

 **로블록스 투자를 통해 배우는 마크 안드리센의 교훈**

1. **미래 트렌드의 선제적 식별** - 미래의 거대한 기술 트렌드메타버스, UGC 플랫폼를 조기에 식별하고 과감하게 투자하는 용기가 필요하다. 현재보다 미래의 가능성에 더 큰 비중을 두는 시각이 중요하다.

2. **플랫폼과 네트워크 효과의 힘** - 플랫폼과 네트워크 효과가 가진 강력한 해자에 주목해야 한다. 사용자와 개발자가 함께 성장하는 플랫폼은 쉽게 무너지지 않으며 독과점적 지위를 구축할 수 있다.

3. **사용자 제작 콘텐츠UGC 모델의 확장성** - 사용자 제작 콘텐츠UGC 모델의 잠재력을 이해해야 한다. 사용자들이 스스로 가치를 창출하게 함으로써 기업은 비용 효율적으로 확장하고 강력한 커뮤니티를 구축할 수 있다.

4. **VC 관점의 성장 잠재력 평가** - VC 투자 관점의 '성장 잠재력' 평가 방법을 배워야 한다. 단순히 현재 수익보다 미래의 기하급수적인 시장 확대와 기업 가치 상승 가능성을 모델링하는 연습이 필요하다.

5. 가상 공간의 경제적 가치 - 사람들이 시간을 보내고 연결되는 '가상 공간'의 가치에 주목해야 한다. 특히 젊은 세대에게 중요한 플랫폼은 미래의 핵심 소비 및 경제 활동 공간이 된다.

마크 안드리센 스타일의 포트폴리오

마크 안드리센의 투자 철학과 접근 방식을 현대 시장에 적용한다면 다음과 같은 포트폴리오 구성을 고려할 수 있다.

● **메타버스/플랫폼 (40%)**
- Roblox[RBLX] - 메타버스 플랫폼과 UGC 경제 생태계
- Unity Software[U] - 실시간 3D 엔진으로 게임, 메타버스, XR 생태계 구축의 핵심 기술
- Epic Games[비상장] - Unreal Engine을 보유한 게임과 메타버스 기반 플랫폼 리더

● **AI 혁명 (30%)**
- OpenAI[비상장] - ChatGPT를 개발한 차세대 언어 플랫폼[a16z가 적극적 투자자 중 하나]
- Anthropic[비상장] - 차세대 AI 안전성과 윤리성에 집중하는 AI 스타트업

● **블록체인/Web3 (20%)**
- Coinbase[COIN] - 디지털 자산 인프라 기업으로 네트워크 효과 기반 금융 플랫폼

- Optimism, Arbitrum^{L2} 블록체인 - 이더리움 기반 확장 솔루션으로 Web3 대규모 확장의 핵심

● **신흥 소비자 테크 (10%)**

- Pinterest^{PINS} - 독특한 크리에이터 경제 플랫폼으로 커뮤니티 기반 소비 트렌드 주도
- Duolingo^{DUOL} - 언어 학습 플랫폼으로 AI 기반 개인화 학습 강화

마크 안드리센의 현대 포트폴리오 접근법은 "차세대 인터넷, AI, Web3, 크리에이터 플랫폼을 선점하려는 투자에 집중하며 기술이 플랫폼이 되고, 사람들이 모이고, 경제를 만드는 곳을 찾는" 전략으로 요약할 수 있다.

크리스티 설리번 Kristy Sullivan 과
브로드컴 Broadcom, AVGO

**첨단 기술의 맥을 짚는
투자 시장의 인사이더**

크리스티 설리번Kristy Sullivan은 금융 미디어 채널에서 기술주와 성장주에 대한 날카로운 분석과 통찰을 제공하며 투자자들 사이에서 인지도를 쌓은 인물이다. 특정 운용사의 전면에 나서는 헤지펀드 매니저라기보다는 최신 기술 트렌드를 파악하고 그 속에서 투자 기회를 발굴하는 전문가로서 활동하고 있다.

그녀의 분석은 빠르게 변화하는 기술 산업의 동향을 이해하고, 그 속에서 혁신을 주도하거나 핵심적인 역할을 수행하는 기업들을 찾아내는 데 집중하는 경향을 보인다. 복잡한 기술 내용을 투자 관점에서 쉽게 풀어내는 능력이 뛰어나다.

 **크리스티 설리번의 투자 철학**

크리스티 설리번의 투자 철학은 '기술 발전이 만들어내는 변화의 흐름을 파악하고, 그 흐름 속에서 핵심적인 역할을 수행하며 꾸준히 성장할 수 있는 혁신 기업에 투자하는 것'에 집중한다. 그녀는 미래 기술 트렌드를 이해하는 것이 성공적인 투자의 필수 조건이라고 본다.

- **기술 트렌드 분석** - 인공지능AI, 클라우드 컴퓨팅, 5G/6G 통신, 사물 인터넷IoT 등 앞으로 산업과 사회를 변화시킬 핵심 기술 트렌드를 식별하고, 이러한 트렌드가 어떤 기업들에게 기회를 제공할지 분석한다.
- **혁신 기업 발굴** - 단순히 기술을 사용하는 기업이 아니라, 새로운 기술을 개발하거나 기존 기술을 혁신적으로 적용하여 시장을 선도하는 기업을 찾는다. 연구 개발R&D 역량과 새로운 기술 표준을 이끌어가는 능력을 중요하게 평가한다.
- **핵심 기술 공급자** - 최종 소비자 제품을 만드는 기업뿐만 아니라, 이러한 혁신 기술을 구현하는 데 필수적인 핵심 부품, 하드웨어, 소프트웨어 등을 공급하는 기업의 가치를 높이 평가한다. 이러한 기업들이 '기술 혁명의 숨은 수혜자'가 될 수 있다고 본다.
- **성장성과 시장 지위** - 기술 혁신을 통해 꾸준한 매출 및 이익 성장을 달성하고, 해당 기술 분야에서 확고한 시장 지위나 경쟁

우위를 확보한 기업에 투자한다.
- **글로벌 공급망 이해** - 기술 기업 투자는 글로벌 공급망과 복잡하게 얽혀 있으므로 핵심 부품 공급망 내에서 기업의 위치와 중요성을 이해하는 시각이 필요하다.

브로드컴Broadcom, 기술 혁신의 근간을 제공하는 파트너

브로드컴AVGO은 유무선 통신, 네트워킹, 스토리지, 산업용 연결 솔루션 그리고 기업용 소프트웨어까지 광범위한 기술 분야에 걸쳐 고성능 반도체와 관련 소프트웨어를 개발하고 공급하는 초대형 기업이다. 스마트폰, Wi-Fi 라우터, 통신 기지국, 데이터 센터 서버, 기업용 장비 등 우리 일상생활 및 디지털 인프라의 거의 모든 곳에 브로드컴의 기술이 사용된다.

특히 최근에는 인공지능AI 시대에 필수적인 고대역폭 네트워킹 칩과 맞춤형 AI 칩 설계 분야에서도 중요한 역할을 수행하며 주목받고 있다. 적극적인 인수합병을 통해 사업 영역을 확장하고 기술력을 강화해 왔으며 높은 수익성과 현금 창출 능력을 보여주는 기업이다.

크리스티 설리번이 브로드컴에 주목한 것은 이 기업이 다양한 첨단 기술 분야의 '핵심 부품 공급자'로서 혁신을 지원하고 동시에 자체적인 성장을 이루는 기업이기 때문이다. 브로드컴은 최종 사용자에게 직접 눈에 띄지는 않지만, 기술 혁명의 '근간'을 제공하는 기업이다.

AI 시대의 필수 파트너 - 브로드컴

브로드컴은 최근 인공지능(AI) 기술의 폭발적인 발전과 함께 시장에서 가장 주목받는 반도체 기업 중 하나로 부상했다. 그들의 기술은 AI 시대의 핵심 인프라 구축에 필수적인 역할을 한다.

브로드컴의 첫 번째 중요한 역할은 'AI 연산을 위한 맞춤형 반도체(ASIC) 설계 및 생산 파트너'이다. 구글, 아마존, 메타, 마이크로소프트 등 대규모 클라우드 기업(하이퍼스케일러)들은 자체 AI 연산에 최적화된 고성능 맞춤 칩(ASIC)을 설계한다. 이러한 복잡하고 첨단적인 ASIC 칩을 실제로 설계하고 대량 생산하기 위해서는 브로드컴과 같은 전문 반도체 기업의 기술력과 제조 파트너십이 필요하다. 브로드컴은 하이퍼스케일러들이 그들의 AI 비전을 현실로 만들 수 있도록 돕는 핵심 조력자 역할을 한다.

두 번째 역할은 'AI 데이터센터를 연결하는 고성능 네트워킹 칩 리더'이다. AI 연산은 수많은 프로세서(GPU, ASIC)가 서로 데이터를 빠르게 주고받으며 협력해야 가능하다. 이를 위해 데이터센터 내부에는 초고속, 대용량 데이터 처리가 가능한 통신망이 필수적이다. 브로드컴은 이러한 AI 데이터센터의 신경망 역할을 하는 스위치, 라우터 등에 들어가는 첨단 네트워킹 칩 분야에서 독보적인 기술과 시장 지배력을 가지고 있다.

브로드컴은 맞춤형 AI 칩 설계/생산 파트너 역할과 AI 네트워킹 칩 리더 역할을 동시에 수행한다. 이러한 이중적인 강점은 그들이 AI 데이터센터 구축의 거의 모든 핵심 단계에 관여하게 만들며, 경쟁사들이 쉽게 따라올 수 없는 독보적인 위치를 확보하게 했다.

크리스티 설리번의 브로드컴 투자 논리

크리스티 설리번이 브로드컴AVGO을 자신의 대표적인 투자 종목 중 하나로 삼은 배경에는 브로드컴이 다양한 기술 혁신 분야에서 수행하는 필수적인 역할과 그로 인한 성장 잠재력을 알아보는 그녀의 통찰력이 있었다.

- **기술 트렌드의 '조력자'** - 브로드컴은 AI, 클라우드 컴퓨팅, 5G/6G 통신 등 최신 기술 트렌드를 직접적으로 만들어내는 기업은 아니다. 하지만 이러한 기술들이 현실화되고 상용화되기 위해 필수적인 고성능 반도체, 네트워킹 칩, 연결 솔루션 등을 공급한다. 그녀는 이러한 '조력자' 기업의 가치를 높이 평가했다. 기술 혁명의 '숨은 수혜자'이자 '기반 제공자'로서 꾸준한 수요와 성장을 확보할 수 있다고 보았다.

- **넓은 혁신 영역 커버리지** - 브로드컴은 무선 통신, 광대역, 데이터 센터 네트워킹 등 여러 기술 분야에서 동시에 혁신을 진행한다. 이는 특정 하나의 기술 트렌드에만 의존하지 않고, 다양한 분야에서 발생하는 기술 발전과 시장 성장의 혜택을 누릴 수 있음을 의미한다. 이러한 다각화된 혁신 영역이 브로드컴의 성장 잠재력을 더욱 견고하게 한다고 판단했다.

- **확고한 시장 지위와 높은 기술력** - 브로드컴은 진입 장벽이 높은 여러 반도체 및 소프트웨어 틈새 시장에서 확고한 시장 점유율과 높은 기술력을 가지고 있다. 주요 고객사들과의 긴밀한 관계를 통해 독점적인 또는 강력한 경쟁 우위를 확보하고 있다. 이러한 확고한 시장 지위가 브로드컴의 꾸준한 수익성과 성장을 담보한다고 보았다.

● **자체적인 성장 동력과 재무적 강점** - 브로드컴은 자체적인 R&D를 통해 새로운 기술을 개발하고, 전략적인 M&A를 통해 사업 영역을 확장하며 스스로 성장 동력을 만들어낸다. 동시에 높은 수익성과 현금 창출 능력을 바탕으로 재무적으로 매우 안정적이다. 이러한 스스로 성장하는 능력과 탄탄한 재무를 갖춘 기업에 투자하려 했다.

결과적으로 브로드컴은 크리스티 설리번이 다양한 기술 트렌드의 이면을 보고, 그 혁신을 가능하게 하는 핵심 부품 공급 기업에 투자하는 그녀의 철학을 보여주는 '단 하나의 기업'이 되었다. 브로드컴이라는 '숨은 강자'를 통해 기술 혁명의 근간에 투자하는 시각을 보여준다.

브로드컴 사례를 통해 배우는 크리스티 설리번의 교훈

1. **혁신의 근간에 투자하라** - 기술 혁신은 최종 제품을 넘어 그 기술을 구현하는 '핵심 부품'과 '인프라' 수준에서도 발생한다. 이러한 '기술 혁명의 조력자' 기업들이 중요한 투자 대상이 될 수 있다.
2. **다각화된 기술 포트폴리오의 가치** - 다양한 기술 트렌드에 걸쳐 핵심 역할을 수행하는 기업은 특정 트렌드의 부침에 덜 영향 받고 꾸준한 성장을 이룰 잠재력이 있다. 넓은 시야로 기술 산

업 전체를 조망하는 것이 필요하다.

3. **기술력 기반의 시장 지배력** - 기술력 기반의 확고한 시장 지위는 강력한 해자가 된다. 특정 기술 분야에서 대체하기 어려운 위치를 확보한 기업은 경쟁 우위를 유지하며 성과를 낼 가능성이 높다.

4. **자체 성장 동력과 재무 건전성** - 자체적인 성장 동력R&D, M&A과 재무적 강점이 결합된 기업은 불확실한 기술 환경 속에서도 안정적으로 성장할 기반을 갖춘다.

5. **숨은 기술 리더 발굴의 중요성** - 화려하게 주목받는 기업보다, 기술 혁신의 이면에서 핵심적인 역할을 수행하는 '숨은 리더'를 발굴하는 안목이 투자 성공을 가져올 수 있다.

크리스티 설리번 스타일의 포트폴리오

크리스티 설리번의 투자 철학과 접근 방식을 현대 시장에 적용한다면 다음과 같은 포트폴리오 구성을 고려할 수 있다.

● **AI/클라우드 핵심 인프라 (40%)**
  - BroadcomAVGO - AI 데이터센터 네트워킹 칩 및 맞춤형 ASIC 설계 역량 보유
  - Marvell TechnologyMRVL - AI/클라우드 최적화 네트워킹 칩, 스토리지 솔루션 제공

- Arista Networks^ANET – AI 데이터센터용 고성능 네트워크 스위치 선도 기업

● **반도체/통신 인프라 (30%)**

- NVIDIA^NVDA – GPU 혁신 리더이자 AI 학습 인프라의 핵심 기업
- Taiwan Semiconductor^TSMC, TSM – 세계 최대 파운드리반도체 생산 기업
- Qualcomm^QCOM – 5G/6G 통신 칩의 선두 주자

● **IoT/스마트 인프라 (20%)**

- Texas Instruments^TXN – 아날로그 반도체 및 산업용 IoT 핵심 부품 공급자
- ON Semiconductor^ON – 전기차, 에너지 인프라, 산업용 전력 반도체 리더

● **소프트웨어 플랫폼 (10%)**

- ServiceNow^NOW – 기업용 자동화 워크플로우 플랫폼
- Snowflake^SNOW – 데이터 클라우드 인프라 플랫폼

크리스티 설리번의 현대 포트폴리오 접근법은 "AI, 클라우드, 통신, IoT 기반 핵심 인프라를 공급하는 강자 기업에 집중 투자하는 전략"으로 요약할 수 있다. 이는 트렌드에 올라타면서도 하드웨어와 소프트웨어 인프라를 동시에 아우르는 균형 잡힌 포트폴리오 구성이다.

줄리안 로버트슨Julian Robertson과 스타벅스 Starbucks, SBUX

**투자의 지도를
새로 그린 헤지펀드의 거장**

줄리안 로버트슨Julian Robertson, 1932-2022은 현대 헤지펀드 산업의 선구자이자 전설적인 투자자로, 그가 1980년에 설립한 타이거 매니지먼트Tiger Management는 헤지펀드의 황금기를 열었다. 철저한 기본적 분석과 글로벌 매크로 관점을 결합한 투자 접근법으로 유명하며 '타이거 큐브Tiger Cubs'라고 불리는 수많은 성공적인 헤지펀드 매니저를 배출했다.

로버트슨은 우량 기업에 대한 집중 투자와 철저한 실사를 중시했으며 장기적인 기업 가치와 성장 가능성에 초점을 맞추는 접근 방식을 고수했다. 뛰어난 트랙 레코드와 업계에 미친 영향력으로 인해 '헤지펀드의 대부'로 불리며 특히 글로벌 브랜드와 소비재 기업에 대한 투자로 큰 성공을 거두었다.

줄리안 로버트슨의 투자 철학

줄리안 로버트슨의 투자 철학은 '뛰어난 경영진과 강력한 경쟁 우위를 가진 고품질 성장 기업에 장기적으로 집중 투자하는 것'으로 요약할 수 있다. 그는 세계적인 시각을 가지고 투자 기회를 찾았으며 단순한 재무 지표를 넘어 기업의 본질적 가치와 미래 성장 가능성을 평가했다.

- **질적 성장 중시** - 로버트슨은 단순한 저평가 기업보다 뛰어난 성장성을 갖춘 고품질 기업에 주목했다. 지속 가능한 수익 증가, 우수한 자본수익률ROE, ROIC 그리고 강력한 현금 창출 능력을 가진 기업을 선호했다.
- **글로벌 시각과 브랜드 파워** - 국경에 제한되지 않는 글로벌한 투자 관점을 가지고 있었으며 특히 강력한 브랜드와 글로벌 확장 가능성을 가진 기업에 높은 가치를 두었다. 브랜드 파워와 네트워크 효과는 지속 가능한 경쟁 우위의 핵심 요소라고 보았다.
- **경영진의 질과 기업 문화 평가** - 숫자와 재무제표만으로는 알 수 없는 기업의 내적 가치를 평가하기 위해 경영진의 역량, 정직성 그리고 기업 문화를 중요하게 평가했다. 직접 경영진을

만나고 기업을 방문하는 철저한 실사를 중시했다.

- **집중 투자** - 소수의 확신이 가는 기업에 대규모로 투자하는 전략을 구사했다. 광범위한 분산 투자보다는 철저히 조사하고 확신한 기업에 집중적으로 베팅했다.
- **장기적 관점과 인내** - 단기적인 시장 변동보다 장기적인 가치 창출에 초점을 맞추었다. 확신을 가진 기업의 경우, 단기적인 어려움이나 시장의 부정적 견해에도 불구하고 인내심을 가지고 장기 투자하는 접근법을 취했다.

스타벅스Starbucks, 글로벌 브랜드의 대표주자

스타벅스는 전 세계에서 가장 성공적인 커피 체인점 브랜드로, 단순한 커피 판매업체를 넘어 글로벌 라이프스타일 브랜드로 진화했다. 1971년 시애틀에서 작은 원두 판매점으로 시작해서 지금은 80개국 이상에 약 35,000개의 매장을 운영하며 매일 수백만 명의 고객에게 서비스를 제공하고 있다. 스타벅스는 프리미엄 커피 경험을 대중화시켰으며, 이를 통해 소비자들이 일상적인 음료에 프리미엄 가격을 기꺼이 지불하게 만드는 브랜드 가치를 구축했다.

스타벅스는 단순한 제품 판매를 넘어 '제3의 장소Third Place'라는 개념을 확립하면서 소비자 일상 속에 깊이 자리 잡았다. 집과 직장 외에 사람들이 머물고 싶은 공간을 제공함으로써 강력한 고객 충성도와 반복 방문을 이끌어내는 비즈니스 모델을 구축했다. 또한 모바일 앱과 리워드 프로그램을 통한 디지털 혁신, 다양한 제품 라인업 확장 그리고 꾸준한 매장 확대 전략을 통해 지속적인 성장을 이루어왔다.

특히 스타벅스는 중국을 비롯한 신흥 시장에서의 성공적인 확장을 통해 글로벌 성장 스토리를 이어가고 있다. 현지화 전략과 프리미엄 브랜드 포지셔닝을 통해 새로운 시장에서도 소비자들에게 높은 가치를 인정받으며 성장하고 있다. 이러한 글로벌 확장성과 브랜드 파워는 줄리안 로버트슨이 항상 추구했던 투자 대상의 핵심 요소였다.

 **왜 스타벅스였나? 줄리안 로버트슨의 투자 논리**

줄리안 로버트슨이 스타벅스를 그의 대표적인 투자 종목으로 삼았던 배경에는 그의 투자 철학과 스타벅스가 가진 독특한 비즈니스 특성에 대한 깊은 이해가 있었다.

● **강력한 글로벌 브랜드와 확장성** - 스타벅스는 단순한 커피 체인을 넘어 전 세계적으로 인정받는 프리미엄 라이프스타일 브랜드로 성장했다. 로버트슨은 항상 국경을 초월하여 확장 가능한 강력한 브랜드에 주목했으며, 스타벅스는 이러한 글로벌 확장성을 완벽하게 체현한 기업이다. 특히 중국과 같은 신흥 시장에서의 성공적인 확장은 장기적인 성장 동력을 제공했다.

- **고마진 비즈니스 모델과 반복적 수익** - 스타벅스는 일상적인 소비재인 커피에 프리미엄 가격을 부과할 수 있는 독특한 비즈니스 모델을 구축했다. 브랜드 로열티와 경험 가치를 통해 일반 커피 대비 몇 배의 가격을 책정할 수 있으며 고객들의 반복적인 방문을 통해 안정적인 현금 흐름을 창출한다. 로버트슨은 이러한 고마진, 반복적 수익 모델을 가진 기업에 높은 가치를 두었다.

- **뛰어난 경영진과 혁신 문화** - 스타벅스는 하워드 슐츠를 비롯한 뛰어난 경영진의 리더십 아래, 지속적인 혁신과 적응을 통해 변화하는 소비자 트렌드에 대응해왔다. 모바일 주문, 리워드 프로그램, 드라이브 스루 확장 등 디지털 혁신과 비즈니스 모델 진화는 스타벅스의 경쟁 우위를 강화했다. 로버트슨은 항상 기업의 숫자 이면에 있는 경영 역량과 혁신 문화를 중요하게 평가했다.

- **소비자 행동 패턴에 깊이 통합된 비즈니스** - 스타벅스는 단순히 제품을 판매하는 것이 아니라, 소비자들의 일상 생활 패턴에 깊이 통합된 '제3의 장소'를 제공한다. 이러한 일상 속 존재감은 강력한 고객 충성도와 지속적인 방문을 이끌어낸다. 로버트슨은 소비자 행동과 문화적 트렌드에 깊은 통찰을 가지고 있었으며 이러한 문화적 위치를 차지한 기업의 장기적 가치를 높이 평가했다.

- **장기적 성장 기회와 글로벌 확장** - 스타벅스의 신흥 시장 진출, 프리미엄 리저브 매장 확장, 신제품 개발 그리고 유통 채널 다

각화 등 다양한 성장 동력을 갖추고 있다. 특히 중국을 비롯한 신흥국 중산층의 성장과 함께 프리미엄 커피 문화가 확산되면서 장기적 성장 스토리가 지속되고 있다. 로버트슨은 이러한 다양한 성장 동력을 가진 기업에 주목했다.

이런 맥락에서 스타벅스는 글로벌 브랜드 파워, 고마진 비즈니스 모델, 반복적 수익 구조 그리고 전 세계적인 확장 가능성을 갖춘 '질적 성장' 기업의 전형이었다. 스타벅스는 그의 투자 철학인 글로벌 시각, 브랜드 파워 그리고 장기적 가치 창출에 대한 신념을 완벽하게 구현한 기업이었다.

 스타벅스 투자를 통해 배우는 줄리안 로버트슨의 교훈

1. **브랜드 파워의 가치** - 강력한 브랜드는 프리미엄 가격 책정 능력, 고객 충성도 그리고 경쟁자들에 대한 진입 장벽을 제공한다. 스타벅스는 일상적인 커피라는 제품에 문화적 경험과 브랜드 가치를 더함으로써 지속 가능한 경쟁 우위를 구축했다.
2. **글로벌 확장 가능성 평가** - 스타벅스와 같이 문화적 경계를 넘어 확장할 수 있는 비즈니스 모델은 장기적으로 더 큰 성장 잠재력을 가진다. 특히 신흥 시장의 중산층 성장과 서구 소비 패턴 확산은 글로벌 브랜드에게 큰 기회를 제공한다.
3. **소비자 일상 통합의 힘** - 소비자 일상에 깊이 통합된 비즈니스

모델을 중요하게 평가하자. 스타벅스의 '제3의 장소' 개념은 단순한 제품 판매를 넘어 소비자 생활 방식의 일부가 되어 반복적이고 안정적인 수익을 창출한다. 이러한 일상적 습관에 통합된 비즈니스는 경기 변동에도 상대적으로 안정적인 성과를 보인다.

4. **디지털 혁신과 적응 능력** - 스타벅스는 모바일 앱, 리워드 프로그램, 디지털 주문 시스템 등 기술 혁신을 통해 전통적인 매장 비즈니스를 현대화하고 고객 경험을 향상시켰다. 이러한 적응 능력과 혁신 문화는 장기적인 경쟁력 유지에 필수적이다.

5. **장기적 가치와 인내** - 단기적 어려움 속에서도 장기적 가치에 집중하는 것이 중요하다. 스타벅스도 경기 침체, 경쟁 심화, 코로나 팬데믹 등 여러 도전에 직면했지만 장기적인 브랜드 가치와 비즈니스 모델의 탄력성을 신뢰한 투자자들은 궁극적으로 보상받았다. 로버트슨의 인내와 장기적 관점은 진정한 가치 투자의 핵심이다.

줄리안 로버트슨 스타일의 포트폴리오

줄리안 로버트슨의 투자 철학과 접근 방식을 현대 시장에 적용한다면 다음과 같은 포트폴리오 구성을 고려할 수 있다.

● **글로벌 소비재/생활 브랜드 (35%)**

- Starbucks^{SBUX} – 글로벌 커피 시장 리더로서 프리미엄 브랜드 파워 보유
- LVMH^{LVMH.PA} – 럭셔리 브랜드의 제왕으로 전 세계적 확장성 갖춤
- Nike^{NKE} – 스포츠웨어 시장 지배자로 높은 브랜드 충성도 보유

● **헬스케어 혁신 (25%)**

- Eli Lilly^{LLY} – 비만·당뇨 혁신 신약으로 장기 성장성 확보
- Novo Nordisk^{NVO} – 비만 치료 글로벌 리더로 고품질 성장 지속

● **금융/핀테크 인프라 (20%)**

- Visa^V – 글로벌 결제 네트워크 리더로 강력한 해자 구축
- Mastercard^{MA} – 디지털 결제 트렌드 수혜주

● **글로벌 인터넷 플랫폼 (15%)**

- Amazon^{AMZN} – 커머스와 클라우드^{AWS} 양대 축을 가진 세계적 인프라 기업
- Tencent^{00700.HK} – 중국 내 게임, 소셜, 핀테크 통합 플랫폼 강자

● **신흥국 소비 성장 (5%)**

- Sea Limited^{SE} – 동남아 커머스와 핀테크 플랫폼 리더

줄리안 로버트슨의 현대 포트폴리오 접근법은 "강력한 브랜드, 글로벌 확장성, 헬스케어 혁신을 갖춘 고품질 성장 기업에 집중 투자하는 전략"으로 요약할 수 있다.

CHAPTER 2

거시경제 전략가들

7 | 레이 달리오와 신흥국 시장 ETF
8 | 스탠리 드러켄밀러와 엔비디아
9 | 조지 소로스와 팔란티어 테크놀로지스
10 | 제레미 그랜섬과 넥스트에라 에너지
11 | 트레이시 셰이던과 엑손모빌
12 | 제프리 군들라흐와 SPDR Gold Shares
13 | 폴 튜더 존스와 CME Group

레이 달리오 Ray Dalio 와
신흥국 시장 ETF Emerging Markets ETF, IEMG

**경제의 숨겨진 법칙을
풀어내는 매크로 투자의 현자**

레이 달리오Ray Dalio는 세계 최대 헤지펀드 중 하나인 브릿지워터 어소시에이츠Bridgewater Associates의 설립자이자 투자 업계에서 가장 영향력 있는 거시 경제 전략가 중 한 명이다. 그는 '경제 작동 원리'라는 자신만의 분석 틀을 통해 부채 사이클, 유동성 변화 등 거시 경제의 작동 방식을 깊이 연구하고 이를 투자 전략에 적용했다.

그의 저서 "원칙Principles"은 투자뿐 아니라 삶과 경영 전반에 걸친 통찰을 담아 많은 사람들에게 영향을 주었다. 레이 달리오와 브릿지워터는 특정 기업의 가치를 평가하는 미시적 분석보다는 거시 경제 흐름과 자산 배분을 통해 수익을 창출하는 거시 투자Macro Investing 전략을 주로 사용한다. 어떤 경제 환경에서도 안정적인 수익을 추구하는 '올 웨더 포트폴리오All Weather Portfolio'는 그의 대표적인 자산 배분 철학을 보여준다.

레이 달리오의 '원칙(Principles)'

레이 달리오는 자신의 경험과 시행착오를 통해 발견한 통찰을 집대성한 저서 '원칙'으로도 매우 유명하다. 이 책은 단순한 투자 기법서가 아니라, 그가 브릿지워터를 설립하고 운영하며 성공적인 의사결정을 내릴 수 있었던 삶과 일 그리고 경제가 작동하는 방식에 대한 근본적인 원칙들을 담고 있다.

그는 책을 통해 '극단적 진실'과 '극단적 투명성'을 바탕으로 하는 '아이디어 성과주의' 문화를 브릿지워터에 정착시킨 과정과 그 원칙들을 상세히 설명한다. 또한 경제가 '기계'처럼 어떻게 작동하는지에 대한 그의 이해와 그에 따른 투자 원칙들도 제시한다.

레이 달리오는 이러한 원칙들이 감정에 휘둘리지 않고 데이터와 논리에 기반한 체계적인 의사결정을 가능하게 하며, 이것이 투자 성공의 핵심이라고 믿는다. '원칙'은 그의 투자 철학을 이해하는 데 바탕이 되는 그의 더 넓은 사고방식과 세상을 바라보는 틀을 보여주는 중요한 자료이다. 그의 체계적이고 분석적인 투자 접근 방식은 바로 이러한 원칙들로부터 시작된다.

 ## 레이 달리오의 투자 철학

레이 달리오의 투자 철학은 '거시 경제의 원리를 이해하고 예측 가능한 패턴사이클을 찾아내어 위험을 분산시키는 자산 배분 전략'에 집중한다. 그는 시장을 움직이는 근본적인 힘생산성, 단기 부채 사이클, 장기 부채 사이클을 이해하는 것이 중요하다고 강조했다.

- **경제 작동 원리 및 부채 사이클 분석** - 경제가 어떻게 돌아가고 부채가 경기 순환과 장기적인 경제 궤도에 어떤 영향을 미치는지를 심층적으로 분석한다. 인플레이션, 디플레이션, 성장, 침체 등 다양한 경제 환경을 정의하고 예측하려 한다.
- **위험 분산 및 올 웨더 포트폴리오** - 미래를 예측하기 어렵기 때문에 어떤 경제 환경이 오더라도 포트폴리오가 크게 손실을 보지 않도록 다양한 자산주식, 채권, 원자재, 금 등에 분산 투자하는 것을 최우선으로 한다. 경제 환경 변화에 대한 각 자산의 반응을 분석하여 균형 잡힌 포트폴리오를 구성한다.
- **글로벌 시장 분석** - 특정 국가나 지역에 국한되지 않고 전 세계 다양한 경제 시스템과 시장을 비교 분석하여 투자 기회를 찾는다. 국가별 부채 수준, 성장 잠재력, 정책 변화 등을 종합적으로 고려한다.
- **체계적 접근** - 인간적인 감정이나 편향을 배제하고, 정해진 원칙과 데이터 기반의 체계적인 규칙에 따라 투자 결정을 내린다.

신흥국 시장 ETF IEMG, 글로벌 자산 배분의 한 축

신흥국 시장은 한국, 중국, 인도, 브라질 등 높은 성장 잠재력을 가진 국가들의 주식 및 채권 시장을 총칭한다. 신흥국 시장 투자는 일반적으로 선진국 시장에 비해 높은 위험과 변동성을 가지지만 성공적인 성장 시 더 높은 수익률을 기대할 수 있다는 특징이 있다.

IEMG iShares Core MSCI Emerging Markets ETF는 이러한 신흥국 시장에 속한 수백 개 기업의 주식으로 구성된 ETF로, 이 ETF를 매수하는 것은 비교적 적은 비용으로 신흥국 시장 전체에 분산 투자하는 효과를 얻는 것이다.

레이 달리오가 이끄는 브릿지워터 어소시에이츠의 공개 포트폴리오 13F 공시를 보면 개별 주식 외에 다양한 국가 및 자산 클래스에 투자하는 수많은 ETF들을 보유하고 있으며 그중에는 신흥국 시장 ETF도 상당한 비중을 차지한다. 레이 달리오가 IEMG와 같은 신흥국 ETF에 투자한 것은 바로 그의 거시 경제 분석 결과와 '올 웨더' 분산 투자 철학에 따른 결정이었다.

왜 신흥국 시장 ETF IEMG 였나? 레이 달리오의 투자 논리

레이 달리오가 신흥국 시장 ETF인 IEMG를 그의 대표적인 투자 '결정'을 보여주는 항목으로 삼은 배경에는 글로벌 경제 시스템에 대한 그의 거시적 분석과 '올 웨더' 포트폴리오 구성 원칙이 있기 때문이다.

- **글로벌 경제의 다양성 및 분산 효과** - 레이 달리오는 전 세계 경제 시스템을 하나의 상호 연결된 기계로 보았다. 선진국과 신흥국은 서로 다른 경제 발전 단계와 사이클을 가지고 있으며, 정치적, 사회적, 경제적 환경도 다르다. 신흥국 시장에 투자하는 것은 선진국 시장 투자와는 다른 위험 및 수익 특성을 가지므로 전체 포트폴리오의 분산 효과를 높일 수 있다. '어떤 경제 환경에서도 견딜 수 있는' 올 웨더 포트폴리오를 구성하기 위해서는 선진국 시장 외에 신흥국 시장에 대한 노출이 필수적이며 IEMG는 이러한 지역 및 자산 분산이라는 거시적 목표를 달성하는 수단이었다.
- **신흥국의 성장 잠재력 및 위치** - 레이 달리오의 거시 분석에 따르면 선진국들이 높은 부채 수준과 저성장 문제에 직면해 있는 반면, 많은 신흥국들은 상대적으로 낮은 부채와 높은 성장 잠재력을 가지고 있을 수 있다. 또한, 글로벌 경제의 무게 중심이 서구에서 동양으로 이동하는 장기적인 트렌드를 고려할 때 신흥국 시장은 간과할 수 없는 중요한 투자 영역이었다. IEMG는 이러한 신흥국 경제의 장기 성장 잠재력에 투자하는 거시적 판단을 대표한다.
- **올 웨더 포트폴리오 내 역할** - 신흥국 자산은 글로벌 성장기에 성과가 좋거나, 특정 원자재 가격 상승 시 수혜를 보거나 혹은 선진국 통화 약세 시 상대적으로 강세를 보이는 등 다양한 거

시 환경에서 특정 역할을 할 수 있다. 레이 달리오의 올 웨더 프레임워크 내에서 신흥국 시장은 특정 경제 환경예를 들어 글로벌 성장, 원자재 강세 등과의 연동성을 확보하며 포트폴리오의 균형을 맞추는 구성 요소가 될 수 있었다. IEMG는 이러한 거시 환경 변화에 특화된 투자 접근을 가능하게 하는 자산이었다.

● **효율적인 자산 배분 수단** - 브릿지워터와 같은 대규모 펀드는 수백억 달러의 자금을 운용한다. 신흥국 시장이라는 광범위한 자산 클래스에 투자하기 위해 개별 신흥국 기업을 하나하나 분석하고 투자하는 것은 비효율적이다. IEMG와 같은 광범위한 신흥국 ETF는 다양한 신흥국가 및 기업에 즉각적이고 효율적으로 분산 투자할 수 있게 해주는 최적의 수단이었다. 이는 거시적 자산 배분 결정을 빠르고 저렴하게 실행하는 방법이었다.

이와 같은 이유로 IEMG와 같은 신흥국 시장 ETF 투자는 레이 달리오의 복잡한 거시 경제 분석과 올 웨더 포트폴리오 전략의 핵심적인 결과물이다. IEMG는 특정 기업에 대한 미시적 분석이 아니라, 거시적 관점에서 신흥국 시장이라는 자산 클래스에 자금을 배분하기로 한 레이 달리오의 '단 하나의 거시적 결정'을 상징적으로 보여준다.

신흥국 시장 ETF(EMG) 투자를 통해 배우는 레이 달리오의 교훈

1. **거시 경제 분석의 중요성** - 투자는 개별 기업 분석에만 국한되지 않는다. 전체 시장, 국가, 자산 클래스 간의 관계를 이해하는 거시 경제 분석이 투자 성과에 지대한 영향을 미친다.

2. **분산 투자의 힘** - 미래 예측의 불확실성을 인정하고 '어떤 환경에도 견딜 수 있는' 분산된 포트폴리오를 구축하는 것이 중요하다. 다양한 자산 클래스(주식, 채권, 원자재, 금 등)와 지역(선진국, 신흥국)에 걸쳐 위험을 분산하는 노력이 필요하다.

3. **ETF 활용의 효율성** - 거시적 판단을 효율적으로 실행하기 위해 ETF와 같은 다양한 자산을 담은 수단을 활용해야 한다. 특정 자산 클래스 전체에 노출되기를 원할 때 개별 종목을 고집하기보다는 ETF가 더 나은 선택일 수 있다.

4. **글로벌 관점의 필요성** - 신흥국 시장은 글로벌 포트폴리오의 중요한 구성 요소가 될 수 있다. 선진국과 다른 성장 잠재력과 위험 특성을 이해하고 전체 자산 배분 전략에 포함시키는 것을 고려해야 한다.

5. **체계적 접근의 가치** - 감정에 휘둘리지 않고 원칙과 데이터에 기반한 체계적인 투자 결정이 장기적으로 더 나은 성과를 가져올 수 있다. 레이 달리오의 성공은 그의 체계적이고 원칙 기반의 접근 방식에서 비롯되었다.

레이 달리오에게 IEMG는 그의 거시 경제 분석, 올 웨더 포트폴리오 원칙 그리고 글로벌 자산 배분 전략이 결합되어 탄생한 '단 하나의 거시적 결정'을 상징한다. IEMG 사례를 통해 우리는 복잡한 거시 경제를 꿰뚫고 위험을 분산하여 시장을 초월하는 성과를 추구하는 레이 달리오의 투자 철학을 배우게 된다.

레이 달리오의 현대적 투자 전략

레이 달리오의 투자 철학과 접근 방식을 현대 시장에 적용한다면 다음과 같은 포트폴리오 구성을 고려할 수 있다.

● **주식 - 분산된 글로벌 주식 ETF (40%)**
- IEMG iShares Core MSCI Emerging Markets ETF – 신흥국 전체에 분산 투자, 여전히 핵심 자산
- VXUS Vanguard Total International Stock ETF – 미국 외 전 세계 선진국+신흥국 주식에 분산 투자
- VTI Vanguard Total Stock Market ETF – 미국 주식 시장 전체에 투자

● **채권 - 금리 사이클 대응 (30%)**
- TLT iShares 20+ Year Treasury Bond ETF – 장기 미국 국채 ETF 경기 침체 대비용
- TIP iShares TIPS Bond ETF – 물가 연동 국채 ETF 인플레이션 대비용

● **원자재/금 - 인플레이션 헷지 (20%)**
- GLD SPDR Gold Shares – 금 ETF, 안전자산 비중 유지

- DBC^(Invesco DB Commodity Index Tracking Fund) – 원자재 가격 전체에 분산 투자 에너지, 농산물 등

● **기타 – 디지털 자산 및 현금 (10%)**

- BITO^(ProShares Bitcoin Strategy ETF) – 비트코인 선물 기반 ETF 소량 실험적 투자
- SHY^(iShares 1-3 Year Treasury Bond ETF) – 단기 국채 ETF 또는 현금 등가물

레이 달리오의 현대적 포트폴리오 접근법은 "주식·채권·원자재·금·신흥국을 아우르는 초분산 포트폴리오를 구축하며, 미래를 예측하기보다는 어떤 시나리오에도 생존할 수 있는 구조를 만든다"로 요약할 수 있다.

스탠리 드러켄밀러 Stanley Druckenmiller 와 엔비디아 NVIDIA, NVDA

**대담한 통찰력으로
시장의 물결을 읽는 투자의 전략가**

스탠리 드러켄밀러Stanley Druckenmiller는 현대 투자 역사상 가장 성공적이고 존경받는 거시 투자자이자 헤지펀드 매니저 중 한 명이다. 그는 조지 소로스의 퀀텀 펀드Quantum Fund에서 수석 포트폴리오 매니저로 일하며 1992년 영국 파운드화에 대한 공격적인 공매도 베팅을 통해 '검은 수요일' 사건을 일으키고 막대한 수익을 올리는 데 핵심적인 역할을 했다.

자신의 헤지펀드인 듀케인 캐피털Duquesne Capital을 수십 년간 운영하며 거의 매년 경이로운 수익률을 기록하다가 2010년 외부 자금을 모두 반환하고 자신의 자산만 운용하는 패밀리 오피스로 전환했다. 그의 투자 스타일은 극도의 유연성, 기회주의적 베팅 그리고 거대한 시장 트렌드를 식별하고 이에 자금을 집중하는 능력으로 요약된다. 그는 특정 투자 스타일에 얽매이지 않고 거시 경제 분석과 기업 분석을 결합하여 가장 매력적인 기회를 찾아 과감하게 베팅했다.

스탠리 드러켄밀러의 투자 철학

스탠리 드러켄밀러의 투자 철학은 정해진 틀이 없다는 것이 특징이다. 그는 "언제든 틀렸음을 인정하고 포지션을 바꿀 준비가 되어 있어야 한다"고 말한다. 하지만 그의 성공적인 투자를 관통하는 몇 가지 핵심 원칙이 있다.

- **거시 경제 분석을 통한 큰 그림 파악** - 금리, 통화 정책, 인플레이션, 국제 수지 등 거시 경제 변수와 흐름을 분석하여 시장 전체 또는 특정 자산 클래스에 대한 큰 그림을 파악한다. 이러한 하향식 분석으로 유망한 투자 테마나 위험 요소를 식별한다.
- **하향식 분석과 상향식 분석의 결합** - 거시적 판단으로 유망한 분야를 찾으면 그 안에서 최고의 기회를 제공하는 특정 기업이나 자산을 찾아내는 상향식Bottom-up 분석개별기업 → 섹터 → 거시경제 순으로 분석하여 투자하는 방식을 수행한다. 거시적 흐름과 개별 기업의 강점을 결합하는 능력이 뛰어나다.
- **거대한 추세 식별** - 장기적으로 시장과 산업을 변화시킬 수 있

는 메가 트렌드(예를 들어 인터넷 혁명, 원자재 슈퍼 사이클, AI 혁명 등)를 조기에 식별하고, 이 추세의 가장 큰 수혜자가 될 기업에 집중적으로 투자한다.

- **집중 투자와 승자에게 베팅** - 분석과 거시적 판단을 통해 확신이 서면 소수의 종목에 자산의 상당 부분을 집중 투자하는 것을 망설이지 않는다. 또한, 수익을 내는 종목은 일찍 팔지 않고 추세가 이어지는 한 계속 보유하며 '승자에게 베팅'하여 이익을 극대화한다.

- **동적 리스크 관리** - 고정된 리스크 관리 규칙을 따르기보다는 시장 상황, 포트폴리오 성과, 확신 수준 등에 따라 리스크 노출 정도를 유연하고 동적으로 조절한다. 때로는 과감한 리스크를 감수하지만 분석이 틀렸음이 드러나면 손실을 신속하게 끊는다.

엔비디아NVIDIA, AI 혁명의 황금기를 이끄는 핵심 기업

엔비디아는 그래픽 처리 장치GPU 설계 분야의 세계적인 선두 주자이다. 초기에는 주로 게임 시장에서 고성능 그래픽 구현을 위해 사용되었으나, GPU의 병렬 처리 능력이 인공지능 모델 학습 및 구동에 필수적임이 밝혀지면서 상황이 달라졌다. 이제 엔비디아는 인공지능 컴퓨팅 하드웨어 시장의 지배적인 플레이어가 되었으며 데이터 센터용 AI 칩 수요 폭발과 함께 전례 없는 성장세를 기록하고 있다. 엔비디아의 GPU는 AI 시대를 가능하게 하는 '기반 인프라'이자 '황금기의 곡괭이'로 불린다.

스탠리 드러켄밀러는 투자 업계에서 가장 먼저 그리고 가장 강력하게 인공지능AI이 단순한 유행이 아닌 세상을 바꿀 '거대한 추세'가 될 것이라고 강조한 인물 중 하나이다. 그는 AI 기술의 발전 속도와 그것이 산업 전반에 미칠 영향에 대해 깊이 분석했고, 이러한 AI 혁명의 가장 직접적이고 필수적인 수혜 기업이 바로 엔비디아임을 간파했다. 드러켄밀러는 그의 펀드 포트폴리오에서 엔비디아 주식 비중을 상당히 늘렸으며 이는 그의 거시적 판단과 개별 기업에 대한 상향식 분석의 결합을 통해 이루어진 확신에 찬 투자였다.

드러켄밀러의 트렌드 베팅 - 브로드컴과 알리바바

스탠리 드러켄밀러는 거시 경제 흐름과 주요 시장 트렌드를 읽고 유연하게 대규모 베팅을 하는 투자 전략을 구사한다. 그의 포트폴리오에서 엔비디아와 일라이 릴리(LLY)가 가장 잘 알려진 성공 사례이지만, 그의 트렌드 포착 능력과 거시적 시각을 보여주는 다른 중요한 종목들도 있었다.

브로드컴(Broadcom, AVGO)은 AI 시대의 핵심 인프라를 담당하는 반도체 기업으로서 그의 포트폴리오에서 중요한 위치를 차지했다. 브로드컴은 하이퍼스케일러들이 자체 설계하는 AI ASIC 칩의 설계 및 생산을 돕는 파트너이자, AI 데이터센터 구축에 필수적인 고성능 네트워킹 칩 분야의 리더이다. 드러큰밀러는 엔비디아가 AI 연산의 '뇌'라면, 브로드컴은 AI 시스템의 '신경망'을 책임지는 기업이라고 보았다. 그는 엔비디아와 더불어 이러한 AI 인프라의 필수 요소인 브로드컴에 투자하며 AI 시대 구축이라는 거대한 트렌드에 베팅했다.

알리바바(Alibaba, BABA) 투자는 그의 거시적이고 지리적인 베팅을 보여준다. 알리바바는 중국의 최대 전자상거래 및 클라우드 기업으로서 중국 경제와 기술 섹터의 성장을 대표한다. 드러켄밀러는 글로벌 거시 경제 환경 분석을 통해 특정 시점의 중국 시장에서 투자 기회를 포착했고, 알리바바는 이러한 중국 경제 및 기술 트렌드를 대표하는 종목으로서 그의 포트폴리오에 포함되었다. 이는 엔비디아나 브로드컴처럼 기술 자체에 대한 베팅인 동시에, 특정 국가의 경제 흐름에 대한 거시적 판단이 반영된 투자였다.

왜 엔비디아였나? 스탠리 드러켄밀러의 투자 논리

스탠리 드러켄밀러가 엔비디아를 그의 대표적인 투자 종목으로 삼은 배경에는 AI 혁명이라는 거대한 추세를 읽고, 그 추세의 핵심 수혜자를 정확히 식별하는 그의 뛰어난 능력이 존재한다.

- **AI 혁명이라는 거대한 추세 식별** - 드러켄밀러는 AI 기술 발전이 가져올 생산성 향상, 새로운 산업 창출 등 장기적인 영향력을 다른 이들보다 일찍 그리고 더 깊이 이해했다. 그는 AI가 향후 수십 년간 지속될 장기적 흐름이라고 판단했고 이러한 시대적 변화에 과감히 투자했다.

- **추세의 핵심 수혜자, 엔비디아** - AI 혁명이 현실화되기 위해서는 막대한 양의 데이터 처리와 연산 능력이 필요하며, 엔비디아의 GPU가 바로 이 역할을 수행하는 가장 효율적이고 필수적인 하드웨어였다. 경쟁사 대비 압도적인 기술력과 시장 점유율을 가진 엔비디아는 AI 시대의 핵심 인프라 제공자로서

이 추세의 가장 크고 직접적인 수혜자가 될 수밖에 없다고 판단했다. 이는 거시적 추세AI와 개별 기업의 위치엔비디아 GPU의 중요성을 정확히 연결한 분석이었다. 엔비디아는 AI 혁명이라는 '황금기'에 '곡괭이'를 파는 회사였다.

- **유연하고 공격적인 자금 배분 -** 드러켄밀러는 AI 추세에 대한 확신이 커짐에 따라 엔비디아 주식 비중을 공격적으로 늘렸다. 그의 포트폴리오를 유연하게 조정하여 가장 유망하다고 판단한 소수의 기회AI 추세와 엔비디아에 자금을 집중했다. 이는 그의 고신뢰 집중 투자 스타일을 보여주는 사례였다.
- **'승자에게 베팅' 전략 -** 엔비디아 주가는 AI 수요 폭발과 함께 가파르게 상승했다. 드러켄밀러는 수익이 나는 종목을 일찍 팔아버리는 실수를 저지르지 않았다. 그는 엔비디아의 상승 추세가 이어지는 한 포지션을 유지하거나 오히려 늘리면서 '승자에게 베팅'하는 전략을 충실히 따랐고, 이를 통해 막대한 수익을 실현했다.
- **거시적 판단과 개별 기업 가치의 결합 -** 드러켄밀러는 AI라는 거시적/기술적 추세가 엔비디아라는 개별 기업의 재무 성과와 주가에 어떻게 구체적으로 반영될지를 예측했다. 추세의 힘과 개별 기업의 실적 간의 연결 고리를 정확히 파악하는 능력이 그의 투자 성공 기반이었다.

이와 같은 이유로 스탠리 드러켄밀러의 엔비디아 투자는 그의 투자 인생에서도 가장 성공적이고 상징적인 사례 중 하나가 되었다.

AI 혁명이라는 시대의 거대한 흐름을 읽고 그 흐름의 핵심에 선 기업에 과감하게 투자하여 '승자에게 베팅'하는 그의 스타일이 엔비디아라는 '단 하나의 기업'을 통해 완벽하게 구현되었다.

 **엔비디아 투자를 통해 배우는 스탠리 드러켄밀러의 교훈**

1. **거대한 추세를 읽는 안목** - 시장을 변화시킬 '거대한 추세'를 읽는 능력이 중요하다. 단기적인 시장의 노이즈를 넘어 장기적인 산업 변화와 기술 발전을 예측하는 혜안이 필요하다.
2. **분석 방법의 결합** - 거시적 분석과 개별 기업 분석을 결합해야 한다. 큰 그림 속에서 가장 유망한 기회를 제공하는 특정 기업을 찾아내는 상향식 분석 능력이 중요하다.
3. **유연성과 과감함** - 투자 스타일이나 특정 자산에 얽매이지 않고 기회가 있는 곳에 과감하게 자금을 투입하고, 분석이 틀렸을 때는 빠르게 인정하고 포지션을 조정하는 유연성이 필요하다.
4. **승자에게 베팅하는 인내** - '승자에게 베팅'하는 전략은 이익을 극대화하는 강력한 방법이다. 수익을 내는 종목은 쉽게 팔지 않고 추세가 이어지는 한 보유하며 복리 효과를 누리는 인내심이 중요하다.
5. **인프라 기업의 가치** - '황금기를 이끄는 곡괭이' 기업에 주목해야 한다. 새로운 산업 혁명이나 붐이 일어날 때 직접적인 서비스 제공자만큼이나 그것을 가능하게 하는 핵심 인프라나 하드

웨어 제공 기업이 큰 수혜를 볼 수 있다.

스탠리 드러켄밀러에게 엔비디아는 그가 평생을 통해 연마한 투자 철학, 즉 거시적 통찰, 유연한 베팅, 승자에 대한 집중이 어떻게 결합되어 시대의 가장 큰 기회를 포착하는지를 보여준 '단 하나의 기업'이다. 엔비디아 사례를 통해 우리는 거대한 흐름 속에서 기회를 낚아채는 드러켄밀러의 투자 기술을 배우게 된다.

 **스탠리 드러켄밀러의 현대적 투자 전략**

스탠리 드러켄밀러의 투자 철학과 접근 방식을 현대 시장에 적용한다면 다음과 같은 포트폴리오 구성을 고려할 수 있다.

● **AI/반도체/컴퓨팅 인프라 (40%)**
- NVIDIA^NVDA – 여전히 AI 혁명의 '뇌' 역할
- Broadcom^AVGO – AI 데이터센터용 네트워크, ASIC 설계, 필수 인프라
- Marvell Technology^MRVL – AI 서버/네트워크용 고성능 반도체 솔루션
- Arm Holdings^ARM – 저전력 AI 칩 설계 표준, 엣지 컴퓨팅 혁명의 핵심

● **바이오 혁신/건강 수명 연장 (20%)**
- Eli Lilly^LLY – 비만/당뇨 치료 혁신^GLP-1, 수명 연장 트렌드
- Novo Nordisk^NVO – 글로벌 GLP-1 시장 1위

● **에너지 전환/리쇼어링 (20%)**

- NextEra Energy^{NEE} - 재생에너지 전환 트렌드
- First Solar^{FSLR} - 미국 내 클린에너지/태양광 제조 부흥

● **글로벌 성장/지리적 베팅 (20%)**

- Alibaba^{BABA} - 중국 경제 회복 + 디지털 경제 성장 대표주
- Sea Limited^{SE} - 동남아시아 디지털 플랫폼 쇼핑 + 금융 + 게임

드러켄밀러의 현대 포트폴리오 접근법은 "AI, 바이오, 에너지 전환이라는 거대한 흐름을 읽고, 그 인프라를 구축하거나 필수 역할을 하는 핵심 기업에 과감히 집중 투자한다"로 요약할 수 있다.

조지 소로스 George Soros 와
팔란티어 테크놀로지스

Palantir Technologies, PLTR

시장의 불균형을
포착하는 통찰의 대투자

조지 소로스는 투자 업계 역사에 한 획을 그은 가장 유명하고 영향력 있는 거시 투자자이자 헤지펀드 운용자이다. 헝가리 출신으로 복잡한 유럽의 역사와 철학적 배경을 가진 그는 단순한 금융 전문가를 넘어 경제와 사회 현상을 꿰뚫어 보는 독보적인 통찰력을 발휘했다. 자신이 설립한 소로스 펀드 매니지먼트 Soros Fund Management를 통해 통화, 채권, 주식, 상품 등 전 세계 다양한 자산 시장에서 거시 경제 흐름을 읽고 과감한 베팅으로 막대한 부를 쌓아 올렸다.

특히 1992년, 영국의 통화 정책 약점을 간파하고 파운드화 가치 하락에 대규모로 베팅하여 하루아침에 10억 달러가 넘는 수익을 올린 '검은 수요일' 사건은 그의 이름을 '영란은행을 파산시킨 사나

이'로 만들며 전 세계에 알리는 계기가 되었다. 이러한 공격적인 투자 활동 외에도 '열린 사회 재단Open Society Foundations'을 설립하여 민주주의와 인권을 위한 사회 활동에 막대한 자금을 기부하고 있으며 이러한 그의 인권 및 자유주의 철학적, 정치적 관점 또한 때때로 그의 투자 행보와 연결되어 복잡한 이슈와 논쟁을 불러일으키기도 한다. 그의 투자 철학을 관통하는 핵심 이론은 그가 정립한 '재귀성 Reflexivity'이다.

조지 소로스의 재귀성 이론

재귀성은 투자자 조지 소로스가 강조한 개념으로 유명하다. "사람들의 인식(perception)이 현실(reality)을 형성하고, 그 현실이 다시 사람들의 인식을 바꾼다." 예를 들면, 투자자들이 "이 회사가 잘 나갈 거야!"라고 믿고 주식을 사면 주가가 오르고, 실제로 회사가 돈을 잘 벌게 될 수도 있다. 반대로 "경제가 곧 망할 거야"라고 믿고 다들 팔기 시작하면, 실제로 시장이 무너질 수도 있다. 즉, 예측이 현실을 만들어내고, 현실이 다시 예측을 강화하는 구조가 재귀적 고리이다.

조지 소로스의 투자 철학

조지 소로스의 투자 철학은 '시장의 비이성적인 부분을 파악하고, 거시 경제 및 정치적 흐름의 불균형을 이용하여 단기 및 중장기 기회를 포착하는 것'에 집중한다. 그는 시장이 항상 효율적이지 않으며 투자자들의 생각인식이 현실에 영향을 미치고, 변화된 현실이 다시 투자자들의 생각을 바꾸는 '재귀성'이라는 피드백 루프가 시장의 불확실성을 증폭시키고 가격의 왜곡거품과 붕괴을 야기한다고 보았다.

- **재귀성 이론의 실제 적용** - 시장 참여자들의 집단적 인식이 현실을 만들고, 그 결과가 다시 인식을 바꾸는 과정을 분석하여, 이러한 상호작용이 만들어내는 가격의 과대평가 또는 과소평가 지점을 파악한다. 예를 들어 어떤 자산에 대한 긍정적인 인식이 가격을 올리면, 이는 기업/국가의 현실에 긍정적인 영향을 미치고, 이는 다시 더욱 긍정적인 인식을 강화하여 가격을 더 올리는 식이다.
- **거시 경제 및 정치적 분석의 결합** - 단순히 경제 지표만 보는 것이 아니라 국가 간의 역학 관계, 정치적 불안정성, 정책 변화, 사회적 동향 등 광범위한 거시적, 정치적 요인이 자산 가격에 미치는 복합적인 영향을 분석한다. 이러한 하향식 분석으로 통화, 금리, 주식 시장 전체 또는 특정 국가 시장에 대한 베팅 아이디어를 도출한다.
- **과감하고 기회주의적인 베팅** - 분석을 통해 높은 확률로 예측 가능한하지만 시장은 예측하지 못하는 불균형을 발견하면 레버리지를 활용하여 외환이나 채권 같은 거대 시장에서 짧은 시간에 막대한 자금을 투입하는 공격적인 베팅을 한다. 기회가 왔을 때 신속하게 행동하는 결단력이 뛰어나다. 분석이 틀렸음이 드러나는 즉시 손실을 끊는 엄격한 리스크 관리 원칙도 동시에 가

진다.

● **시장 참여자 행동 분석 -** 시장 참여자들의 심리적 편향, 쏠림 현상, 군집 행동 등 비이성적인 행동이 만들어내는 가격 왜곡을 파악하고 이를 자신의 투자에 유리하게 이용한다. 시장의 비합리성이 곧 그의 놀이터였다.

팔란티어 테크놀로지스Palantir Technologies, 기술, 데이터, 권력 그리고 논란의 교차점

팔란티어 테크놀로지스는 페이팔 공동 설립자인 피터 틸Peter Thiel 등이 2003년 설립한 데이터 분석 소프트웨어 회사이다. 정부 기관, 특히 미국 국방부, CIA 등 정보 및 안보 관련 기관을 위한 '고담Gotham' 플랫폼과 기업 고객을 위한 '파운드리Foundry' 플랫폼을 통해 방대한 데이터를 통합하고 분석하여 테러 방지, 사기 탐지, 공급망 최적화 등 복잡하고 민감한 문제를 해결하는 소프트웨어를 제공한다.

최첨단 빅데이터 분석, 인공지능 기술과 밀접하게 연관된 기업으로 평가받지만 그 사업의 특성상 정부 및 정보 기관과의 긴밀한 관계, 대규모 데이터 수집 및 분석, 사생활 보호 및 감시 활동 연루 가능성 등과 관련하여 창립 초기부터 지속적인 논쟁과 윤리적 비판의 대상이 되어왔다. 2020년 9월 뉴욕 증권거래소에 전통적인 IPO 대신 직접 상장 방식을 통해 상장했다.

조지 소로스가 설립한 소로스 펀드 매니지먼트는 팔란티어가 직접 상장한 이후인 2020년 3분기에 이 회사 주식을 상당 규모약 200만 주 매수하여 포트폴리오에 편입했다. 펀드의 투자 결정은 시장에 공시되었고, 거시 투자 거장의 펀드가 주목한 기술 기업이라는 점에서 투자자들의 주목을 받았다. 펀드는 이후에도 팔란티어 주식을 추가 매수하여 보유량을 늘리기도 했다.

하지만 이 투자가 공개된 이후, 조지 소로스 본인은 2021년 2월에 가진 인터뷰를 통해 팔란티어의 사업 방식에 대해 개인적으로 '우려스럽다'고 생각하며, '자신은 개인적으로 이 투자를 승인하지 않았다'고 공개적으로 밝히는 이례적인 상황이 발생했다. 그는 팔란티어의 비즈니스가 '열린 사회' 원칙과 충돌한다고 보았다. 이는 펀드의 운용 결정수익 추구과 설립자 개인의 철학 및 가치관 사이에 명확한 입장 차이가 있음을 보여주었으며 시장과 대중에게 큰 화제가 되었다. 소로스 펀드 매니지먼트는 이후 2021년 1분기에 팔란티어 주식 대부분을 매도하며 해당 포지션을 빠르게 정리했다.

소로스 펀드의 팔란티어 투자 성과와 시장 역학

조지 소로스가 설립한 소로스 펀드 매니지먼트(SFM)의 팔란티어(PLTR) 투자는 펀드 운용의 결과와 설립자 개인의 시각이 다를 수 있음을 보여주는 흥미로운 사례이다.

SFM은 팔란티어가 직접 상장한 2020년 9월 30일 이후인 2020년 3분기(말)에 주식을 상당 규모 매수하여 포트폴리오에 편입했다. 이후에도 추가 매수하며 보유량을 늘렸다. 그들이 매수한 시점의 주가는 분할 반영 기준 약 10달러 ~ 20달러 수준이었다. SFM은 주가가 급등했던 2021년 1분기(주가 약 23달러 ~ 40달러 사이)에 팔란티어 주식 대부분을 매도하며 포지션을 정리했다.

매수 시점 대비 매도 시점의 주가 상승으로 인해, 소로스 펀드 매니지먼트는 팔란티어 투자로 상당한 규모의 재무적 수익을 남겼을 가능성이 매우 높다. SFM이 팔고 난 뒤 팔란티어의 주가 흐름은 더욱 주목할 만하다. SFM이 매도한 시점(2021년 1분기) 이후 팔란티어 주가는 2021년과 2022년 내내 큰 폭으로 하락하여 2~3년간 낮은 가격대(10달러 미만 저점)에 머물렀다. 그러다 2023년 중반부터 다시 상승하기 시작하여 최근 1년 사이(2024년)에 다시 크게 올랐다.

이와 같은 흐름을 보면, 소로스 펀드 매니지먼트가 주가 고점 부근(2021년 1분기)에서 성공적으로 매도하여 이후 2~3년간의 큰 하락을 피한 것은 순전히 금융적인 관점에서 볼 때 매우 시의적절하고 뛰어난 투자 관리 사례였다. 조지 소로스 본인의 개인적인 '우려스럽다'는 시각 표명과는 별개로, 펀드의 운용 결과만 놓고 보면 매우 성공적인 투자였다고 평가할 수 있다.

왜 팔란티어 테크놀로지스였나? 소로스 펀드의 투자 논리

조지 소로스 본인이 아닌 소로스 펀드의 운용팀이 팔란티어에 투자한 배경에는 펀드 차원에서의 시장 기회 포착 및 분석이 있었을 가능성이 높다. 팔란티어는 레이 달리오의 거시 분석처럼 경제 전체를 직접적으로 대변하는 기업은 아니지만 당시 시장의 주요 트렌드 빅데이터, AI, 클라우드, 성장 잠재력 그리고 상장 방식 직접 상장의 특성 등과 관련된 투자 기회를 제공했다.

- **성장하는 데이터 분석/AI 시장** - 팔란티어는 정부 및 기업의 방대한 데이터를 통합하고 분석하여 가치를 추출하는 소프트웨어를 제공한다. 데이터의 양이 폭발적으로 증가하고 AI의 중요성이 커지면서 이러한 데이터 분석 솔루션 시장은 장기적으로 성장할 잠재력이 매우 높다고 평가받았다. 펀드 운용진은 팔란티어가 이 성장 시장에서 독보적인 기술력과 정부 부문 경험이라는 독특한 위치를 가졌다고 보았을 수 있다. 이는 펀드의 수익 추구 목표와 부합하는 '성장주' 투자 관점이었다.

- **독특한 시장 포지션 및 경쟁 우위** - 팔란티어는 국방, 정보 기관 등 정부 부문에서 수십 년간 쌓은 경험과 신뢰를 바탕으로 강력한 해자진입 장벽를 구축했다. 이러한 공공 부문에서의 성공 경험을 바탕으로 상업 부문으로 확장하려 했으며 이는 새로운 성장 동력이 될 잠재력이 있었다. 펀드 운용진은 팔란티어의 이러한 독특한 시장 포지션과 정부 부문 해자가 경쟁 우위가 될 수 있다고 판단했을 가능성이 있다.

- **직접 상장 시점에서의 기회 포착** - 팔란티어는 전통적인 IPO 대신 직접 상장 방식을 선택했다. 직접 상장은 가격 발견 과정이 다를 수 있으며, 펀드 운용진은 상장 시점 또는 그 직후 시장의 평가가 기업의 잠재 가치 대비 매력적인 수준에 도달했다고 판단했을 수 있다. 시장 참여자들의 초기 반응이나 평가에 비이성적인 요소소로스의 재귀성 이론과 연결 가능성 있다면 여기서 기회를 찾으려 했을 수 있다.

● **기술 트렌드에 대한 노출** - 거시 투자자들은 종종 특정 거대한 기술 트렌드예를 들어 AI, 빅데이터에 간접적으로 노출되는 방식을 찾는다. 팔란티어는 이러한 트렌드를 대표하는 기업 중 하나였고, 펀드 운용진은 이를 통해 해당 트렌드에 대한 포트폴리오 노출을 확보하려 했을 가능성이 있다.

하지만 이 투자에는 조지 소로스 개인의 철학적 고뇌가 얽혀 있었다. 열린 사회와 투명성, 개인의 자유를 중시하는 그의 철학에 비추어 볼 때 정부 기관, 특히 정보/국방 분야에 대규모 데이터를 제공하고 분석을 돕는 팔란티어의 사업 모델은 감시, 데이터 통제, 사생활 침해 가능성 등 그의 가치관과 직접적으로 충돌했다. 그는 팔란티어의 기술이 억압적인 정권에 의해 악용될 수 있음을 우려했다.

이런 맥락에서 펀드가 재무적 판단에 따라 이 기업에 투자했을 때 설립자 개인은 그 기업의 본질적인 사업 방식에 대해 공개적으로 우려를 표명하며 자신의 가치관과의 충돌을 드러냈다. 이는 펀드의 '시장 기회 포착' 기능과 설립자의 '윤리적/사회적 가치' 판단이 분리될 수 있음을 보여주는 매우 드물고 흥미로운 사례가 되었다. 팔란티어는 소로스 펀드가 시장 기회를 보고 투자했지만, 설립자 개인의 철학과 상충된 '단 하나의 기업'으로 기록되었다.

팔란티어 테크놀로지스 사례를 통해 배우는 조지 소로스의 교훈

1. **투자 결정과 가치관의 분리** - 투자 펀드의 결정과 설립자/오너 개인의 가치관 사이에는 차이가 있을 수 있다는 점이다. 대규모 자금을 운용하는 펀드는 재무적 수익 극대화를 목표로 할 수 있지만 설립자는 다른 윤리적, 사회적, 정치적 기준을 가질 수 있으며 이러한 차이가 공개적으로 드러날 때도 있다.

2. **기술 트렌드에 대한 관심** - 거시 투자자들도 시장의 기술 트렌드에 주목한다. 비록 주로 거시 경제 지표를 보지만 AI, 빅데이터와 같은 새로운 기술이 가져올 시장의 변화와 여기서 발생하는 기회를 간과하지 않으며 이러한 트렌드를 대표하는 기업에 투자하기도 한다.

3. **기술과 윤리의 교차점** - 기술, 데이터 그리고 권력의 교차점에 있는 기업들은 큰 잠재력만큼이나 윤리적/사회적 논란을 수반할 수 있다. 투자자는 기업의 재무적/사업적 측면 외에 그 기술의 활용 방식과 사회적 영향력 또한 고려해야 할 수 있다. 물론 이를 투자 결정에 반영하는 방식과 정도는 투자자마다 다르다.

4. **시장 비효율성의 다양한 형태** - 시장의 비효율성은 다양한 형태로 나타난다. 기업의 사업 모델이나 윤리적 이슈와 관련된 논란으로 인해 시장 참여자들의 비이성적인 반응이 나타나고 기업 가치가 왜곡될 때 기회가 발생할 수 있으며 이는 소로스의 재귀성 이론이 설명하는 시장의 비이성적 반응과 연결될 수

있다.

5. **신속한 포지션 전환의 중요성** - 소로스 펀드는 윤리적 우려가 제기되었을 때 빠르게 포지션을 정리했고, 이는 금융적으로도 성공적인 결정이었다. 새로운 정보나 상황 변화에 따라 신속하게 포지션을 조정하는 능력이 중요하다.

조지 소로스에게 팔란티어는 그가 가진 '열린 사회' 철학과 펀드의 '시장 기회 포착'이라는 두 가지 측면 사이의 복잡한 관계를 보여주는 독특한 사례이다. 팔란티어 사례를 통해 우리는 시장의 거시적 흐름과 비이성적 행동을 이용하는 거장 투자자의 면모와 함께, 기술 발전이 가져오는 윤리적 질문 속에서 투자 결정이 얼마나 복잡해질 수 있는지를 배우게 된다.

조지 소로스의 현대적 투자 전략

조지 소로스의 투자 철학과 접근 방식을 현대 시장에 적용한다면 다음과 같은 포트폴리오 구성을 고려할 수 있다.

● **글로벌 거시/정치적 불균형 수혜주 (35%)**
  • Palantir Technologies^{PLTR} - 데이터 분석, 정보기관/정부 수요 기반 성장
  • Lockheed Martin^{LMT} - 글로벌 지정학적 긴장 수혜 방산 리더
  • Raytheon Technologies^{RTX} - 방위 산업 및 글로벌 공급망 회복 수혜

● **거시 경제 혼란기 안전 자산 (25%)**

- SPDR Gold Trust^{GLD} – 시장 불확실성, 통화가치 하락 대응 금 투자
- Bitcoin^{BTC} – 디지털 금, 인플레이션 헷지 수단으로 성장

● **기술 트렌드/시장 비효율 교차점 (25%)**

- Palantir Technologies^{PLTR} – 빅데이터/AI/정부 기술 수요, 윤리적 논란과 시장 기대 교차
- CrowdStrike^{CRWD} – 사이버 보안 수요 급증, 정부/기업 모두 대상

● **시장 심리 변동성 수혜주 (15%)**

- ARK Innovation ETF^{ARKK} – 기술적 낙관론과 투자자 심리 과열/냉각 사이를 포착 가능
- Coinbase Global^{COIN} – 암호화폐 시장의 극심한 변동성 수혜/위험 동시 존재

조지 소로스의 현대 포트폴리오 접근법은 "지금 조지 소로스라면 거시적 불균형, 기술-정치 교차점, 시장 비이성적 반응을 이용할 수 있는 자산과 기업에 집중 투자할 것"으로 요약할 수 있다.

제레미 그랜섬 Jeremy Grantham 과
넥스트에라 에너지 NextEra Energy, NEE

**자산 버블의 경고자,
지속 가능한 미래의 수호자**

제레미 그랜섬Jeremy Grantham은 글로벌 자산 운용사인 GMOGrantham, Mayo, Van Otterloo의 공동 설립자이자 시장의 사이클과 버블 그리고 장기적인 환경 및 자원 문제에 대한 날카로운 분석으로 유명한 거시 경제 전략가이다. 분기마다 발행하는 그의 투자 리포트를 통해 강력한 경고와 함께 시장의 비합리적인 움직임을 비판하고 장기 투자 전략에 대한 조언을 제시해왔다.

2000년 IT 버블, 2008년 금융 위기 등 주요 자산 버블을 예측하며 명성을 얻었고 특히 기후 변화, 자원 고갈, 환경 문제가 앞으로 수십 년간 경제와 금융 시장에 가장 큰 영향을 미칠 요인이라고 일관되게 주장하고 있다. 그의 투자 철학은 역사적 데이터를 기반으로 자산 가격이 결국 평균으로 회귀한다는 '평균 회귀' 이론에 깊이 뿌리내리고 있으며 이를 통해 과대평가된 시장에서는 방어적 포지션을, 저평가된 시장에서는 적극적인 매수 기회를 포착한다.

제레미 그랜섬의 투자 철학

제레미 그랜섬의 투자 철학은 '장기적인 관점에서 자산 가격의 평균 회귀를 예측하고, 버블을 피하며, 환경 및 자원 제약이 만들어낼 미래에 투자하는 것'에 집중한다.

- **자산 버블 예측 및 평균 회귀** - 자산 가격이 역사적 평균 가치에서 극단적으로 벗어날 때 발생하는 버블을 식별하고, 결국 가격이 평균으로 회귀할 것이라는 예측에 기반하여 투자 전략을 세운다.
- **장기 자산 배분** - 단기적인 시장 예측보다는 향후 7년 이상의 장기적인 자산 클래스별 예상 수익률을 산출하고 이에 맞춰 포트폴리오의 자산 배분을 조정한다.
- **환경 및 자원 제약 고려** - 인구 증가, 자원 고갈특히 필수 자원, 환경 파괴 그리고 그중에서도 기후 변화의 가속화가 미래 경제 시스템과 기업 수익성에 막대한 영향을 미칠 것이라고 본다. 이러한 제약 속에서 살아남거나 해결책을 제공하는 기업 및 산업에 투자하는 것이 필수적이라고 강조한다.

● **역발상적 투자** - 시장의 유행이나 과대평가된 자산을 피하고, 장기적으로 가치는 있지만 일시적으로 소외되거나 저평가된 자산에 투자하는 역발상적인 접근 방식을 취한다.

넥스트에라 에너지NextEra Energy, 기후 변화 시대의 에너지 리더

넥스트에라 에너지NEE는 미국에서 가장 큰 전기 유틸리티 회사 중 하나이며 플로리다 주에 전력을 공급하는 규제 사업Florida Power & Light, FPL과 미국 전역 및 캐나다 일부 지역에서 풍력, 태양광 등 재생 에너지 발전 및 에너지 저장 시설을 개발, 건설, 운영하는 경쟁 사업NextEra Energy Resources, NEER이라는 두 개의 주요 사업 부문을 가지고 있다.

특히 NEER은 북미 최대 규모의 재생 에너지 발전 사업자 중 하나이며 재생 에너지 및 에너지 저장 기술에 대한 공격적인 투자와 확장을 지속하고 있다. 전통적인 유틸리티 사업의 안정적인 수익 기반 위에 미래 에너지 산업의 핵심인 재생 에너지 분야에서 선두적인 위치를 구축한 기업으로 평가받는다.

제레미 그랜섬은 그의 투자 리포트나 인터뷰를 통해 기후 변화가 가져올 심각한 결과와 이에 대한 투자 필요성을 꾸준히 역설했다. 에어컨 사용 증가로 인한 전력 수요 증가, 해수면 상승, 극한 기후 현상 등 기후 변화의 직접적인 영향뿐 아니라 화석 연료 사용 축소와 재생 에너지로의 전환이라는 거대한 경제 시스템 변화에 주목했다. 이러한 변화 속에서 넥스트에라 에너지와 같이 대규모로 재생 에너지 인프라를 구축하고 운영하는 기업이 장기적으로 큰 수혜를 볼 것이라고 판단했다.

 **제레미 그랜섬의 넥스트에라 에너지 투자 논리**

제레미 그랜섬이 넥스트에라 에너지를 그의 대표적인 투자 종목으로 삼은 배경에는 기후 변화라는 장기적인 거시적 문제에 대한 그의 깊은 우려와 이 문제에 대한 실행 가능한 해결책을 제공하는 기업에 투자하려는 명확한 의지가 있었다.

● **기후 변화 문제에 대한 직접적인 해결책** - 그랜섬은 기후 변화가 피할 수 없는 현실이며 이에 대처하는 기업만이 장기적으로 생존하고 성장할 수 있다고 보았다. 넥스트에라 에너지의 NEER 사업 부문은 화석 연료 기반 발전에서 벗어나 풍력과 태양광을 통해 탄소 배출 없는 전력을 대규모로 생산한다. 이는 그랜섬이 찾던 기후 변화 문제에 대한 가장 직접적이고 확장 가능한 '해결책'을 제공하는 기업이었다. 그는 이러한 '해결책 제공 기업'에 투자하는 것이 단순한 유행이 아닌 장기적인 필연이라고 보았다.

● **재생 에너지 인프라 구축의 리더십** - 그랜섬은 재생 에너지로의 전환이 엄청난 규모의 새로운 인프라 구축을 필요로 할 것이라고 예측했다. 넥스트에라 에너지의 NEER은 이미 이 분야에서 수십 기가와트GW 규모의 발전 용량을 확보하고 추가 개발 파이프라인을 갖춘 압도적인 리더였다. 이는 재생 에너지 산업이라는 거대한 성장의 파이프라인을 가장 효율적으로 연결하고 확장할 수 있는 능력을 가진 기업이었다. 그는 이러한 인프라 구축 역량과 시장 지배력을 높이 평가했다.

● **안정적인 유틸리티 기반 위의 성장성** - 넥스트에라 에너지는 규제받는 안정적인 유틸리티 사업FPL을 통해 예측 가능한 수익 기반을 가지고 있다. 동시에 NEER 사업 부문을 통해 재생 에너지 시장의 빠른 성장 잠재력을 누린다. 이는 그랜섬이 찾는 '가치안정성'와 '성장'의 균형을 가진 기업 형태였다. 순수 재생 에너지 개발사보다 재무적으로 더 안정적이면서도 전통 유틸리티보다 훨씬 높은 성장 잠재력을 가졌다.

● **장기 추세와의 완벽한 부합** - 재생 에너지로의 전환은 수십 년이 걸릴 거대한 장기적인 추세이다. 기술 발전으로 인한 비용 하락, 정부 정책 지원 그리고 기후 변화의 현실화는 이 추세를 더욱 가속화할 것이다. 넥스트에라 에너지는 이러한 거대한 메가 트렌드의 최전선에 있으며 장기적으로 꾸준히 투자 기회를 제공할 기업이라고 판단했다.

● **전통적 자산 분류를 넘어선 가치** - 그랜섬에게 넥스트에라 에너지는 단순한 '유틸리티 주식'이 아니었다. 그것은 기후 변화라

는 장기적인 거시 문제를 해결하는 '솔루션 제공 기업'이자, 엄청난 규모의 '재생 에너지 인프라 자산'을 보유하고 확장하는 기업이었다. 그의 투자 논리는 전통적인 섹터 분류를 넘어선 곳에 있었다.

이런 맥락에서 넥스트에라 에너지는 제레미 그랜섬의 투자 철학, 특히 기후 변화와 자원 문제에 대한 깊은 우려와 통찰력이 구체적인 투자 결정으로 어떻게 연결되는지를 가장 잘 보여주는 '단 하나의 기업'이 되었다. 대규모 재생 에너지 인프라를 통해 미래 에너지 시대를 이끄는 넥스트에라 에너지의 모습은 그랜섬이 그리는 지속 가능한 투자 미래를 상징한다.

 **넥스트에라 에너지 투자를 통해 배우는 제레미 그랜섬의 교훈**

1. **환경과 자원 제약의 중요성** - 기후 변화, 자원 고갈과 같은 장기적인 환경 및 자원 제약이 미래 경제와 시장에 미치는 영향력을 심각하게 고려해야 한다. 이러한 거시적 요인들이 투자 기회와 리스크를 근본적으로 바꿀 수 있다.
2. **문제 해결사 기업에 주목** - 장기적인 글로벌 문제에 대한 솔루션을 제공하는 기업에 주목해야 한다. 이러한 문제 해결형 기업들은 미래 사회에서 필수적인 역할을 하며 장기적인 성장 잠재력을 가질 수 있다.

3. **인프라 구축 역량의 가치** - 대규모 인프라 구축 역량의 가치를 알아보는 것이 중요하다. 재생 에너지와 같은 새로운 산업은 막대한 인프라 투자를 필요로 하며 이를 효율적으로 개발하고 운영하는 기업이 시장 리더가 될 수 있다.
4. **안정성과 성장성의 균형** - 전통적인 산업유틸리티과 미래 지향적인 성장 산업재생 에너지의 조합이 안정성과 성장성을 동시에 제공하는 매력적인 투자 형태가 될 수 있다.
5. **ESG 요소의 통합** - 투자 분석 시 전통적인 재무 지표 외에 환경적, 사회적, 거버넌스ESG 요소가 장기적인 기업 가치에 미치는 영향력을 고려하는 시각이 필요하다.

제레미 그랜섬에게 넥스트에라 에너지는 그가 가진 심오한 거시 경제 분석과 환경적 통찰력이 결합되어 탄생한 '단 하나의 기업'이다. 넥스트에라 에너지 사례를 통해 우리는 거대한 장기적 추세, 특히 기후 변화라는 도전을 기회로 바꾸는 투자자의 비전과 통찰력을 배우게 된다.

제레미 그랜섬의 현대적 투자 전략

제레미 그랜섬의 투자 철학과 접근 방식을 현대 시장에 적용한다면 다음과 같은 포트폴리오 구성을 고려할 수 있다.

● 재생 에너지·기후 솔루션 기업 (40%)

- NextEra Energy [NEE] – 북미 최대 재생 에너지 인프라 구축 리더
- Constellation Energy [CEG] – 미국 원자력 기반의 청정 전력 공급 확대
- First Solar [FSLR] – 미국 내 태양광 패널 제조 리더
- Brookfield Renewable [BEPC] – 다양한 수력·태양광 포트폴리오 보유

● 필수 자원/농업 인프라 (25%)

- Nutrien [NTR] – 세계 최대 비료 생산업체, 농업 필수 자원 공급
- Deere & Company [DE] – 농업 자동화, 스마트팜 기술 선도 기업

● 환경·에너지 전환 인프라 (20%)

- Enphase Energy [ENPH] – 태양광 마이크로인버터 기술 리더
- SolarEdge Technologies [SEDG] – 에너지 최적화 솔루션 제공

● ESG/지속 가능성 리더십 기업 (15%)

- Tesla [TSLA] – 전기차 및 에너지 저장 시스템 혁신 기업
- Schneider Electric [SBGSY] – 에너지 관리, 전력 자동화의 글로벌 리더

제레미 그랜섬의 현대적 포트폴리오 접근법은 "기후 변화 해결, 재생 에너지, 농업 자원 보존에 필수적인 고품질 인프라와 솔루션 기업에 장기 투자할 것"으로 요약할 수 있다.

트레이시 셰이던 Tracy Shuchart과
엑손모빌 ExxonMobil, XOM

**현실 시장과 미래 전망을
연결하는 에너지 자원 전략가**

트레이시 셰이던은 거시 경제와 상품Commodity 시장, 특히 에너지 섹터에 대한 전문적인 분석으로 금융계에서 주목받는 전략가이다. 트위터 계정 'HedgeFundTrader'로도 활발히 활동하며 수많은 팔로워에게 실시간 시장 분석과 통찰을 제공하고 있다. 그녀의 분석은 단순히 금융 시장의 기술적 지표에 머무르지 않는다. 원유, 천연가스, 농산물 등 실물 상품 시장의 복잡한 수급 역학, 지정학적 리스크, 글로벌 경제 정책 변화가 자산 가격에 미치는 영향을 깊이 파고든다.

에너지 전환과 환경 정책이 전통 에너지 자원 및 신재생 에너지 시장에 미치는 중장기적 영향에 대한 분석에도 강점을 보이며 특히 원자재 시장과 주식 시장의 상관관계, 인플레이션과 금리 변화가 다양한 자산군에 미치는 차별화된 영향을 독특한 시각으로 조명한다. 전통적인 펀드매니저보다는 독립적 시각의 분석가로서, 주류 시장 의견에 반하는 독자적인 포지션을 취하는 것을 두려워하지 않으며 복잡한 시장 데이터 속에서 유의미한 패턴을 발견하는 능력으로 거시 경제 전략가로서 인정받고 있다.

트레이시 셰이던의 투자 철학

트레이시 셰이던의 투자혹은 분석 철학은 '거시 경제, 지정학 그리고 실물 상품 시장의 수급 균형을 이해하고, 이 요소들이 관련 자산 가격에 미치는 영향을 예측하는 것'에 집중한다. 그녀는 에너지와 같은 필수 상품 시장이 글로벌 경제의 근간을 이루며 인플레이션, 지정학적 안정성 등에 지대한 영향을 미친다고 본다.

- **지정학적 리스크 분석** - 특정 지역의 정치적 불안정, 분쟁, 제재 등 지정학적 사건이 에너지 생산, 운송, 소비에 어떻게 영향을 미치고 결과적으로 가격 변동성을 야기하는지를 분석한다. 중동, 러시아 등 주요 생산 지역의 상황을 면밀히 관찰한다.
- **실물 수급 분석** - 원유 재고량, 생산 능력 변화, 탐사 및 개발 투자 수준, 소비 트렌드 변화(예를 들어 경기 침체 또는 성장, 에너지 효율 증대, 에너지 전환 속도) 등 물리적인 수급 데이터

를 분석하여 시장의 과잉 또는 부족 상태를 판단한다.

- **거시 경제와 상품 가격 연결** - 인플레이션 압력, 글로벌 경기 성장률, 중앙은행 정책 등 거시 경제 지표가 상품 수요와 생산 비용에 어떻게 영향을 미치고 가격 추세를 형성하는지를 분석한다.

- **에너지 시장 전문성** - 상품 시장 중에서도 특히 원유, 천연가스 등 에너지 시장에 대한 깊은 전문성을 가지고 있으며 이 섹터의 독특한 특성(예를 들어 OPEC의 역할, 장기 프로젝트의 중요성)을 이해한다.

- **자산 가격에 대한 영향 예측** - 거시 경제, 지정학, 수급 분석 결과를 바탕으로 원유 가격, 천연가스 가격 등 상품 가격의 방향성을 예측하고, 이러한 가격 변화가 에너지 기업 주가에 어떻게 반영될지를 전망한다.

엑손모빌 ExxonMobil , 거시와 지정학이 만나는 에너지 거인

엑손모빌은 원유와 천연가스를 탐사하고 생산하는 업스트림 Upstream 사업, 원유를 정제하여 휘발유, 경유 등을 만들고 판매하는 다운스트림 Downstream 사업 그리고 석유 화학 제품을 생산하는 화학 사업까지 에너지 가치 사슬의 거의 모든 단계를 아우르는 수직계열화된 초대형 에너지 기업이다. 140년 이상의 오랜 역사를 가지고 있으며 전 세계 수많은 국가에서 사업을 운영하는 명실상부한 글로벌 에너지 산업의 리더이다.

그 규모와 사업 범위 덕분에 엑손모빌의 실적과 주가는 글로벌 원유 및 가스 가격 그리고 전 세계 지정학적 상황에 매우 민감하게 반응한다. 꾸준하고 상당한 배당금을 지급해 온 역사도 가지고 있다.

트레이시 셰이던은 시장 전략가로서 에너지 시장의 큰 흐름을 분석하고, 이러한 흐름이 엑손모빌과 같은 대형 에너지 기업에게 어떻게 영향을 미치는지를 설명한다. 엑손모빌은 그녀가 분석하는 거시 경제, 지정학, 에너지 수급이라는 세 가지 핵심 요소가 한 기업에 응축되어 나타나는 상징적인 존재였다.

 **왜 엑손모빌이었나? 트레이시 셰이던의 투자 논리**

트레이시 셰이던이 엑손모빌을 그녀의 대표적인 분석 대상이자 투자 아이디어를 보여주는 항목으로 삼은 배경에는 에너지 시장을 움직이는 거시적이고 지정학적인 힘에 대한 그녀의 깊은 이해가 있었다.

- **원유/가스 가격의 직접적인 대리인** - 엑손모빌의 수익성, 특히 업스트림 사업의 실적은 글로벌 원유 및 천연가스 가격에 직접적으로 연동된다. 유가와 가스 가격이 상승하면 엑손모빌의 이익은 기하급수적으로 늘어나고, 하락하면 급감한다. 엑손모빌은 그녀가 분석하는 글로벌 에너지 시장을 가장 직접적으로

대변하는 '프록시Proxy' 기업이었다. 트레이시 셰이던의 거시 경제 및 지정학적 분석을 통해 에너지 가격의 방향성을 예측했다면, 엑손모빌은 그 예측에 가장 직접적으로 베팅할 수 있는 투자 수단이었다.

- **글로벌 규모와 통합 사업의 의미** - 엑손모빌은 전 세계 다양한 지역에서 원유와 가스를 생산하고, 전 세계 시장에서 제품을 판매한다. 이러한 광범위한 지리적 및 사업적 분산통합은 특정 지역의 리스크나 특정 사업의 부진을 다른 부문에서 상쇄할 수 있게 한다. 이는 트레이시 셰이던이 분석하는 지정학적 리스크가 개별 프로젝트에 미치는 영향을 넘어서는 거대한 글로벌 에너지 시스템의 대표 기업으로서 엑손모빌의 위치를 강화한다.

- **지정학적 리스크에 대한 노출** - 엑손모빌은 중동, 아프리카, 남미 등 지정학적으로 민감한 지역에서 사업을 운영한다. 정부 정책 변화, 정치적 불안정성, 생산 시설 리스크 등 그녀가 분석하는 지정학적 리스크에 기업 운영과 실적이 직접적인 영향을 받는다. 엑손모빌은 지정학적 분석이 기업 가치에 어떻게 현실적으로 반영되는지를 보여주는 사례였다.

- **탄탄한 재무와 장기 프로젝트** - 엑손모빌과 같은 대형 통합 에너지 기업은 막대한 자본과 오랜 시간이 필요한 장기 프로젝트를 수행한다. 또한 유가 변동성이 큰 환경에서도 견딜 수 있는 탄탄한 재무 구조와 현금 창출 능력을 갖추고 있다. 트레이시 셰이던이 분석하는 장기적인 수급 전망이나 지정학적 리스크 속에서도 살아남고 투자할 수 있는 기업으로서 엑손모빌의

재무적 안정성은 중요한 고려 대상이었다.
- **배당의 역할** - 엑손모빌은 오랜 기간 꾸준히 배당금을 지급해 온 역사를 가지고 있으며 이는 투자자에게 안정적인 현금 흐름을 제공한다. 엑손모빌은 오랜 기간 꾸준히 배당금을 지급해온 역사를 가지고 있어 투자자에게 안정적인 현금 흐름을 제공한다. 특히 유가가 상승하면 엑손모빌이 벌어들인 막대한 현금이 배당을 통해 주주들에게 직접 돌아간다. 이는 거시경제 환경의 변화가 투자자의 실질적인 수익으로 이어지는 핵심 경로이다.

이런 맥락에서 엑손모빌은 트레이시 셰이던의 거시 경제 분석, 특히 지정학적 리스크와 에너지 수급 전망이 응축되어 나타나는 '단 하나의 기업'이 되었다. 그녀가 읽어내는 복잡한 글로벌 에너지 시장의 큰 그림이 엑손모빌의 실적과 주가 변동에 고스란히 반영되었다.

엑손모빌 투자를 통해 배우는 트레이시 셰이던의 교훈

1. **거시 경제와 지정학의 중요성** - 거시 경제와 지정학적 분석은 특정 산업, 특히 에너지와 같은 필수 상품 시장 투자에 필수적이다. 국가 경제, 국제 관계, 정치적 안정성이 자산 가격에 직접적인 영향을 미친다.
2. **실물 상품 수급 역학의 이해** - 실물 상품의 수급 역학을 이해하

는 것이 중요하다. 재고 수준, 생산 능력, 소비 변화 등 물리적인 데이터 분석이 가격 예측의 기반이 된다.

3. **대형 통합 기업의 가치** - 대형 통합 에너지 기업은 글로벌 에너지 가격 및 지정학적 상황의 핵심 지표가 될 수 있다. 이러한 기업의 주가 변동을 통해 에너지 시장의 큰 흐름을 읽을 수 있다.

4. **지정학적 리스크 분석의 필요성** - 복잡한 지정학적 리스크를 투자 분석에 포함시켜야 한다. 특정 지역의 사건이 글로벌 공급망과 자산 가격에 미치는 파급 효과를 이해하는 시각이 필요하다.

5. **장기적 관점의 중요성** - 에너지 시장은 단기적으로 변동성이 크지만, 장기적인 수급 트렌드와 산업 구조 변화를 이해하는 것이 지속 가능한 투자 수익을 창출하는 데 중요하다.

트레이시 셰이던에게 엑손모빌은 그녀가 가진 거시 경제, 지정학, 에너지 시장에 대한 통찰력이 집약된 '단 하나의 기업'이다. 엑손모빌 사례를 통해 우리는 복잡한 실물 경제와 지정학적 환경이 자산 가격에 어떻게 반영되는지를 꿰뚫어 보는 전략가의 시각을 배우게 된다.

 **트레이시 셰이던의 현대적 투자 전략**

트레이시 셰이던의 투자 철학과 접근 방식을 현대 시장에 적용한다

면 다음과 같은 포트폴리오 구성을 고려할 수 있다.

● **대형 통합 에너지 기업 (40%)**
- ExxonMobil^{XOM} – 글로벌 에너지 가격과 지정학 리스크에 가장 민감한 대형 통합 에너지 리더
- Chevron^{CVX} – 안정적인 생산 기반과 강력한 배당 성향을 가진 글로벌 에너지 메이저

● **천연가스 및 LNG 수출 리더 (20%)**
- Cheniere Energy^{LNG} – 미국 최대 LNG 수출업체, 글로벌 가스 시장 구조 변화 수혜주

● **에너지 인프라 및 파이프라인 기업 (20%)**
- Energy Transfer^{ET} – 미국 내 에너지 수송 인프라 네트워크 강자
- Enterprise Products Partners^{EPD} – 석유화학·천연가스 운송 및 저장 분야 리더

● **에너지 수급 불균형 수혜주 (20%)**
- Pioneer Natural Resources^{PXD} – 퍼미안 분지의 핵심 셰일 오일 생산업체, 원가 경쟁력 우수
- Occidental Petroleum^{OXY} – 탄소 포집 기술^{CCS} 강화, 장기 수요 대응

트레이시 셰이던의 현대적 포트폴리오 접근법은 "글로벌 에너지 수급, 지정학적 리스크, 천연가스 수요 폭발에 주목하며 에너지 메이저와 인프라 강자에 집중 투자할 것"으로 요약할 수 있다.

제프리 군들라흐 Jeffrey Gundlach 와
SPDR Gold Shares GLD

★★★★★
★★★★★

**채권 시장을 통해
경제의 미래를 해독하는 금리의 군주**

제프리 군들라흐Jeffrey Gundlach는 '채권왕Bond King'이라는 별명으로 더 유명한 세계적인 투자자이자 거시 경제 전략가이다. 채권 운용사인 더블라인 캐피털DoubleLine Capital의 설립자이자 최고 투자 책임자CIO로서 주로 채권 시장, 특히 모기지 담보부 채권MBS 분야에서 탁월한 분석력과 수익률로 명성을 쌓았다. 그의 시장 분석은 채권 시장에만 머무르지 않는다. 금리, 인플레이션, 연방준비제도Fed 정책, 미국 달러화 가치, 정부 부채 등 광범위한 거시 경제 지표와 정책 변화가 자산 시장 전반에 미치는 영향을 예측하는 그의 통찰력은 주식, 상품, 통화 시장 투자자들에게도 큰 영향을 미친다.

군들라흐는 고전적인 차트 분석과 기본적 분석을 결합한 독특한 접근법으로 수익률 곡선의 형태와 변화에서 경기 침체나 시장 위기의 신호를 읽어내는 능력이 탁월하다. 매년 개최하는 'Just Markets' 웨비나는 전 세계 투자자들이 주목하는 이벤트가 되었으며, 그의 예술에 대한 깊은 조예와 미술품 컬렉션은 그의 독특한 시장 통찰력과 맞닿아 있다는 평가도 있다. 그는 종종 시장의 주류 의견과 다른 독자적인 거시경제 전망을 제시하고, 이에 기반하여 과감한 투자 포지션을 취하는 것으로 알려져 있다. 특히 2008년 금융위기를 정확히 예측한 것으로 유명하다.

제프리 군들라흐의 투자 철학

제프리 군들라흐의 투자 철학은 '거시 경제 환경 변화를 면밀히 분석하고, 특히 금리 및 신용 시장의 신호를 읽어 자산 배분 전략을 결정하는 것'에 집중한다. 그는 시장 가격이 반영하는 것 이상으로 숨겨진 거시 경제의 위험 신호나 기회를 포착하려 한다.

- **금리 및 채권 시장 분석** - 금리 방향성 예측, 채권 시장의 구조적 변화, 신용 리스크 평가 등 채권 시장의 복잡한 역학 관계에 대한 깊은 이해를 바탕으로 투자 전략을 수립한다. 채권 시장을 통해 경제의 건강 상태와 미래 방향에 대한 중요한 신호를 읽어낸다.
- **거시 경제 예측** - 인플레이션 압력, 경기 성장 전망, 통화 정책

방향 등 핵심 거시 변수를 분석하고 예측하며 이러한 예측이 다양한 자산 클래스주식, 채권, 상품, 통화의 상대적 매력도에 어떻게 영향을 미치는지 평가한다.

- **미국 달러화 및 정부 부채 분석** - 미국 달러화의 장기적인 방향성과 정부의 재정 정책, 부채 수준 증가가 금융 시장 및 특정 자산예를 들어 금 가치에 미치는 영향을 중요하게 분석한다.
- **위험 관리** - 채권 투자에서 특히 중요한 신용 리스크, 금리 리스크 등을 철저히 관리하며 거시 경제 환경 변화에 따른 포트폴리오 리스크 노출을 동적으로 조절한다.
- **역발상적 자산 배분 시각** - 시장의 컨센서스와 다른 자신만의 거시적 판단에 기반하여 특정 자산 클래스가 시장에서 과도하게 저평가되거나 과대평가되었다고 판단할 때 역발상적인 자산 배분 조언을 제시한다.

SPDR Gold SharesGLD, 거시적 위험에 대한 방어 자산

금은 수천 년의 역사를 가진 전통적인 안전 자산이자 가치 저장 수단으로 여겨져 왔다. 화폐 가치 하락인플레이션, 금융 시스템 불안정, 지정학적 위기 상황 등 예측 불가능한 거시 경제 또는 정치적 불확실성이 커질 때 투자자들이 선호하는 경향이 있다. 금 자체는 이자를 지급하거나 수익을 창출하는 생산적인 자산은 아니지만 이러한 불확실한 시기에 다른 자산주식, 채권의 손실 위험을 상쇄하는 헤지

Hedge 수단 역할을 할 수 있다.

SPDR Gold Shares GLD는 투자자가 금 실물에 직접 투자하는 대신, 금 가격을 추종하는 ETF를 통해 손쉽게 금 시장에 참여할 수 있게 해주는 가장 크고 유동성이 풍부한 ETF이다. 제프리 군들라흐는 주로 채권 시장 전문가이지만 거시 경제 분석을 바탕으로 금에 대한 투자 시각을 꾸준히 제시해왔다. 특히 인플레이션이나 통화 불안정 시기에 금이 갖는 안전자산으로서의 가치를 높이 평가했다. 군들라흐의 이러한 금 투자 철학을 가장 잘 보여주는 대표적인 투자 수단이 바로 SPDR Gold Shares GLD이다.

왜 SPDR Gold Shares GLD였나? 제프리 군들라흐의 투자 논리

군들라흐가 금을 중요한 투자 대상으로 보는 배경에는 거시경제 변화를 읽어내는 그의 능력과 금의 안전자산 역할에 대한 확신이 있다.

- **거시 경제 불확실성에 대한 헤지** - 군들라흐는 때때로 시장이 과소평가하거나 간과하는 거시 경제적 위험(예를 들어 예상보다 높은 인플레이션 지속, 정부 부채 문제의 심화, 금융 시스템의 잠재적 불안정성)에 대해 경고한다. 금은 이러한 거시 경제적 불확실성과 시스템적 위험에 대한 전통적인 헤지 수단으로

여겨진다. 그의 거시 분석 결과 특정 위험이 커지고 있다고 판단할 때 투자자들에게 포트폴리오의 일부를 금에 배분할 것을 조언했다. SPDR Gold Shares GLD는 이러한 위험 대비라는 거시적 판단을 실행하는 자산이었다.

- **인플레이션 대비** - 금은 역사적으로 인플레이션에 대한 헤지 수단으로 여겨져 왔다. 화폐 가치가 하락할 때 금의 가치가 상승하는 경향이 있기 때문이다. 군들라흐가 인플레이션 압력이 지속될 가능성을 높게 볼 때 SPDR Gold Shares GLD는 그의 포트폴리오를 실질 가치 하락으로부터 보호하는 역할을 할 수 있었다. 이는 그의 인플레이션 전망과 금 투자 간의 직접적인 연결을 보여준다.

- **실질 금리와 미국 달러 분석** - 군들라흐는 실질 금리명목 금리 - 인플레이션와 미국 달러화 가치를 중요하게 분석한다. 전통적으로 금은 실질 금리가 낮거나 마이너스일 때 그리고 미국 달러화가 약세를 보일 때 성과가 좋은 경향이 있다. 군들라흐가 이러한 환경을 예측하거나 현재 상태를 분석할 때 SPDR Gold Shares GLD는 그의 금리 및 통화 전망이 반영되는 자산이 되었다.

- **자산 배분 도구로서의 금** - 비록 그의 주력 분야는 채권이지만 군들라흐는 포트폴리오 전체의 자산 배분 관점에서 금의 역할을 설명한다. 금은 주식이나 채권과 낮은 상관관계를 보이는 경우가 많아 포트폴리오에 포함될 때 전체 포트폴리오의 변동성을 낮추고 위험 조정 수익률을 개선하는 데 기여할 수

있다. SPDR Gold Shares GLD는 이러한 거시적 자산 배분 목표를 달성하는 수단이었다.

● **효율적인 투자 수단** - SPDR Gold Shares GLD는 투자자들이 금 가격 변동에 쉽게 노출될 수 있는 가장 효율적이고 투명한 방법이다. 물리적 금 보유의 어려움 없이, 매매가 자유로운 SPDR Gold Shares GLD를 통해 군들라흐의 금에 대한 거시적 시각을 빠르고 편리하게 포트폴리오에 반영할 수 있었다.

거시적 통찰과 자산 배분- 금의 역할

제프리 군들라흐는 금을 단순한 원자재나 투기 자산이 아닌, 포트폴리오의 핵심적인 구성 요소이자 거시 경제적 위험에 대한 중요한 헤지 수단으로 일관되게 강조한다. 그가 금을 중요하게 여기는 이유는 정부 부채 증가, 과도한 통화 발행 그리고 이로 인해 발생할 수 있는 화폐 가치 하락(인플레이션 또는 통화 약세)의 위험을 경계하기 때문이다. 이러한 환경에서 법정 화폐와 달리 정부나 중앙은행의 통제 하에 있지 않고 내재적 가치를 가진 금이 구매력 보존 수단이자 금융 시스템 불안정성에 대한 안전 자산 역할을 한다고 믿는다. 군들라흐는 종종 투자 포트폴리오의 일정 부분(10-15%)을 금에 배분할 것을 권장하며, 이는 그의 '어떤 환경에서도 견딜 수 있는' 자산 배분 철학의 일환이다. 모든 자산이 같은 방향으로 움직이지 않기 때문에 주식이나 채권이 어려움을 겪는 환경에서도 금이 독립적인 움직임을 보이거나 가치를 유지하며 포트폴리오의 전체 위험을 낮추고 안정성을 높여준다는 것이다.

SPDR Gold Shares GLD 투자를 통해 배우는 제프리 군들라흐의 교훈

제프리 군들라흐의 SPDR Gold Shares GLD 투자 사례는 우리에게 채권 시장 전문가의 시각에서 거시 경제와 자산 배분의 중요성을 보여주는 깊은 교훈을 준다.

1. **거시 경제 분석의 자산 배분 적용** - 거시 경제 분석은 채권 시장 전문가에게도 다른 자산 클래스에 대한 통찰을 제공한다. 금리, 인플레이션, 통화 등 그가 분석하는 변수들은 금 가격에도 지대한 영향을 미친다는 것을 이해하고 이를 자산 배분에 활용하는 것이 중요하다.

2. **전통적 안전 자산의 현대적 가치** - 금과 같은 전통적인 안전 자산이 현대 포트폴리오에서도 여전히 중요한 역할을 할 수 있음을 인지해야 한다. 특히 거시 경제적 불확실성과 인플레이션 위험에 대한 헤지 수단으로서 금의 가치를 이해하고 적절히 활용할 수 있어야 한다.

3. **거시적 판단의 실행력** - 거시적 판단을 자산 배분 전략으로 연결하는 능력이 중요하다. 특정 거시 환경을 예측했다면 그 환경에서 성과가 좋을 것으로 예상되는 자산 클래스예- 금에 자금을 배분하는 결단이 필요하다.

4. **효율적 자산 접근 방식** - ETF는 특정 자산 클래스 전체에 대한 노출을 효율적으로 얻는 좋은 수단이다. 금과 같이 개별 종목

분석이 어렵거나 비효율적인 자산은 ETF를 통해 투자하는 것을 고려할 수 있다.

5. **포트폴리오 안정화 전략** - 주식이나 채권과 같은 전통적인 자산만으로는 완전한 분산투자가 어렵다. 금과 같이 다른 자산과 낮은 상관관계를 가진 자산을 포트폴리오에 포함시켜 전체 변동성을 낮추고 안정성을 높이는 전략이 유효할 수 있다.

 제프리 군들라흐의 현대적 투자 전략

제프리 군들라흐의 투자 철학과 접근 방식을 현대 시장에 적용한다면 다음과 같은 포트폴리오 구성을 고려할 수 있다.

● **금(Gold) 및 금 관련 자산 (40%)**
- SPDR Gold Shares^{GLD} - 거시 경제 불확실성, 인플레이션, 통화 약세 리스크에 대한 핵심 헤지 자산
- iShares Gold Trust^{IAU} - GLD 대비 소폭 낮은 보수를 가진 대형 금 ETF

● **미국 장기 국채 (30%)**
- iShares 20+ Year Treasury Bond ETF^{TLT} - 경기 둔화 및 위험 회피 환경에서 금리 하락 수혜

● **대체 자산/인플레이션 헤지 (20%)**
- Invesco DB Commodity Index Tracking Fund^{DBC} - 원자재 전체에 분산 투자하여 인플레이션에 대비
- Sprott Physical Gold and Silver Trus^{CEF} - 금과 은 실물 기반 대체 투자

상품

● **미국 달러 하락 수혜주 (10%)**

- Invesco Emerging Markets Sovereign Debt ETF^{PCY} - 달러 약세 수혜를 볼 수 있는 신흥국 채권 투자

제프리 군들라흐의 현대적 포트폴리오 접근법을 한 문장으로 요약하면 "금, 미국 장기채, 대체 자산을 통해 거시 경제 리스크에 대비하는 포트폴리오를 구축할 것"이라고 할 수 있다.

폴 튜더 존스 Paul Tudor Jones 와
CME Group CME

시장의 파도를 읽는 직관적 거래의 대가

폴 튜더 존스는 세계 금융 시장에서 가장 전설적인 거시 투자자이자 트레이더 중 한 명이다. 자신이 설립한 튜더 인베스트먼트 코퍼레이션Tudor Investment Corporation을 수십 년간 운영하며 변동성이 큰 시장 환경 속에서도 꾸준히 높은 수익률을 기록해왔다.

1987년 '검은 월요일Black Monday' 주가 대폭락을 정확히 예측하고 이를 통해 막대한 이익을 얻으면서 일약 스타덤에 올랐다. 그의 투자 스타일은 통화, 금리, 상품, 주가지수 선물 등 다양한 자산 시장에서 거시 경제 분석과 시장 타이밍을 결합하여 기회를 포착하는 것으로 유명하다. 특히 극도로 엄격한 리스크 관리 원칙을 지키는 것으로도 잘 알려져 있다.

 ## 폴 튜더 존스의 투자 철학

폴 튜더 존스의 투자 철학은 '거시 경제 흐름과 시장의 기술적 신호를 결합하여 큰 추세를 파악하고, 철저한 리스크 관리 하에 기회를 포착하는 것'에 집중한다. 그는 '공격보다 수비가 중요하다'는 원칙 아래, 손실을 최소화하는 것을 최우선으로 삼았다.

- **거시 경제 및 시장 분석** - 인플레이션, 금리, 통화 정책, 정치적 이벤트 등 거시 경제의 변화와 시장의 기술적 지표_{차트 패턴, 추세선} 등를 종합적으로 분석하여 자산 가격의 큰 방향성이나 전환점을 예측하려 한다. 상향식 거시적 분석과 하향식 시장 분석을 결합한다.
- **시장 타이밍** - 자산 가격의 중요한 변곡점을 포착하여 진입 및 청산 시점을 결정하는 능력을 중시한다. '추세를 따르되, 추세가 끝날 때를 감지하는 것'을 중요하게 보았다.
- **극도의 리스크 관리**_{최우선} - 투자에서 가장 중요한 원칙으로 자본 보존을 꼽았다. 엄격한 손절매 규칙을 설정하고, 한 번의 거래에서 계좌에 입힐 수 있는 손실 폭을 철저히 제한한다. '손실 보는 포지션을 물타기하지 않는다'는 그의 철칙이다. 이는 공격적인 베팅만큼이나 중요한 투자 습관이었다.
- **유연성과 다각화** - 특정 자산이나 시장에 얽매이지 않고 외환, 채권, 상품, 주식 선물 등 전 세계 유동성이 풍부한 다양한 시장에서 기회를 찾는다. 거시적 판단에 따라 언제든 자금을 이

동할 준비가 되어 있다.

CME Group, 트레이딩 세계의 심장

CME 그룹은 시카고 상업 거래소CME, 시카고 선물 거래소CBOT, 뉴욕 상업 거래소NYMEX, 뉴욕 상품 거래소COMEX 등 세계적으로 유명한 파생 상품 거래소들을 소유하고 운영하는 지주 회사이다. 투자자와 헤지위험 회피를 원하는 기업들은 이러한 거래소에서 금리 선물예를 들어 Fed 금리 예측 베팅, 통화 선물, 원유/금속 등 상품 선물, 주가지수 선물예- S&P 500 선물 등 다양한 파생 상품을 거래한다. CME 그룹은 이러한 거래를 중개하고 청산결제해주며 거래량에 비례하는 수수료를 통해 수익을 올린다. 즉, 시장 가격이 오르든 내리든, 시장의 변동성이 커지고 거래가 활발해질수록 CME 그룹은 돈을 번다.

폴 튜더 존스는 거시 경제 변화와 시장 변동성을 이용하여 외환, 상품, 금리 등 다양한 파생 상품 시장에서 거래하며 수익을 창출한다. CME 그룹은 바로 이러한 그의 투자 활동이 이루어지는 무대이자 핵심 인프라이다. 폴 튜더 존스의 트레이딩 성공은 CME 그룹 거래소에서의 활발한 거래량 증가에 기여하기도 한다. CME 그룹은 그가 투자하는 '자산'이 아니라, 그가 돈을 버는 '시장 자체'의 비즈니스를 대표한다.

 **왜 CME Group이었나? 폴 튜더 존스의 투자 논리**

폴 튜더 존스가 CME 그룹을 그의 대표적인 투자 종목으로 삼은 배경에는 그가 활동하는 거시 트레이딩 시장의 작동 방식과 그 시장이 변동성과 거래량으로 수익을 창출하는 비즈니스 모델에 대한 이해가 있었다.

- **변동성과 거래량의 수혜자** - 폴 튜더 존스와 같은 거시 트레이더들이 거시 경제 이벤트에 반응하여 포지션을 취하고 빠르게 움직일수록 파생 상품 시장의 거래량과 변동성이 커진다. CME 그룹은 바로 이러한 거래량과 변동성 증가의 직접적인 수혜자이다. 시장이 혼란스럽고 불확실성이 클수록 트레이더들은 헤지 또는 투기를 위해 더 많은 파생 상품을 거래하고, 이는 CME 그룹의 수익으로 직결된다. CME 그룹은 시장의 방향성 자체보다는 시장의 '활동성'에 베팅하는 기업이며 이는 시장 변동성을 이용하는 거시 트레이더의 비즈니스와 상호 보완적이다.

- **필수적인 시장 인프라** - CME 그룹은 글로벌 파생 상품 거래의 핵심 인프라를 제공한다. 그들의 거래소는 막대한 유동성을 흡수하며 트레이더들은 유동성이 풍부한 곳으로 모이기 때문에 CME 그룹은 강력한 네트워크 효과와 독과점적인 지위를 가진다. 규제 당국의 승인을 받아야 운영할 수 있는 사업 특성상 높은 진입 장벽해자도 가지고 있다. 이는 안정적이면서도 필

수적인 '훌륭한 비즈니스'의 특징이다.

- **다양한 자산 클래스 커버리지** - CME 그룹의 거래소는 금리, 통화, 상품, 주가지수 등 폴 튜더 존스가 거래하는 거의 모든 주요 자산 클래스의 파생 상품을 다룬다. 이는 CME 그룹이 특정 자산 시장의 흥망성쇠가 아닌, 거시 경제 변동성에 따른 시장 활동 전반의 수혜를 입는다는 것을 의미한다. 이는 그의 다각화된 거시 트레이딩과 연결된다.

- **운영 방식에 대한 깊은 이해** - 폴 튜더 존스는 수십 년간 파생 상품 시장에서 활동하며 거래소가 어떻게 기능하고 수익을 창출하는지를 누구보다 잘 이해하고 있다. 이러한 내부자적인 이해는 CME 그룹의 비즈니스 모델이 얼마나 강력하고 수익성이 높은지를 평가하는 데 도움이 되었을 것이다.

- **리스크 관리와 보완적 투자** - 폴 튜더 존스는 개별 거래에서 큰 리스크를 감수하지만 전체 포트폴리오 차원에서는 철저히 리스크를 관리한다. CME 그룹 투자는 방향성에 대한 베팅이 아닌 시장 활동 자체에 대한 베팅으로서 그의 방향성 베팅 포트폴리오와 보완적인 역할을 할 수 있다. 시장의 변동성이 커져 트레이딩에서 수익 기회가 늘어날 때 동시에 변동성 자체가 CME 그룹의 수익도 늘리기 때문이다.

CME Group 투자를 통해 배우는 폴 튜더 존스의 교훈

폴 튜더 존스의 CME 그룹 투자 사례는 거시 투자와 시장 인프라의 관계 그리고 비즈니스 모델 분석의 중요성에 대한 독특한 교훈을 준다.

1. **시장 인프라에 대한 투자** - 자신이 활동하는 '시장 자체'의 비즈니스 모델을 이해하고 투자하는 것이 중요하다. 트레이딩으로 돈을 버는 것 외에, 그 트레이딩이 발생하는 '인프라'에 투자하는 것도 수익 창출의 한 방법이다.

2. **변동성 수혜 비즈니스 모델** - 변동성과 거래량이 수익원이 되는 비즈니스 모델에 주목해야 한다. 시장의 불확실성이 커질 때 오히려 수혜를 보는 기업들이 존재한다.

3. **네트워크 효과와 규제적 해자** - 강력한 네트워크 효과와 규제적 해자가 있는 기업은 안정적이고 수익성이 높을 가능성이 크다. 거래소와 같은 플랫폼 비즈니스의 특징을 이해해야 한다.

4. **거시적 변동성의 기회** - 거시 경제 분석은 특정 자산의 방향성 예측뿐 아니라 거시적 변동성이 어떤 기업예-거래소에게 유리하게 작용할지를 판단하는 데도 활용될 수 있다.

5. **관련 산업으로의 확장** - 투자의 대상을 유연하게 확장해야 한다. 익숙한 시장의 자산 외에, 그 시장을 둘러싼 관련 산업이나 인프라에서도 기회를 찾을 수 있다.

 **폴 튜더 존스의 현대적 투자 전략**

폴 튜더 존스의 투자 철학과 접근 방식을 현대 시장에 적용한다면 다음과 같은 포트폴리오 구성을 고려할 수 있다.

- **글로벌 파생상품 거래 인프라 (50%)**
  - CME Group^{CME} - 금리, 통화, 상품, 주가지수 선물 등 세계 최대 파생상품 거래소
  - Intercontinental Exchang^{ICE} - 뉴욕증권거래소^{NYSE} 소유, 다양한 파생상품 및 데이터 비즈니스
  - Cboe Global Markets^{CBOE} - 변동성 지수^{VIX} 파생상품 거래소 운영
- **금리/통화 변동성 대응 (30%)**
  - SPDR Bloomberg 1-3 Month T-Bill ETF^{BIL} - 단기 금리 변동을 활용한 초단기 국채 투자
- **매크로 이벤트 변동성 포지션 (20%)**
  - SH - Short S&P 500 ETF - S&P 500 일간 수익률의 반대$^{-1x}$ 를 추종

폴 튜더 존스의 현대적 포트폴리오 접근법은 "거시 변동성과 시장 거래량 증가를 수익화할 수 있는 글로벌 거래 인프라와 변동성 수혜 자산에 투자할 것"으로 요약할 수 있다.

CHAPTER 3

행동주의와
위기 투자자들

14 | 칼 아이칸과 옥시덴탈 페트롤리움
15 | 빌 애크먼과 치폴레 멕시칸 그릴
16 | 데이비드 아인혼과 제너럴 모터스
17 | 데이비드 테퍼와 메타 플랫폼스
18 | 마이클 버리와 징동닷컴

칼 아이칸 Carl Icahn 과 옥시덴탈 페트롤리움

Occidental Petroleum, OXY

**기업 변화를 강제하는
주주 가치의 수호자**

칼 아이칸은 월스트리트에서 가장 무섭고 영향력 있는 기업 사냥꾼이자 행동주의 투자자로 불린다. 1980년대부터 수많은 기업의 경영에 개입하여 기업 구조 재편, 자산 매각, 경영진 교체 등을 요구하며 주주 가치를 끌어올리는 전략을 사용해왔다.

그의 투자 회사인 아이칸 엔터프라이즈Icahn Enterprises를 통해 수십억 달러의 자산을 운용하며 그의 타겟이 된 기업들은 대개 격렬한 경영권 분쟁과 변화의 소용돌이를 겪었다. 종종 공개적으로 기업 경영진을 비판하고 주주들에게 지지를 호소하며 공격적이고 전투적인 전술을 사용하는 것으로 유명하다. 그의 목표는 저평가되었거나 잘못 경영되는 기업을 찾아내 기업 지배구조 개선과 전략 변화를 통해 그 기업의 숨겨진 가치를 끌어내는 것이다.

 **칼 아이칸의 투자 철학**

칼 아이칸의 투자 철학은 '저평가되었거나 비효율적으로 운영되는 기업을 찾아내, 대주주로서 영향력을 행사하여 기업 가치를 극대화하는 것'에 집중한다. 단순한 주식 매수자가 아니라 기업의 공동 소유자로서 경영진과 이사회에 적극적으로 변화를 요구하는 '행동하는 주주'이다.

- **저평가 및 비효율 기업 발굴** - 기업의 자산 가치, 현금 흐름, 수익 잠재력 등에 비해 주가가 현저히 낮게 거래되는 기업 또는 무능하거나 방만한 경영으로 인해 잠재력을 발휘하지 못하는 기업을 찾아낸다.
- **주주 권리 강조** - 기업의 진정한 주인은 주주이며 경영진과 이사회는 주주의 이익을 최우선으로 해야 한다고 강력하게 주장한다. 주주가 기업 운영에 대해 목소리를 낼 권리가 있다고 믿는다.
- **공격적인 전술** - 상당한 규모의 지분을 확보한 후, 이사회 진입 요구이사 선임, 의결권 확보 경쟁, 공개 서한을 통한 경영진 비판, 소송 제기 등 다양한 공격적인 수단을 사용하여 기업에 압력을 가한다.

- **가치 창출 전략 제시** - 자산 매각, 사업 부문 분사, 비용 절감, 자사주 매입/배당 증대, 전략적 인수합병 또는 매각 등 구체적인 기업 가치 제고 방안을 제시하고 이를 관철하려 한다.
- **주요 이벤트 개입** - 기업 합병, 분할, 매각 등 기업 가치에 큰 영향을 미치는 주요 의사결정 과정에 개입하여 주주에게 유리한 방향으로 결론이 나도록 압력을 행사하는 것을 선호한다.

옥시덴탈 페트롤리움Occidental Petroleum, 아이칸의 분노를 산 대형 M&A

옥시덴탈 페트롤리움OXY은 미국에 기반을 둔 대규모 석유 및 가스 탐사, 개발, 생산 기업이다. 셰일 석유 개발의 확대로 중요한 위치를 차지하고 있는 기업이었다. 2019년, 옥시덴탈 페트롤리움은 동종 업계의 다른 대형 기업인 아나다코 페트롤리움Anadarko Petroleum을 인수하겠다고 발표했다. 문제는 이 인수가 경쟁사 셰브론과의 인수전 끝에 상당히 높은 가격인 570억 달러 규모로 결정되었다는 점이었다. 인수 자금 마련을 위해 상당한 부채를 떠안게 되었고, 워렌 버핏의 버크셔 해서웨이로부터 고금리 조건으로 투자를 유치하는 등 재무적 부담이 컸다.

특히 버크셔 해서웨이의 투자는 100억 달러 규모의 전환사채CB 형태로, 8%의 고정 배당을 지급하는 우선주에 더해 주당 62.5달러에 8천만 주의 보통주로 전환할 수 있는 권리까지 포함하는 매우 부담스러운 조건이었다. 많은 시장 참여자들은 옥시덴탈이 아나다코를 과도하게 비싼 값에 인수하여 오히려 기존 주주 가치를 훼손했다고 평가했다.

바로 이러한 상황에서 칼 아이칸이 등장했다. 칼 아이칸은 옥시덴탈 페트롤리움이 아나다코 인수를 결정하고 진행하는 방식에 강력히 반대하며 옥시덴탈 주식을 대규모로 매수하기 시작했다. 그러면서 옥시덴탈이 '재앙적이고 무모한' 결정을 내렸으며 경영진과 이사회가 주주의 이익을 무시했다고 맹렬히 비난했다. 옥시덴탈 페트롤리움은 순식간에 아이칸의 새로운 타겟 기업이 되었다.

왜 옥시덴탈 페트롤리움이었나? 칼 아이칸의 투자 논리

칼 아이칸이 옥시덴탈 페트롤리움OXY을 그의 대표적 '타겟 기업'으로 삼은 배경에는 기업 경영진의 잘못된 판단대형 M&A이 주주 가치를 훼손했을 때 대주주로서 이를 바로잡고 가치를 회복하려 했던 그의 행동주의 철학이 있었다. 옥시덴탈의 아나다코 인수는 아이칸이 개입하기에 완벽한 '잘못된 의사결정' 사례였다.

- **주주 가치를 훼손하는 '나쁜 M&A'에 대한 반대** - 아이칸은 옥시덴탈이 아나다코를 인수한 가격과 방식이 회사의 재무 건전성을 해치고 기존 주주들에게 불리한 거래라고 판단했다. 특히 고금리 부채와 버크셔 해서웨이에 발행한 CB와 우선주 조건

은 옥시덴탈 주주들에게 큰 부담을 안겨주는 요소였다. 그는 이러한 명백한 '주주 가치 파괴' 행위를 두고 볼 수 없다고 생각했다.

● **무능하고 주주 이익을 무시하는 경영진 비판** - 아이칸은 옥시덴탈 CEO와 이사회가 주주들의 의견을 제대로 수렴하지 않고 독단적으로 그리고 주주에게 불리한 조건으로 아나다코 인수를 강행했다고 비판했다. 경영진과 이사회가 주주의 이익을 제대로 대변하지 못한다고 보았고, 이러한 경영진과 이사회를 교체하여 지배구조를 개선하는 것이 시급하다고 주장했다.

● **대규모 지분 확보 및 경영 개입 시도** - 아이칸은 옥시덴탈 주식을 적극적으로 매수하여 지분을 확보하고, 확보된 지분한때 10% 가까이을 바탕으로 이사회 진입을 시도했다. 이사회에 자신이 추천하는 이사들을 선임하여 경영 의사결정 과정에 직접 참여하고, 아나다코 인수 후 기업이 나아가야 할 방향자산 매각 통한 부채 감축, 자본 배분 정책 변경 등을 주도하려 했다. 이는 대주주의 힘으로 기업의 잘못된 의사결정을 바로잡으려는 행동주의의 전형이었다.

● **의결권 확보 경쟁 및 소송** - 옥시덴탈 경영진이 아이칸의 요구를 받아들이지 않자, 이사회 장악을 위한 의결권 확보 경쟁을 예고하고 관련 소송을 제기하는 등 공격적인 압박을 이어갔다. 공개 서한을 통해 다른 주주들에게 자신의 입장을 알리고 지지를 호소하며 여론전도 펼쳤다. 이는 행동주의 투자자가 사용하는 가장 강력한 무기들이었다.

- **가치 회복 전략 제시** - 아이칸은 아나다코 인수로 인해 증가한 부채를 빠르게 줄이기 위해 비핵심 자산 매각을 가속화하고, 보다 효율적인 자본 배분 정책을 수립하는 등 구체적인 가치 회복 방안을 제시했다. 그는 자신의 개입을 통해 옥시덴탈 주가가 내재가치를 되찾을 것이라고 주장했다.

한국 시장의 주주 행동주의 사례들

주주 행동주의는 한국에서도 외국계 투자자들을 중심으로 여러 중요한 사례들이 발생했다. 2015년, 미국계 헤지펀드인 엘리엇 매니지먼트가 삼성그룹 계열사인 삼성물산과 제일모직의 합병에 반대하며 큰 이슈를 만들었다. 엘리엇은 합병 비율이 삼성물산의 자산 가치를 제대로 반영하지 못하고 저평가했으며 이는 삼성물산 주주들에게 불리하다고 주장했다.

2003년에는 모나코에 본사를 둔 소버린 에셋 매니지먼트가 SK㈜의 지분 약 14.9%를 대량 매입하며 최대 주주로 올라섰다. 소버린은 SK그룹의 지배 구조 개선과 경영 투명성 강화를 요구하며 최태원 회장의 SK㈜ 대표이사 및 이사회 의장직 퇴진을 핵심적으로 요구했다.

2006년에는 칼 아이칸이 직접 한국 시장에 등장하여 KT&G의 지분 약 6.6%를 확보했다. 칼 아이칸은 KT&G에게 대규모 자사주 매입 확대, 배당금 대폭 증액 그리고 보유하고 있던 부동산 자산 등 비핵심 사업 부문의 분사 또는 매각을 요구했다.

이러한 사례들은 한국 기업의 지배 구조, 소수 주주 권리 그리고 경영 투명성에 대한 논의를 촉발하며 시장에 큰 영향을 미쳤다.

 **옥시덴탈 페트롤리움 사례를 통해 배우는 칼 아이칸의 교훈**

칼 아이칸의 옥시덴탈 페트롤리움 사례는 행동주의 투자와 기업 지배구조의 중요성에 대한 깊은 교훈을 준다.

1. **잘못된 M&A의 위험성** - 기업 경영진과 이사회의 잘못된 의사 결정, 특히 대규모 M&A는 주주 가치를 심각하게 훼손할 수 있으며 행동주의 투자자에게는 개입의 빌미가 될 수 있다.
2. **주주 권리의 중요성** - 대주주로서의 힘과 권리를 인지해야 한다. 주주들은 기업의 주인으로서 경영진에게 책임을 묻고 개선을 요구할 정당한 권리가 있다.
3. **행동주의 투자 전술의 이해** - 행동주의 투자자의 다양한 전술을 이해해야 한다. 지분 확보, 공개 비판, 의결권 확보 경쟁 등 행동주의자들이 사용하는 수단을 알면 기업 지배구조 관련 이슈를 파악하는 데 도움이 된다.
4. **기업 지배구조의 영향** - 기업 지배구조가 주주 가치에 미치는 영향은 매우 크다. 독립적이고 유능한 이사회의 중요성, 주주와의 소통 부재가 가져올 위험 등을 인지해야 한다.
5. **경영 효율성 개선의 기회** - 가치 투자 기회는 단순히 저평가된 재무 지표뿐 아니라 '경영 효율성 개선'이나 '잘못된 전략 수정'을 통해서도 발생할 수 있다.

현대 시장에서 칼 아이칸의 투자 대상

칼 아이칸의 투자 철학과 접근 방식을 현대 시장에 적용한다면 다음과 같은 포트폴리오 구성을 고려할 수 있다.

● **에너지 및 자원 분야 기업 지배구조 개선 타겟 (40%)**
- Occidental Petroleum^{OXY} - 대형 인수 후 경영 개선 여지
- Southwest Gas Holdings^{SWX} - 지분 확보 후 구조 재편 압박 중

● **저평가된 자산 보유 기업 (35%)**
- FirstEnergy^{FE} - 규제 산업 내 효율성 개선 및 가치 회복 목표
- Crown Holdings^{CCK} - 포트폴리오 최적화 및 주주 환원 압박 가능성

● **경영권 분쟁 가능성이 있는 기업 (25%)**
- Illumina^{ILMN} - 최근 개입, 주주 가치 훼손 반대 캠페인 전개

칼 아이칸의 현대적 포트폴리오 접근법은 "과잉 지출, 경영 실패, 비효율이 드러난 기업에 과감히 개입하여 구조 조정과 주주 가치 극대화를 추진할 것"으로 요약할 수 있다.

빌 애크먼 Bill Ackman과
치폴레 멕시칸 그릴 Chipotle Mexican Grill, CMG

집중 투자로 기업 변혁을
주도하는 가치 증폭자

빌 애크먼은 억만장자 헤지펀드 매니저이자 행동주의 투자자이다. 그가 설립하고 이끄는 퍼싱 스퀘어 캐피털 매니지먼트 Pershing Square Capital Management는 소수의 기업에 자산을 집중 투자하고, 투자 대상 기업의 경영진 및 이사회에 적극적으로 영향력을 행사하여 기업 가치를 높이는 전략으로 유명하다.

칼 아이칸처럼 전투적인 의결권 확보 경쟁을 벌이기도 하지만예를 들어 맥도날드, 일루미나 때로는 기업의 파트너로서 건설적인 대화와 조언을 통해 변화를 이끌어내는 방식을 사용하기도 한다. 철저한 사전 분석과 소수의 '훌륭한 회사'에 집중 투자하는 것을 원칙으로 삼으며 종종 대중적인 시각과 다른 과감한 베팅을 하는 것으로 알려져 있다. 허벌라이프Herbalife, HLF와 같은 회사에 대한 공매도 투자로 칼 아이칸과 적대적인 관계로 큰 논란의 중심에 서기도 했다

빌 애크먼의 투자 철학

빌 애크먼의 투자 철학은 '뛰어난 퀄리티를 가졌지만 일시적인 어려움에 처해 저평가된 기업을 찾아내, 대주주로서 경영에 관여하여 가치를 정상화 또는 극대화하는 것'에 집중한다. 워렌 버핏의 후기 철학처럼 '훌륭한 회사'를 찾는 것을 중요하게 여기며 이러한 훌륭한 회사가 시장의 오해, 경영진의 실수 또는 외부적인 위기로 인해 일시적으로 저평가되었을 때를 투자 기회로 삼는다.

- **'훌륭한 회사'의 정의** - 강력한 브랜드, 높은 수익성, 해자경쟁 우위, 유능한 경영진, 건전한 재무 상태 등 장기적으로 성공할 수 있는 질적인 요소를 갖춘 기업을 '훌륭한 회사'로 정의한다.
- **일시적 어려움과 저평가** - 훌륭한 회사가 경영상의 문제, 산업의 일시적 침체 또는 예측 못한 위기예를 들어 식품 안전 문제로 인해 주가가 내재 가치 대비 현저히 낮게 거래될 때를 투자 기회로 포착한다. 이러한 일시적인 문제들이 해결될 수 있다고 판단될 때 베팅한다.
- **고집중 투자** - 철저한 분석과 확신을 바탕으로 소수의 '훌륭한 회사'에 자산의 상당 부분을 집중 투자하여 성공 시 수익률을

극대화한다. 종종 5~10개 종목으로 포트폴리오를 구성한다.
- **행동주의적 참여** - 투자 대상 기업의 가치를 높이기 위해 경영진 및 이사회와 소통하며 전략, 운영, 자본 배분, 지배 구조 개선 등을 제안하고 요구한다. 필요시 이사회 진입을 시도하거나 공개적인 압박을 사용하기도 한다. 주주로서 기업 변화를 주도하여 숨겨진 가치를 현실화하는 것이 목표이다.
- **장기 투자** - 기업의 가치가 제대로 반영되고 투자 아이디어가 현실화될 때까지 인내심을 가지고 장기적인 관점에서 투자한다.

치폴레 멕시칸 그릴Chipotle Mexican Grill, 위기를 기회로 바꾼 브랜드

치폴레는 '신선하고 건강한 재료'를 강조하며 주문과 동시에 음식을 만들어 제공하는 '패스트 캐주얼'이라는 새로운 시장을 개척하고 큰 성공을 거두었다. 빠르면서도 캐주얼 다이닝 레스토랑 수준의 품질을 제공하며 특히 젊은 소비자층에게 큰 인기를 얻었고, 강력한 브랜드 충성도를 구축했다. 하지만 2015년 말부터 2016년 초까지 여러 매장에서 대장균 등 식품 안전 문제가 연이어 발생하면서 기업의 신뢰도와 브랜드 이미지가 크게 손상되었다. 매출과 수익성이 급감했고, 주가는 폭락했다. 치폴레는 한순간에 투자자들의 외면을 받는 '위기에 처한 기업'이 되었다.

바로 이러한 시점, 치폴레가 식품 안전 문제로 홍역을 치르고 주가가 바닥을 헤맬 때 빌 애크먼이 이끄는 퍼싱 스퀘어가 치폴레 주식을 대규모로 매수하기 시작했다. 2016년 9월, 퍼싱 스퀘어는 치폴레 지분 약 9.9%를 확보하며 주요 주주가 되었음을 공식 발표했다. 이는 치폴레가 애크먼의 '위기에 처한 훌륭한 회사' 타겟이 되었음을 알리는 신호탄이었다.

 **왜 치폴레 멕시칸 그릴이었나? 빌 애크먼의 투자 논리**

빌 애크먼이 치폴레CMG를 대표적인 투자 종목으로 삼은 배경에는 치폴레가 가진 본질적인 '훌륭함'과 일시적인 '위기'가 만들어낸 가치 투자 기회 그리고 행동주의를 통한 변화 가능성을 알아보는 그의 통찰력이 있었다.

- **위기에도 훼손되지 않은 '훌륭한 회사'의 본질** - 애크먼은 치폴레가 가진 식품 안전 문제는 일시적이고 해결 가능한 운영상의 문제이지, 기업의 본질적인 가치 강력한 브랜드, 독특한 컨셉트, 충성도 높은 고객 기반를 훼손한 것은 아니라고 판단했다. 위기 속에서도 소비자들이 치폴레 음식 자체를 여전히 좋아하며 안전 문제가 해결되면 언제든 다시 돌아올 것이라고 보았다. 치폴레의 '훌륭한 회사'로서의 잠재력은 그대로라고 믿었다.
- **위기가 만들어낸 '안전 마진'과 성장 잠재력** - 식품 안전 문제로 인해 치폴레 주가는 폭락했고, 기업 가치는 일시적으로 크게

할인되었다. 애크먼은 이러한 시장의 과도한 비관론이 만들어 낸 가격과 가치의 괴리, 즉 '안전 마진'을 포착했다. 위기 극복 후 기업의 실적이 정상화되고 다시 성장 궤도에 오르면 주가가 내재가치 수준을 넘어설 것이라고 보았고, 이것이 투자 기회였다.

- **행동주의를 통한 변화 및 가치 정상화 지원** - 애크먼은 단순히 주식을 싸게 사서 오르기를 기다린 것이 아니었다. 주주로서 기업의 변화를 적극적으로 지원하고 촉구했다. 이사회 멤버 추천, 식품 안전 시스템 강화 조언, 경영진과의 소통 등을 통해 치폴레가 위기를 성공적으로 극복하고 운영 효율성을 높이며 주주 가치를 제고할 수 있도록 기여했다. 치폴레가 가진 훌륭한 잠재력이 행동주의 개입을 통해 더 빠르게 현실화될 수 있다고 판단했다.

- **재무적 건전성 및 회복 탄력성** - 치폴레는 위기 속에서도 비교적 건전한 재무 상태를 유지했으며 이는 위기 극복과 투자에 필요한 자금을 조달하는 데 도움이 되었다. 애크먼은 위기를 견뎌낼 재무적 체력과 훌륭한 브랜드 기반의 회복 탄력성을 갖춘 기업에 투자하려 했다.

- **장기적인 관점의 동행** - 치폴레의 완전한 회복과 성장은 단기간에 이루어지지 않았다. 애크먼은 인내심을 가지고 치폴레의 회복 과정을 지켜보며 장기적인 관점에서 투자했고, 행동주의적 노력이 결실을 맺을 때까지 동행했다.

 **치폴레 멕시칸 그릴 사례를 통해 배우는 빌 애크먼의 교훈**

빌 애크먼의 치폴레 투자 사례는 '위기에 빠진 훌륭한 회사' 투자와 행동주의의 역할에 대한 중요한 교훈을 준다.

1. **위기를 투자 기회로 인식** - 위기는 '훌륭한 회사'를 싸게 살 수 있는 기회를 제공한다. 기업의 본질적인 강점브랜드, 컨셉트이 일시적인 문제식품 안전 등로 인해 과도하게 저평가될 때 이를 기회로 포착하는 통찰력이 필요하다.

2. **문제의 본질과 해결 가능성 파악** - 문제의 성격일시적인가, 근본적인가과 해결 가능성을 정확히 파악해야 한다. 위기 자체가 아닌 위기를 극복하고 회복할 수 있는 기업의 역량과 잠재력을 보고 투자해야 한다.

3. **행동주의의 가치 촉매 역할** - 행동주의는 가치 정상화의 촉매가 될 수 있다. 대주주로서 기업의 개선 노력을 지원하거나 촉구함으로써 가치 회복 과정을 가속화하고 주주 가치를 극대화할 수 있다.

4. **브랜드 가치와 고객 충성도의 중요성** - 브랜드 가치와 고객 충성도는 위기 상황에서도 기업을 지탱하는 중요한 해자이다. 강력한 브랜드는 신뢰가 손상되어도 회복 탄력성을 가질 수 있다.

5. **분석, 인내심, 결단력의 결합** - 깊이 있는 분석과 인내심 그리고 필요한 경우 행동에 나서는 결단력이 결합될 때 위기 투자는 큰 성공으로 이어질 수 있다.

 **현대 시장에서 빌 애크먼의 투자 대상**

빌 애크먼의 투자 철학과 접근 방식을 현대 시장에 적용한다면 다음과 같은 포트폴리오 구성을 고려할 수 있다.

- **강력한 브랜드를 가진 위기 탈출 기업 (40%)**
  - Chipotle Mexican Grill^{CMG} – 식품 안전 위기 극복, 브랜드 회복 성공
  - Starbucks^{SBUX} – 글로벌 브랜드 파워, 일시적 매크로 압박 속 저평가 가능성
- **프리미엄 소비재와 외식업 리더 (20%)**
  - Restaurant Brands International^{QSR} – 버거킹, 팀호튼즈, 파파이스 등 보유, 글로벌 확장 전략
  - Hilton Worldwide^{HLT} – 탄탄한 브랜드 포트폴리오와 자산 경량화 전략
- **장기 성장 기반을 가진 저평가 우량주 (20%)**
  - Lowe's^{LOW} – 주택 수리·DIY 시장 지배자, 탄탄한 현금 흐름
- **기술 혁신에 투자하는 '질적 기업' (20%)**
  - Alphabet^{GOOGL} – 광고, 클라우드, AI 혁신 주도

빌 애크먼의 현대적 포트폴리오 접근법은 "강력한 브랜드와 탄탄한 구조를 가진 훌륭한 회사에 집중 투자하되, 위기 극복 스토리가 있는 곳에 더욱 공격적으로 베팅할 것"으로 요약할 수 있다.

데이비드 아인혼 David Einhorn 과 제너럴 모터스 General Motors, GM

시장 착각의 실체를 드러내는 가치 발굴가

데이비드 아인혼은 미국의 저명한 헤지펀드 매니저이자 가치 투자자 그리고 때때로 행동주의자로 활동하는 인물이다. 그가 설립하고 이끄는 그린라이트 캐피털 Greenlight Capital 은 철저한 근본적 분석을 통해 기업의 내재가치를 평가하고, 저평가된 주식을 매수하는 동시에 과대평가된 주식을 공매도하는 롱숏 Long/Short 전략으로 유명하다.

아인혼은 시장의 잘못된 평가를 찾아내는 날카로운 분석 능력과 이를 공개적으로 제시하는 대담함으로 주목받았다. 특히 2008년 금융 위기 당시 투자 은행 리먼 브라더스의 재무적 취약점을 공개적으로 지적하며 주가 하락에 베팅했던 성공 사례는 그의 명성을 크게 높였다. 워렌 버핏처럼 대규모 경영권 확보를 통한 변화보다는 아이디어를 제시하고 주주들의 지지를 얻어내는 방식으로 행동주의를 실행하는 경향이 있다.

 **데이비드 아인혼의 투자 철학**

데이비드 아인혼의 투자 철학은 '엄격한 분석을 통해 기업의 내재가치를 산출하고, 시장 가격이 내재가치와 괴리되었을 때 투자 기회를 포착하며 필요시 행동주의를 통해 가치 실현을 촉진하는 것'에 집중한다. 스스로를 '가치 투자자이자 시장 비효율성을 이용하는 투자자'라고 정의했다.

- **엄격한 근본적 가치 분석** - 기업의 재무 상태, 사업 모델, 경쟁 환경, 경영진 등을 깊이 파고들어 기업의 진정한 가치내재가치를 계산한다. 시장의 소문이나 단기적인 뉴스에 흔들리지 않고 분석 결과에 기반하여 투자 결정을 내린다.
- **시장 비효율성 이용** - 시장이 특정 기업이나 산업의 가치를 잘못 평가하고 있다고 판단될 때 저평가된 자산을 매수하거나 과대평가된 자산을 공매도하여 이익을 얻으려 한다. 시장의 비합리성을 투자 기회로 본다.
- **행동주의를 통한 가치 촉매** - 분석을 통해 저평가되어 있다고 판단한 기업이 시장의 무관심이나 경영진의 잘못된 판단으로

인해 가치 실현이 지연될 때 대주주로서 기업 경영진 및 이사회에 개선 방안을 제안하고 관철시키려 노력한다. 행동주의를 통해 가치 실현을 위한 기회를 제공한다.

● **리스크 관리** - 매수 및 공매도 포지션 모두에서 잠재적 위험을 철저히 분석하고 예측이 틀렸을 경우 손실을 제한하기 위한 노력을 기울인다.

제너럴 모터스General Motors, 파산에서 재탄생한 거인의 도전

제너럴 모터스GM는 미국 자동차 산업의 상징과도 같은 기업이었다. 수십 년간 전 세계 자동차 시장을 선도했으나, 2008년 글로벌 금융 위기와 경영 부실의 여파로 2009년 파산 보호 신청이라는 충격적인 상황을 맞았다. 미국 정부의 구제 금융과 대대적인 구조조정 과정을 거쳐 같은 해 '뉴 GMNew GM'이라는 이름으로 새롭게 설립되었다. 이후 정부 지분은 매각되었지만 GM은 과거의 영광을 되찾고 새로운 시장 환경에 적응해야 하는 과제에 직면했다. 특히 최근에는 전기차EV와 자율주행AV 기술이라는 산업 전체의 파괴적인 변화에 빠르게 대응해야 하는 도전을 받고 있다.

데이비드 아인혼이 이끄는 그린라이트 캐피털은 GM이 파산에서 벗어나 새출발한 이후 이 기업에 투자했다. 아인혼은 GM의 주가가 회사가 가진 자산 가치와 수익 잠재력을 제대로 반영하지 못하고 있다고 판단했다. 그는 GM이 가진 '훌륭한 회사'로서의 잠재력과 '시장 비효율성으로 인한 저평가' 그리고 '행동주의를 통해 가치를 촉진할 기회'가 있다고 보았다. 특히 GM의 자본 구조에 주목했다.

 **왜 제너럴 모터스였나? 데이비드 아인혼의 투자 논리**

데이비드 아인혼이 제너럴 모터스GM를 대표적인 투자 종목으로 삼은 배경에는 파산 이후 재탄생한 대형 산업 기업이 가진 복잡성과 저평가 그리고 자본 구조 개편이라는 독창적인 행동주의 아이디어가 있었다.

- **파산 후 재편된 '새로운' 가치주** - GM은 파산 과정을 통해 막대한 부채를 탕감하고 노조 계약 등을 재조정하며 재무적으로 훨씬 건전한 '새로운' 기업으로 탈바꿈했다. 아인혼은 시장이 GM의 변화된 모습과 회복된 수익 잠재력을 제대로 평가하지 못하고 과거의 부정적인 이미지만으로 저평가하고 있다고 판단했다. 파산 후 재상장 기업은 종종 시장의 분석이 부족하거나 소외되어 가치 투자 기회를 제공한다.
- **자산 가치와 현금 흐름** - GM은 여전히 거대한 제조 자산, 기술력, 글로벌 유통망 그리고 북미 시장에서의 강력한 브랜드 파워를 가지고 있었다. 자동차 산업이 사이클을 타기는 하지만 정상적인 경기 상황에서는 상당한 현금 흐름을 창출하는 능력

이 있었다. 아인혼은 이러한 기업의 본질적인 자산 가치와 현금 창출 능력을 높이 평가했다.

- **자본 구조 최적화를 통한 가치 제안** 핵심 아이디어 - 아인혼의 GM 투자에서 가장 독창적인 부분은 행동주의 제안이었다. GM의 주주 구성이 '배당 수익을 원하는 투자자'와 '전기차/자율주행 등 미래 성장 잠재력에 베팅하는 투자자'로 나뉘어 있지만, GM의 보통주 하나로는 이 두 그룹의 니즈를 모두 충족시키지 못한다고 보았다. GM의 보통주를 두 종류의 주식으로 분할할 것을 제안했다. 하나는 GM의 안정적인 이익에서 나오는 현금 흐름을 바탕으로 높은 배당금을 지급하는 주식, 다른 하나는 전기차, 자율주행 등 미래 성장 사업에 대한 가치를 반영하는 주식이었다. 그의 논리는 이렇게 하면 각 주식의 가치가 명확해지고, 각 투자 스타일의 투자자들이 선호하는 주식을 선택할 수 있게 되어 두 주식 가치의 합이 현재 보통주 가치보다 높아질 것이라는 것이었다. 이는 기업 가치에 대한 시장의 잘못된 평가를 자본 구조 개편을 통해 바로잡으려는 독창적인 행동주의 아이디어였다.

- **행동주의 실행** - 아인혼은 GM 지분을 확보하고 그의 아이디어를 공개적으로 제시하며 GM 경영진 및 이사회에 압력을 가했다. 이 제안을 지지하는 이사 후보를 추천하며 의결권 확보 경쟁까지 불사하려 했다. 그는 말뿐 아닌 행동으로 기업 변화를 추구하는 행동주의자의 면모를 보였다. 그러나 결과적으로 이 제안은 실패했다.

 **제너럴 모터스 사례를 통해 배우는 데이비드 아인혼의 교훈**

데이비드 아인혼의 GM 투자 사례는 가치 투자, 행동주의 그리고 자본 구조의 중요성에 대한 독특한 교훈을 준다.

1. **파산 후 재출범 기업의 투자 기회** - 파산 후 재출범한 기업은 시장의 분석이 부족하거나 과거 이미지 때문에 저평가될 수 있으며 엄격한 분석을 통해 '새로운' 가치주 기회를 발견할 수 있다.
2. **자본 구조의 중요성** - 기업의 '자본 구조' 또한 가치 평가와 투자자 매력에 중요한 영향을 미칠 수 있다. 단순한 재무 지표 외에 주식 종류, 부채 구조 등이 주주 가치에 미치는 영향을 이해하는 것이 필요하다.
3. **재무적 행동주의의 가능성** - 행동주의는 '자본 구조 개편'과 같은 재무적인 아이디어를 통해서도 이루어질 수 있다. 운영 효율성 개선 외에 기업의 재무 구조를 최적화하는 방안을 제시하는 행동주의도 존재한다.
4. **아이디어의 한계 인식** - 아무리 훌륭한 분석과 독창적인 아이디어, 행동주의 노력을 기울여도 성공이 보장되지 않는다는 점을 인지해야 한다. 시장과 다른 주주들의 지지를 얻어내는 것은 또 다른 과제이다.
5. **역발상 투자와 과감함** - 전통 산업의 거인이 위기 후 새로운 도전에 직면한 상황에서도 가치와 기회를 찾아내는 분석력이 중요하다.

현대 시장에서 데이비드 아인혼의 투자 대상

데이비드 아인혼의 투자 철학과 접근 방식을 현대 시장에 적용한다면 다음과 같은 포트폴리오 구성을 고려할 수 있다.

● **전통 산업 속 저평가 기회 (35%)**
- General Motors^{GM} – 파산 후 재편, 강력한 자산과 현금 흐름
- Volkswagen^{VOW3.DE} – 전통 자동차 강자, 전기차^{EV} 전환 과정에서 저평가

● **복합 산업 저평가 대형주 (20%)**
- GE Aerospace^{GE} – GE 분할 후 항공기 엔진 강자, 탄탄한 현금 창출력

● **견고한 자산 가치 기반 금융주 (15%)**
- Allstate^{ALL} – 보험업 기반의 안정적 수익성, 시장 과소평가 가능성

● **경기 방어적 특성을 가진 우량 리츠^{REIT} (15%)**
- Welltower^{WELL} – 고령화 사회 수혜, 헬스케어 부동산 리더

● **자본 구조 최적화 기회가 있는 테크기업 (15%)**
- Intel^{INTC} – 구조조정과 파운드리 전환 중, 시장의 기대치 낮음

데이비드 아인혼의 현대적 포트폴리오 접근법은 "전통 산업과 복합 자산군 속에서 시장 비효율을 찾아내고, 자본 구조 개편 가능성이 있는 저평가 대형주에 베팅할 것"으로 요약할 수 있다.

데이비드 테퍼 David Tepper 와
메타 플랫폼스 Meta Platforms, META

위기의 파고에서 기회를
낚아채는 대담한 가치사냥꾼

데이비드 테퍼는 헤지펀드 애팔루사 매니지먼트Appaloosa Management의 설립자이자 거시 경제 분석에 기반한 기회주의적 투자로 명성이 높은 인물이다. 주로 부실 채권 투자에서 탁월한 능력을 보여주며 '위기 속에서 돈을 버는 투자자'로 알려졌으나 이후 주식 시장으로 영역을 확장하여 대규모 베팅을 이어갔다.

특히 2008년 글로벌 금융 위기 당시 은행 주식 투자를 통해 막대한 수익을 올린 사례는 그의 명성을 더욱 공고히 했다. 그의 투자 스타일은 시장 참여자들의 비관론이 극에 달했을 때 철저한 분석을 통해 자산의 내재가치가 시장 가격보다 훨씬 높다고 판단하면 과감하고 공격적으로 투자하는 것으로 요약된다. '시장 공포가 절정에 달했을 때 매수하라'는 투자 격언을 충실히 따른다. 거시 경제 흐름과 중앙은행 정책 변화에 대한 예측이 투자 결정에 중요한 영향을 미친다.

 **데이비드 테퍼의 투자 철학**

데이비드 테퍼의 투자 철학은 '거시 경제 및 시장의 큰 흐름을 읽고, 시장 참여자들의 비이성적인 공포나 탐욕으로 인해 자산 가격이 내재가치와 괴리되었을 때 기회주의적으로 베팅하는 것'에 집중한다. 유연하고 기민하게 자본을 운용하며 어떤 자산 유형에서도 기회를 찾는다.

- **거시 경제 분석** - 글로벌 경제 동향, 중앙은행의 통화 정책 방향, 금리 변화, 시장 유동성 등 거시적인 요인이 자산 가격에 미치는 영향을 깊이 분석한다. 거시적 판단을 통해 투자 테마와 유망 자산 클래스를 식별한다.
- **기회주의적 베팅** - 시장이 특정 자산이나 섹터에 대해 과도하게 비관적이거나 공포에 질려 있을 때 철저한 분석을 통해 가치가 있다고 판단하면 과감하고 공격적으로 매수한다. 남들이 도망칠 때 들어가 기회를 잡는 역발상적인 접근 방식을 취한다.
- **유연한 투자** - 특정 자산 클래스주식, 채권, 상품나 산업에 국한되지 않고, 거시적 판단과 개별 분석 결과 가장 매력적인 기회를

제공하는 곳에 자금을 배분한다. 필요에 따라 투자 포지션을 빠르게 조정한다.

- **부실 자산 및 회복 가능성 분석** - 부실 채권 투자 경험을 통해 재무적으로 어려움을 겪는 기업이나 자산의 가치를 평가하고, 거시 환경 개선이나 기업 내부의 변화를 통해 회복될 가능성을 판단하는 능력이 뛰어나다. 이러한 분석을 주식 투자에도 적용한다.
- **리스크 대비 보상** - 잠재적 투자 기회가 제공하는 보상이 감수해야 할 위험보다 훨씬 크다고 판단될 때 베팅한다. 위험을 완전히 회피하기보다 계산된 위험을 감수하며 높은 보상을 추구한다.

메타 플랫폼스 Meta Platforms, 비관론 속에서 재발견된 가치

메타 플랫폼스는 페이스북, 인스타그램, 왓츠앱과 같은 세계적인 소셜 미디어 및 메시징 플랫폼을 보유한 거대 기술 기업이다. 대부분의 수익은 이러한 플랫폼 기반의 디지털 광고에서 발생한다. 오랫동안 폭발적인 성장세를 이어왔으나 최근 몇 년간 여러 도전에 직면했다. 애플의 개인 정보 보호 정책 변경으로 인한 광고 타겟팅 효율성 감소, 경쟁 심화, 핵심 플랫폼의 사용자 성장 둔화 우려 그리고 '메타버스' 구축을 위한 막대한 투자Reality Labs 부문의 대규모 손실로 인해 시장의 비관론이 커졌고 주가가 큰 폭으로 하락했다. 많은 투자자들은 메타의 미래 성장성과 수익성에 대해 의문을 품었다.

바로 이러한 시기, 메타 플랫폼스 주가가 큰 폭으로 하락하며 시장의 비관론이 절정에 달했을 때 데이비드 테퍼가 이끄는 애팔루사 매니지먼트가 메타 주식을 대규모로 매수하기 시작했다. 2022년 중반부터 2023년 초까지 메타 주가가 크게 하락했던 시기에 애팔루사는 수억 달러 규모의 메타 주식을 사들였고, 메타는 순식간에 애팔루사 포트폴리오의 상위 종목 중 하나가 되었다. 이는 메타가 테퍼의 '시장의 공포 속 기회' 타겟이 되었음을 알리는 신호탄이었다.

 **왜 메타 플랫폼스였나? 데이비드 테퍼의 투자 논리**

데이비드 테퍼가 메타 플랫폼스META를 그의 대표적인 투자 종목 중 하나로 삼은 배경에는 시장 참여자들의 과도한 비관론 속에서 메타가 가진 본질적인 가치와 회복 잠재력을 알아보는 기회주의적 통찰력이 있었다.

- **과도한 비관론으로 인한 저평가 기회** - 메타 주가는 성장 둔화 우려와 메타버스 투자 손실 등으로 인해 2022년에 60% 이상 폭락했다. 테퍼는 이러한 시장의 반응이 과도한 공포와 비관론에 기인한다고 판단했다. 주가가 기업의 본질적인 가치에 비해 현저히 낮아졌으며, 이는 '시장 공포가 절정에 달했을 때 매수하라'는 원칙에 부합하는 매수 기회였다.
- **핵심 사업의 압도적인 퀄리티와 수익성** - 시장은 메타버스 손실

에 집중했지만 테퍼는 페이스북과 인스타그램 기반의 핵심 광고 사업이 여전히 압도적인 시장 지배력과 경이로운 수익성, 현금 창출 능력을 가지고 있다는 점을 강조했다. 메타버스 투자는 손실을 내고 있었지만 핵심 사업에서 벌어들이는 막대한 현금이 기업의 하방을 지지하고 미래 투자 여력을 제공한다고 보았다. 이는 '훌륭한 회사'의 핵심인 퀄리티였다.

- **비용 효율화 및 사업 재집중** - 메타 경영진이 '효율성의 해'를 선언하며 대규모 구조조정 및 비용 절감에 나서고 핵심 광고 사업과 AI 역량 강화에 다시 집중하는 모습을 보였다. 테퍼는 이러한 기업 내부의 노력이 수익성 개선과 주가 회복의 기회가 될 수 있다고 판단했다. 시장의 우려를 해소하려는 기업의 적극적인 노력이 투자 매력을 높였다.

- **거시 환경 변화의 잠재적 수혜** - 테퍼의 거시 분석 결과, 글로벌 경기 침체 우려가 완화되고 디지털 광고 시장이 회복될 조짐을 보인다면 메타의 핵심 광고 사업은 거시적 환경 변화의 직접적인 수혜를 입을 수 있다. 이는 거시적 판단과 개별 기업 투자 아이디어가 연결되는 지점이었다.

- **대형 기술주에 대한 유연한 베팅** - 테퍼는 주로 부실 채권이나 전통 산업의 저평가 자산 투자로 유명했지만 메타 투자는 거대한 기술 기업이라도 시장의 비이성적인 반응으로 저평가된다면 과감하게 베팅할 수 있는 유연한 투자자임을 보여주었다. 이는 그의 투자 대상에 제한이 없음을 나타냈다.

역발상 투자 - 메타 수익률 700%

2022년, 메타는 여러 악재에 시달렸다. 페이스북/인스타그램의 성장 둔화 우려가 제기되었고, 야심 차게 추진한 메타버스 사업에서는 막대한 투자 손실이 발생했으며 틱톡 TikTok과의 경쟁도 심화되었다. 이러한 이유로 시장은 메타를 외면했고 투자 심리는 급격히 악화되었다. 메타의 주가는 연초 고점 대비 70% 이상 폭락했고 2022년 말에는 약 88달러 수준까지 내려갔다. 시장은 메타의 미래에 대해 극심한 공포와 비관론에 휩싸였다.

그러나 데이비드 테퍼는 이러한 시장의 반응이 과도한 공포에 기인한 비이성적인 움직임이라고 판단했다. 그는 메타가 보유한 페이스북, 인스타그램과 같은 강력한 플랫폼의 본질적인 가치와 여전히 막대한 현금을 창출하는 사업 모델에 주목했다.

2022년 말 저점 약 88달러 이후 메타의 주가는 파죽지세로 부활했다. 특히 2025년 2월에는 종가 기준 736달러에 도달하며 사상 최고가를 기록했다. 이는 저점 대비 700%가 넘는 경이로운 상승률이었다. 더욱 놀라운 것은 메타가 2025년 1월 17일부터 2월 14일까지 20거래일 연속 상승이라는 사상 최장 기록을 세운 점이다.

메타 투자 사례는 데이비 드 테퍼의 역발상 투자 철학이 어떻게 실제 시장에서 작동하는지 보여준다. 시장의 과도한 공포가 만들어낸 기회를 포착하고, 고품질 기업의 진정한 가치가 다시 재조명될 때 투자자들은 엄청난 수익을 거둘 수 있다는 것을 보여준다.

메타 플랫폼스 사례를 통해 배우는 데이비드 테퍼의 교훈

데이비드 테퍼의 메타 플랫폼스 투자 사례는 거시 경제와 결합된 기회주의적 투자 그리고 시장 심리 활용의 중요성에 대한 깊은 교훈을 준다.

1. **시장 비관론의 투자 기회** - 시장의 비이성적인 비관론은 '훌륭한 회사'를 저가에 매수할 수 있는 절호의 기회가 될 수 있다. 기업의 본질적인 가치가 시장의 공포나 특정 이슈에 의해 과도하게 할인될 때를 포착해야 한다.

2. **핵심 사업 가치 중심 분석** - 기업 분석 시 핵심 사업의 가치에 집중해야 한다. 새로운 투자메타버스가 손실을 내더라도 기업이 가진 강력한 핵심 사업에서 창출되는 수익과 현금 흐름이 기업 가치의 기반임을 인지해야 한다.

3. **거시 경제와 기업 연결** - 거시 경제 분석은 개별 기업 투자 타이밍을 잡는 데 유용하다. 거시 환경 변화가 특정 산업이나 기업의 실적에 미치는 영향을 예측하고 투자 결정을 내리는 데 활용할 수 있다.

4. **유연한 투자 시각** - 유연하고 기회주의적인 사고방식이 중요하다. 전통적인 투자 스타일에 얽매이지 않고 시장 상황에 따라 가장 매력적인 기회가 있는 곳에 자금을 과감하게 이동할 준비가 되어 있어야 한다.

5. **계산된 위험 감수** - 계산된 위험을 감수하는 용기가 필요하다.

시장의 비관론이 극에 달했을 때 대규모로 투자하는 것은 큰 위험을 수반하지만 철저한 분석을 통해 위험 대비 보상이 크다고 판단될 때 과감한 베팅이 필요하다.

 **현대 시장에서 데이비드 테퍼의 투자 대상**

데이비드 테퍼의 투자 철학과 접근 방식을 현대 시장에 적용한다면 다음과 같은 포트폴리오 구성을 고려할 수 있다.

● **극심한 비관론 이후 저평가된 대형 기술주 (40%)**
- Meta Platforms^{META} - 광고 수익성 회복, AI/메타버스 투자 병행
- Alibaba Group^{BABA} - 규제 리스크 반영 이후, 본질적 가치 대비 저평가

● **거시 회복 기대에 따른 소비주 (30%)**
- Las Vegas Sands^{LVS} - 마카오·싱가포르 카지노 리오픈 수혜
- Expedia Group^{EXPE} - 여행 수요 회복에도 고평가된 경쟁사 대비 저평가

● **금융 및 인프라 리더 (30%)**
- Citigroup^{C} - 장기 저평가 상태 지속, 해소 기대감
- Blackstone^{BX} - 대체자산 시장 리더, 하락 후 분기배당 지속
- United Rentals^{URI} - 인프라 투자 확대로 건설 장비 수요 증가 예상

데이비드 테퍼의 현대적 포트폴리오 접근법은 "거시 불확실성 속에서도 '시장이 과도하게 외면한 고품질 자산'에 공격적이고 유

연하게 베팅할 것"으로 요약할 수 있다. 그의 투자 접근법의 핵심은 '시장 비관론을 기회로 바꾸는 용기', '거시 경제 흐름을 읽는 탁월한 감각', '자산 유형 구분 없이 유연한 투자' 그리고 '철저한 리스크 대비 분석 후 과감한 실행'에 있다.

마이클 버리 Michael Burry 와
징동닷컴 JD.com, JD

★★★★★
★★★★★

**관습적 사고를 뒤집는
금융위기의 선견자**

마이클 버리는 서브프라임 모기지 사태를 정확히 예측하고 이른바 '빅 쇼트 The Big Short'에 성공하여 전 세계적인 명성을 얻은 깊은 가치 투자자이자 극단적인 역발상 투자자이다. 의사 출신이라는 독특한 이력을 가진 그는 숫자에 대한 집요한 분석과 주류 의견에 맹렬히 반대하는 역발상적인 성향으로 유명하다.

그가 운용하는 사이언 에셋 매니지먼트 Scion Asset Management는 소규모이지만 그의 투자 결정 하나하나가 시장에서 큰 주목을 받는다. 버리는 시장의 거품을 경고하고, 복잡하고 이해하기 어렵거나 시장에서 완전히 소외된 자산 속에서 극심한 저평가 기회를 찾는 것을 즐긴다. 그의 포트폴리오는 종종 공개될 때마다 예상치 못한 종목들로 가득하며 포지션을 비교적 짧은 기간에 변경하는 유동적인 면모도 보인다.

 **마이클 버리의 투자 철학**

마이클 버리의 투자 철학은 '철저한 분석을 통해 자산의 진정한 가치 대비 극심한 저평가를 찾아내고, 시장의 비이성적인 흐름거품 또는 패닉에 역행하여 투자하는 것'에 집중한다. 시장의 효율성을 믿지 않으며 정보 부족이나 투자자들의 심리적 편향이 만들어내는 가격 왜곡에서 기회를 낚아챈다.

- **깊은 가치 추구** - 기업의 장부 가치, 순운전자본, 청산 가치, 자산 가치 등을 보수적으로 평가하여 내재 가치를 산출하고 시장 가격이 내재 가치보다 훨씬 낮은, 극심한 할인율을 가진 자산을 찾아낸다.
- **극단적 역발상** - 시장에서 특정 자산, 산업 또는 국가 전체에 대해 비관론이 팽배하고 모두가 회피할 때 혼자서 철저히 분석하여 가치가 있다고 판단되면 과감하게 매수한다. '시장의 공포가 곧 기회'라는 원칙을 따른다. 거품이 낀 시장에서는 과감한 공매도 포지션을 취하기도 한다.
- **복잡성 및 불투명성 활용** - 재무 구조가 복잡하거나, 정보가 제한적이거나, 시장 참여자들이 제대로 이해하지 못하는 자산

속에서 분석을 통해 숨겨진 가치를 찾아낸다. 이러한 비효율성이 가격 왜곡을 만든다고 본다.

- **포트폴리오의 유동성** - 그의 공개 주식 포트폴리오는 분기마다 크게 달라지는 모습을 보이는 경우가 많다. 이는 단기적인 시장 변화나 특정 이벤트에 대응하는 전술적인 베팅 또는 분석 결과에 따른 신속한 포지션 변경을 반영한다. 징동닷컴JD.com 투자 또한 그의 유동적인 포트폴리오의 한 단면일 수 있다.
- **매크로 및 거품 분석** - 개별 자산 분석 외에 전체 시장의 거품 여부를 판단하고 거시 경제 흐름이 특정 자산에 미치는 영향을 분석한다.

왜 징동닷컴JD.com이었나? 마이클 버리의 투자 논리

마이클 버리가 징동닷컴을 그의 대표적인 투자 종목 중 하나로 삼은 배경에는 중국 기술주 시장의 지나친 비관론이 만들어낸 '극심한 저평가' 기회를 알아보는 역발상적 가치 분석 능력이 있었다.

- **중국 시장의 '비이성적인' 비관론 활용** - 버리는 중국 기술주 전반에 대한 시장의 공포가 해당 기업들의 본질적인 가치나 장기적인 성장 잠재력 대비 과도하다고 판단했다. 규제 리스크와 거시 경제 우려가 존재하지만 세계에서 가장 큰 소비 시장 중 하나인 중국의 잠재력과 선도 기업들의 경쟁력은 여전히

유효하다고 보았다. 시장의 '비이성적인 패닉'이 만들어낸 저가 매수 기회를 포착했다.

- **징동닷컴의 '가치' 분석** - 징동닷컴은 단순한 인터넷 기업을 넘어 방대한 물류 인프라라는 물리적 자산을 보유하고 있다. 버리는 이러한 유형 자산의 가치와 함께, 중국 이커머스 시장에서의 확고한 지위, 꾸준히 성장하는 매출 그리고 수익성 개선 노력 등을 종합적으로 평가하여 시장 가격이 기업의 내재 가치보다 훨씬 낮다고 판단했을 가능성이 높다. 특히 복잡한 규제 환경 속에서 징동닷컴의 가치를 정확히 평가하는 것은 쉬운 일이 아니며 이는 분석 능력이 있는 가치 투자자에게 기회가 된다.

- **역발상 베팅의 상징** - 모두가 중국 기술주에서 탈출하고 비관적인 전망을 내놓을 때 그 흐름에 정면으로 맞서 대규모 자금을 투자하는 것은 마이클 버리의 극단적인 역발상 투자 스타일 그 자체였다. '피가 낭자한' 중국 기술주 시장이야말로 최고의 가치 투자 기회를 제공한다고 보았다.

- **리스크 관리와 잠재적 보상** - 중국 시장 투자는 규제 및 정치적 리스크가 높다. 하지만 버리는 징동닷컴의 가격이 이러한 리스크를 충분히 반영하고도 남을 만큼 충분히 저평가되어 있다고 판단했으며 잠재적 하락 위험 대비 상승 여력이 훨씬 크다고 계산했을 가능성이 높다. '극심한 안전 마진'이 고유한 리스크를 상쇄한다고 본 것이다.

- **유동적인 포트폴리오의 일부** - 징동닷컴 투자는 버리의 유동적

인 포트폴리오의 한 예시이다. 그는 시장 상황 변화나 분석 결과에 따라 언제든 포지션을 변경할 수 있는 유연함을 가졌다.

마이클 버리- '빅 쇼트' 영화가 그린 투자자

마이클 버리는 그의 가장 유명한 투자 사례인 2000년대 중반 서브프라임 모기지 시장에 대한 공매도 베팅 덕분에 영화 '빅 쇼트The Big Short'의 주인공 중 한 명으로 등장하며 대중에게 널리 알려졌다. 많은 사람들이 이 영화를 통해 그를 처음 접했고, 마이클 버리의 독특하고 천재적인 이미지 또한 영화를 통해 형성되었다.

영화에서 마이클 버리 역은 배우 크리스찬 베일Christian Bale이 연기했다. 크리스찬 베일은 버리의 남다른 성격, 사회생활에 서툰 모습, 하지만 숫자에 파고드는 집요함과 시장의 비합리성을 꿰뚫어보는 천재적인 면모를 인상 깊게 표현했다.

하지만 영화는 현실을 각색하고 극적으로 묘사한 부분도 있다. 영화는 버리의 투자 과정을 매우 흥미진진하게 그렸지만 실제 마이클 버리의 투자 접근 방식은 영화보다 더 치열하고 분석적이며 그의 일상적인 모습 또한 영화처럼 늘 괴짜 같기만 한 것은 아닐 수 있다. 영화는 그의 핵심적인 '촉'과 '결단력'을 잘 보여주지만, 그 판단에 이르는 수개월간의 지루하고 고독하며 집요한 데이터 분석 과정은 상당 부분 생략되었다. 그의 투자 성공은 순간적인 영감보다는 고독한 분석과 확신에 기반한 끈기의 결과였다.

 **징동닷컴 사례를 통해 배우는 마이클 버리의 교훈**

마이클 버리의 징동닷컴 투자 사례는 극심한 비관론에 사로잡힌 시장에서의 가치 투자와 역발상의 중요성에 대한 깊은 교훈을 준다.

1. **극심한 비관론 속 가치 발견** - 최고의 가치 투자 기회는 종종 시장의 비관론이 극에 달한 곳에서 발견된다. 특정 국가, 산업 또는 자산에 대해 압도적인 부정적인 심리가 팽배할 때 그 이면에 숨겨진 가치를 찾아내야 한다.
2. **리스크와 잠재력의 균형** - 규제 리스크나 지정학적 우려 등으로 인해 저평가된 시장에서도 가치 투자 기회를 찾을 수 있다. 복잡한 위험을 분석하고 평가할 능력이 있다면 남들이 회피하는 시장에서 큰 기회를 잡을 수 있다.
3. **본질적 가치 집중** - 기업의 본질적인 자산 가치와 장기적인 경쟁력에 집중해야 한다. 일시적인 외부 악재나 규제 우려에도 불구하고 기업이 가진 핵심 사업의 가치와 회복 탄력성을 평가하는 것이 중요하다.
4. **역발상의 용기** - 시장 참여자들의 비이성적인 공포를 역이용하는 극단적인 역발상이 큰 수익으로 이어질 수 있다. 대중과 반대 방향으로 갈 용기와 분석력이 필요하다.
5. **복잡한 상황 분석 능력** - 복잡한 시장과 기업 구조를 분석하는 능력이 중요하다. 분석이 어려운 상황일수록 정보 우위와 분석력을 가진 투자자에게 유리한 기회가 된다.

현대 시장에서 마이클 버리의 투자 대상

마이클 버리의 투자 철학과 접근 방식을 현대 시장에 적용한다면 다음과 같은 포트폴리오 구성을 고려할 수 있다.

● **극심한 비관론 속 저평가된 중국·신흥시장 주식 (45%)**
- JD.com^{JD} – 중국 소비 회복 기대, 유형 자산 기반 사업
- Alibaba^{BABA} – 규제 리스크 반영 이후 극심한 저평가, 현금흐름 견고
- Tencent Holdings^{TCEHY} – 플랫폼·콘텐츠·핀테크 다각화, 현금 창출 능력

● **미국 소형·소외 가치주 (30%)**
- Kohl's^{KSS} – 부동산 가치 보유, 수익성 대비 과도한 저평가
- Warner Bros. Discovery^{WBD} – 스트리밍 부문 투자 과잉 우려 이후 가치 재평가 가능성

● **인플레이션 헤지 자산 (25%)**
- Gold Miners ETF^{GDX} – 인플레이션·위기 상황 대비 자산 수혜

마이클 버리의 현대적 포트폴리오 접근법은 '시장의 비이성적 공포에 맞서 복잡하고 저평가된 자산을 과감하게 매수할 것'으로 요약할 수 있다. 그의 투자 접근법의 핵심은 '극단적 저평가를 찾아내는 분석력', '시장 심리를 거스르는 용기', '복잡한 상황 속 가치를 읽는 통찰' 그리고 '빠른 포지션 변경을 통한 유연성'에 있다.

CHAPTER 4

퀀트 & 기술적 분석가들

19 | 짐 시몬스와 노보 노디스크
20 | 켄 그리핀과 아마존
21 | 투 시그마와 서비스나우
22 | 마크 미너비니와 슈퍼 마이크로 컴퓨터
23 | 에드 소프와 퀄컴

짐 시몬스 Jim Simons 와
노보 노디스크 Novo Nordisk, NVO

금융 시장의 비밀을
해독한 수학의 마법사

짐 시몬스1938-2024는 세계 금융 역사상 가장 성공적인 헤지펀드 중 하나인 르네상스 테크놀로지스Renaissance Technologies, RenTech를 설립한 전설적인 수학자이자 퀀트 투자Quantitative Investing의 선구자이다. MIT와 UC 버클리에서 수학을 공부하고 냉전 시대 암호 해독가로 일하기도 했으며 금융 시장의 비효율성을 인간의 직관이나 경제 이론이 아닌 수학적 모델과 컴퓨터 알고리즘을 통해 포착할 수 있다고 믿었다.

월스트리트의 금융 전문가들 대신 수학자, 물리학자, 통계학자 등 과학 분야의 수재들을 영입하여 복잡한 데이터 분석 모델을 개발했다. 르네상스 테크놀로지스의 메달리온 펀드Medallion Fund는 외부 투자자에게는 공개되지 않으며 수십 년간 경이로운 수익률을 기록하여 '헤지펀드의 성배'로 불렸다. 그의 투자 방법론은 극도의 비밀에 싸여 있다.

짐 시몬스의 투자 철학

짐 시몬스의 투자 철학은 '시장에서 인간의 감정이나 직관으로는 파악하기 어려운 미세하고 통계적인 패턴을 찾아내어, 알고리즘 기반의 자동화된 거래를 통해 반복적으로 이익을 쌓아 올리는 것'에 집중한다. 이는 전통적인 가치 투자, 성장 투자 또는 거시 투자와는 완전히 다른 접근 방식이다.

- **데이터와 알고리즘 기반** - 과거 방대한 양의 금융 시장 데이터를 분석하여 가격 움직임, 거래량, 자산 간 상관관계 등에 숨겨진 통계적인 패턴을 식별한다. 이러한 패턴을 포착하는 복잡한 수학적 모델과 알고리즘을 개발하고 거래 시스템에 탑재한다.
- **비효율성 포착** - 시장이 완벽하게 효율적이지 않다고 본다. 정보의 지연, 투자자들의 심리적 편향, 시장 구조적 특성 등으로 인해 발생하는 미세하고 일시적인 가격 비효율성을 알고리즘을 통해 포착하여 빠르게 거래한다.
- **고빈도 거래**HFT - 포착된 통계적 패턴은 단시간 내에 사라지는 경우가 많으므로 매우 빠른 속도로 거래를 실행하는 고빈도

거래HFT, High-Frequency Trading를 활용하기도 한다. 짧은 시간 동안의 작은 이익을 반복하여 쌓아 올린다.

- **스토리가 아닌 통계** - 기업의 경영진이 누구인지, 신제품이 얼마나 혁신적인지, 거시 경제 전망이 어떤지 등 정성적定性的이거나 거시적인 '스토리'에는 거의 관심을 두지 않는다. 오직 데이터가 보여주는 통계적 신호만이 투자 결정의 근거가 된다.

- **과학적 접근** - 가설 설정, 데이터 수집, 모델 개발, 테스트, 개선 등 과학적인 방법론을 투자 과정에 적용한다. 인간의 감정이나 직관은 오류의 원인으로 보고 철저히 배제한다.

노보 노디스크Novo Nordisk, 퀀트 모델이 포착한 '패턴'

노보 노디스크는 덴마크에 기반을 둔 글로벌 제약 회사로 당뇨병 치료제 분야에서 오랜 기간 선두적인 위치를 차지해왔다. 최근에는 비만 치료 분야에서도 '위고비Wegovy', '삭센다Saxenda', 당뇨 치료제인 '오젬픽Ozempic' 등의 블록버스터급 약물을 성공시키며 전례 없는 성장세를 기록하고 있다. 이는 과학적인 연구 개발 역량이 기업 가치에 미치는 영향을 극명하게 보여주는 사례이다.

짐 시몬스가 운용하는 르네상스 테크놀로지스의 일부 펀드공개 의무가 있는 펀드의 13F 공시를 보면 노보 노디스크 주식을 상당 규모 보유했던 기록을 확인할 수 있다. 하지만 이 투자 결정은 노보 노디스크의 비만 치료제 시장 점유율 전망이나 파이프라인 분석에 대한 짐 시몬스 개인의 판단이 아니었다. 순수하게 르네상스 테크놀로지스의 컴퓨터 알고리즘과 수학적 모델이 노보 노디스크 주식과 관련된 데이터를 분석한 결과 내린 결정이었다.

왜 노보 노디스크였나? 짐 시몬스의 투자 논리

짐 시몬스가 노보 노디스크를 그의 대표적인 투자 종목 중 하나로 삼은 배경에는 노보 노디스크가 가진 특정 재무/시장 데이터 속에서 르네상스 테크놀로지스의 모델이 유의미한 통계적 패턴을 포착했기 때문이었다. 이는 노보 노디스크라는 기업 자체의 '스토리'보다는 퀀트 방법론의 '결과'로서의 의미가 크다.

- **모델이 포착한 통계적 신호** - 르네상스 테크놀로지스의 알고리즘은 수많은 주식과 자산의 가격, 거래량, 변동성, 시장 심리 등 방대한 데이터를 분석한다. 특정 시점에 노보 노디스크 주식의 데이터 속에서 다른 자산과의 상관관계, 특정 거래 패턴, 시장 미세 구조의 비효율성 등 수학적 모델이 거래 기회로 해석할 만한 통계적인 패턴을 포착했을 수 있다. 노보 노디스크는 단지 그 모델의 조건에 부합한 수천 개의 자산 중 하나였을 가능성이 높다.
- **펀더멘털 스토리와 무관한 결정** - 노보 노디스크의 놀라운 신약 성공 스토리가 주가 상승을 견인한 것은 사실이다. 하지만 르

네상스 테크놀로지스의 모델은 '오젬픽의 매출이 얼마나 늘어날지', '비만 치료제 시장이 얼마나 커질지'와 같은 펀더멘털 스토리를 직접적으로 이해하고 투자하는 것이 아니다. 대신 모델은 실제 발생한 오젬픽의 높은 매출 성장 데이터, 그로 인한 주가 상승 모멘텀 데이터, 관련된 시장 참여자들의 거래 행태 데이터 등을 입력값으로 활용하여 통계적인 패턴을 찾아내고 거래 결정을 내린다. 노보 노디스크의 펀더멘털 성공은 모델이 분석할 '데이터'를 제공했을 뿐이다.

- **퀀트 모델의 '결과물'로서의 의미** - 노보 노디스크는 짐 시몬스의 투자 철학, 즉 '수학적 모델이 시장의 비효율성을 찾아낸다'는 방법론이 구체적으로 어떤 기업에 대한 투자로 이어지는지 보여주는 결과물이자 사례이다. 그 기업이 어떤 산업에 속해 있든, 스토리가 어떻든 관계없이 모델이 시그널을 보내면 투자하는 것이 퀀트 투자이다. 노보 노디스크는 이러한 퀀트 모델의 작동 방식을 상징적으로 보여주는 기업이 되었다.

- **다각화된 포트폴리오의 일부** - 르네상스 테크놀로지스의 펀드들은 수백, 수천 개의 종목에 매우 짧은 기간 동안 투자하고 포지션을 변경하는 경우가 많다. 노보 노디스크는 이러한 방대하고 빠르게 변화하는 퀀트 포트폴리오의 한 조각이었다. 다른 전통적인 투자자들처럼 노보 노디스크라는 기업 자체에 장기적인 '스토리 베팅'을 한 것이 아니었다.

TIP 비만 치료제 시장의 두 거인- 노보 노디스크 vs 일라이 릴리

노보 노디스크와 일라이 릴리는 현재 전 세계 비만 및 당뇨 치료제 시장을 이끄는 두 개의 거대한 제약 회사이다. 두 회사 모두 GLP-1 계열의 혁신적인 약물로 엄청난 성공을 거두고 있지만, 제품의 작용 방식부터 회사의 전략, 문화 그리고 투자 관점까지 여러 면에서 차이를 보인다.

노보 노디스크의 대표 약물(위고비, 오젬픽 등)은 주로 세마글루타이드(Semaglutide) 성분이며, GLP-1 호르몬 경로에 작용한다. 체중 감량 효과는 평균 약 15% 수준으로 뛰어나다. 반면 일라이 릴리의 대표 약물(젭바운드, 마운자로 등)은 주로 티르제파타이드(Tirzepatide) 성분이며, GLP-1과 GIP 두 가지 호르몬 경로에 동시에 작용하는 이중 작용제이다. 이러한 차이로 인해 체중 감량 효과가 평균 20% 이상으로 더 높게 나타나는 경향이 있다.

노보 노디스크는 '비만을 만성 질환으로 꾸준히 관리'하는 데 초점을 맞추며 보수적이지만 품질을 중시하는 문화가 강하다. 일라이 릴리는 '비만을 질병으로 보고 빠르게 정복'하려는 공격적인 전략을 구사하며 혁신과 속도를 중시한다.

투자자 관점에서 일라이 릴리는 고성장주로서 평가받는 반면, 노보 노디스크는 안정적인 성장과 수익 구조를 가진 기업으로 평가받는다. 그러나 퀀트 투자자인 짐 시몬스에게 이러한 '스토리'는 중요하지 않다. 오직 데이터가 만들어내는 패턴만이 의미를 가진다.

노보 노디스크 투자를 통해 배우는 짐 시몬스의 교훈

짐 시몬스의 노보 노디스크 투자 사례는 전통적인 투자 방식을 넘어선 퀀트 투자 세계에 대한 중요한 교훈을 준다.

1. **통계적 비효율성의 존재** - 금융 시장에서 인간의 직관이나 감정으로는 파악하기 어려운 통계적 비효율성이 존재할 수 있다는 점이다. 수학적 모델과 데이터 분석을 통해 이러한 기회를 포착할 수 있다.

2. **스토리가 아닌 데이터 기반 결정** - 투자 결정이 기업의 '스토리'나 '펀더멘털' 분석이 아닌 순수하게 데이터와 알고리즘에 기반할 수 있다는 점이다. 성공적인 투자가 반드시 기업의 사업 내용을 깊이 이해하는 데서만 오는 것은 아닐 수 있다.

3. **과학적 방법론의 가치** - 과학적 방법론을 투자에 적용하는 것의 가치이다. 가설 수립, 데이터 테스트, 모델 개선과 같은 과학적인 과정이 투자 성과로 이어질 수 있다.

4. **방법론이 핵심, 종목은 결과물** - 개별 종목은 퀀트 투자자의 '결과물'일 뿐, 핵심은 방법론이다. 퀀트 투자자를 이해하려면 그가 어떤 기업을 가졌는지가 아니라, 그가 어떤 데이터를 보고 어떤 모델을 사용하는지를 파악해야 한다.

5. **인간 감정의 배제** - 시장의 비효율성은 종종 인간의 감정과 인지적 편향에서 발생한다. 이러한 감정을 철저히 배제하고 모델에 의존하는 접근법이 오히려 우수한 성과를 가져올 수 있다.

현대 시장에서 짐 시몬스의 관심 영역

짐 시몬스의 투자 철학과 접근 방식을 현대 시장에 적용한다면 다음과 같은 포트폴리오 구성을 고려할 수 있다.

● **통계적 패턴이 강화된 대형 우량주 (60%)**
- Novo Nordisk[NVO] – 비만 치료제 시장 성장, 안정적 수익성
- Eli Lilly[LLY] – 비만·당뇨 신약 기대감, 높은 거래량 패턴
- Microsoft[MSFT] – 꾸준한 매출 성장, 시장 리더십, 고빈도 거래 친화성
- NVIDIA[NVDA] – AI 반도체 수요 급증에 따른 통계적 추세

● **섹터별 변동성 포착 ETF (20%)**
- SPDR S&P Biotech ETF[XBI] – 변동성 기반 단기 패턴 포착 가능

● **글로벌 헬스케어/바이오 (10%)**
- AbbVie[ABBV] – 고배당 + 신약 파이프라인 데이터 시그널

● **메가캡 고빈도 거래주 (10%)**
- Amazon[AMZN] – 변동성·거래량 풍부, 퀀트 패턴에 최적화

짐 시몬스의 현대적 포트폴리오 접근법은 "스토리가 아닌 데이터가 신호를 보내는 우량주와 변동성 높은 대형 섹터에 과학적으로 분산 투자한다"로 요약할 수 있다. 이러한 포트폴리오는 '시장 비효율성 포착 능력', '스토리 대신 데이터에 기반한 판단', '수학적 모델과 알고리즘 중심 투자', '광범위하고 유연한 포트폴리오 구성'이라는 짐 시몬스의 투자 철학을 현대 시장에 적용한 것이다.

AI를 이용한 투자
- 르네상스에서 개인 AI 전략까지

르네상스 테크놀러지- 수학이 만든 월가의 전설

르네상스 테크놀러지Renaissance Technologies는 현대 금융 역사에서 가장 신화적인 헤지펀드다. 1982년 수학자 짐 시몬스가 설립했다. 그는 단순한 투자자가 아닌, 수학과 과학으로 월가를 정복한 인물이다. MIT에서 수학 학사를, UC 버클리에서 23세의 나이로 수학 박사 학위를 취득했다. 시몬스는 기하학과 위상수학 분야의 세계적 석학이었으며 미국 국가안보국NSA의 암호해독 프로젝트에도 참여했다.

르네상스 테크놀러지의 핵심은 메달리온 펀드Medallion Fund다. 1988년 설립된 이 펀드는 1988년부터 2018년까지 연평균 약 39%의 순수익률수수료 차감 후을 기록했다. 더욱 놀라운 것은 일반 헤지펀드가 2%/20%기본 수수료/성과 수수료 구조를 가진 반면, 메달리온 펀드는 5%/44%라는 높은 수수료에도 불구하고 이러한 수익률을 유지했다는 점이다.

주목할 점은 메달리온 펀드는 철저히 폐쇄형 구조로 운영된다는 것이다. 르네상스의 직원과 그 가족들만 투자할 수 있으며 일반 투자자들은 접근이 불가능하다. 이러한 폐쇄적 운영은 그들의 독특한 전략을 보호하고, 펀드 규모를 최적화하여 성과를 극대화하기 위한 전략적 결정이다. 기관투자자 전용 사모펀드인 RIEFRenaissance

Institutional Equities Fund도 운용하지만 메달리온만큼의 성과는 내지 못한다.

르네상스의 특별함은 그 운용 인력에 있다. 대부분이 수학자, 물리학자, 컴퓨터공학자, 천체물리학자로 구성되어 있다. 전통적 금융 배경의 인력은 거의 없다. 투자 결정은 사람이 아니라 시스템이 한다. 모든 거래는 철저히 알고리즘과 통계 모델에 기반한다. 이들은 시장을 예측하려 하지 않고 패턴만을 인식하여 수익을 만든다.

짐 시몬스는 "나는 세상을 이해하기 위해 수학을 썼고, 돈을 벌기 위해 수학을 썼고, 이제는 세상을 더 나은 곳으로 만들기 위해 그 돈을 쓴다"라고 말했다. 실제로 그는 2010년대 초 CEO직에서 은퇴한 후, 기초과학과 수학 교육에 아낌없이 기부하고 있다.

AI 기반 ETF와 모멘텀 투자의 함정

현재 AI 기반 투자 플랫폼들은 대체로 모멘텀 투자 경향이 짙다. Qcraft의 AI ETF나 AIEQ, Tickeron의 AI 신호 서비스 등은 주로 트렌드 추적 전략을 활용한다. 이러한 전략들은 상승장에서는 빠르게 수익을 내지만 하락장에서는 급락을 더 크게 맞을 위험을 내포하고 있다.

왜 AI는 모멘텀에 기울어지는가? AI는 과거 데이터를 학습하기 때문에 최근에 오른 종목을 긍정적으로 평가하게 된다. 기계는 '시장 분위기'보다 숫자에 반응하기 때문에 감정적 전환점을 감지하기 어렵다. 변동성 통제가 약한 경우 하락장에서 손실이 더 커질 수 있다.

하락장에서 AI 전략의 약점은 후행성이다. 추세가 꺾인 뒤에도 기존 종목을 고집하는 비효율적 리밸런싱이 발생한다. 또한 AI가 상위 몇 종목에 집중하는 분산 미흡의 문제가 있다. 상승장에서 쫓아 들어간 종목이 급락 시 변동성이 확대되어 손실이 커진다.

이를 보완하려면 퀀트와 가치 하이브리드 전략을 사용하거나 방어형 자산을 병행하는 방식이 필요하다. 하락장 알림과 수동 회피 전략, 현금 보유 비율 조정 등의 방법도 효과적이다.

AI 시대의 알파, 사라지는가 살아남는가?

AI가 투자를 잘하면 잘할수록 시장에서 알파초과수익는 사라질 수밖에 없다. AI가 빠르게 저평가/고평가 종목을 찾아내면 그 정보가 즉시 가격에 반영되어 시장 비효율성이 축소되기 때문이다. 더 나아가 많은 AI 모델들이 유사한 데이터를 보고 비슷한 결론을 내리게 되면, 한정된 알파를 두고 경쟁이 과열된다.

과거에는 기업 방문이나 독점 정보로 알파를 만들었지만 지금은 AI가 뉴스, 소셜미디어, 거래데이터까지 실시간 분석한다. 결과적으로 알파의 반감기효력이 지속되는 시간가 점점 짧아진다. 다수가 같은 시그널을 쫓으면 '역逆 알파'가 발생하여 AI들의 집단 매수가 오히려 주가 고점을 형성하는 현상이 나타난다.

AI는 의료 진단이나 법률 분석 같은 분야에서 보조 도구로 뛰어난 성과를 보이고 있지만 주식투자에서는 더 복잡한 도전에 직면한다. 투자 시장에는 예측 불가능한 사건들, 복잡한 인간 심리, 정치적 불확실성, 새로운 패러다임의 등장 등 AI가 완전히 이해하고 대응하기 어려운 요소들이 더 많기 때문이다. AI는 패턴 인식과 대량 데이터 처리에는 탁월하지만 코로나19 팬데믹이나 트럼프의 급작스러운 관세정책 발표, 지정학적 위기 같은 전례 없는 상황에서는 인간의 직관과 맥락 이해 능력에 여전히 미치지 못한다.

퀀트나 AI 투자자들은 이런 한계를 보완하기 위해 새로운 데이터 활용, AI 판단 근거 분석, 소규모 전략 운용 그리고 AI와 인간을 결합한 투자 방식 등 다양한 방법을 시도하고 있다.

개인투자자의 AI 활용- 현대판 르네상스가 될 수 있을까?

AI를 무조건 따르기보다는 자신의 성향과 규칙에 따라 AI를 '조율'하고 '도구화'할 때 알파가 생긴다. 이것은 르네상스 테크놀러지가 수학적으로 시장을 분석했지만 그 시스템을 구성하는 철학과 판단 기준은 사람짐 시몬스에게서 출발한 것과 같은 원리다.

AI 맹목 추종과 AI 도구화는 명확히 다르다. 맹목 추종은 외부 알고리즘에 판단을 맡기고 시그널에 100% 따르며 기계적으로 진입/청산한다. 반면 AI 도구화는 내면의 철학과 외부 도구를 결합하고, 시그널은 참고하되 최종 판단은 스스로 하며 나만의 위험 관리 기준을 가진다.

진정한 알파는 AI가 시장을 예측하는 것이 아니라, '여러분이 시장에서 어떻게 반응할 것인가'에서 나온다. AI가 아무리 똑똑해도 그것을 어떻게 사용할지 정하는 '자신만의 매뉴얼'이 알파의 원천이 될 것이다.

주요 AI 기반 ETF 소개

● Qraft AI ETF QRFT, AMOM

한국 스타트업이 만든 미국 상장 ETF로, 머신러닝 기반으로 종목을 선정하고 구성한다. QRFT는 AI 가치 투자, AMOM은 모멘텀에 초점을 맞추고 있다.

● EquBot AIEQ

IBM Watson 기반의 AI ETF로 뉴스, 재무정보, 심리 데이터를 통합 분석한다. 자연어 처리와 기계학습을 활용하여 기업의 재무 건전성, 뉴스 이벤트, 소셜 미디어 반응 등을 분석한다.

● Global X Artificial Intelligence & Technology ETF AIQ

AI 관련 기업과 기술을 개발하는 회사들에 투자하는 ETF다. 직접 AI로 운용되기보다는 AI 산업에 투자하는 방식이다.

● Horizons Active AI Global Equity ETF MIND

AI 알고리즘을 사용하여 글로벌 주식을 선택하고 관리하는 ETF로 캐나다 토론토 거래소에 상장되어 있다.

● WisdomTree Artificial Intelligence and Innovation Fund WTAI

AI 혁신 기업들에 투자하는 ETF로 반도체, 클라우드 컴퓨팅, 자율주행 등 AI 관련 생태계 전반에 분산 투자한다.

이러한 ETF들을 활용할 때는 단일 ETF에 의존하기보다 방어형 자산채권, 금과 함께 포트폴리오를 구성하는 것이 안전하다. AI ETF 40%, 채권 30%, 금 10%, 현금 20%같은 배분으로 시작하여 시장 흐름에 따라 비중을 조절하는 방식이 효과적이다. 또한 변화하는 시장 환경에 맞춰 자신만의 리밸런싱 규칙을 세우는 것이 중요하다.

결론적으로, AI는 투자의 미래이지만 '도구'일 뿐이다. AI가 미래의 무기라면 그 무기를 어떻게 휘두를지는 오직 당신의 '판단력'과 '규칙'에 달려 있다. 르네상스가 위대한 이유는 '수학' 때문이 아니라, 그 수학을 믿고 설계한 '철학' 때문이었다. 인공지능 시대의 개인 투자자도 마찬가지다.

켄 그리핀 Ken Griffin 과
아마존 Amazon, AMZN

**금융의 복합 생태계를
지배하는 거래의 거인**

켄 그리핀은 세계 금융 시장에서 가장 크고 복잡한 헤지펀드 중 하나인 시타델Citadel과 주요 시장 조성자Market Maker인 시타델 증권 Citadel Securities을 설립한 전설적인 인물이다. 대학 시절 기숙사 방에서 주식 거래 시스템을 만들어 거래를 시작한 그는 일찍부터 금융 시장의 기술적, 수학적 측면에 재능을 보였다.

시타델은 주식 롱숏, 거시 투자, 이벤트 중심 투자 그리고 대규모 퀀트 전략 등 다양한 투자 전략을 동시에 운용하는 다중 전략 헤지펀드의 대표 주자이다. 시타델 증권은 글로벌 주식, 채권, 파생 상품 시장에서 대규모 거래를 체결하며 시장의 유동성을 공급하는 핵심 역할을 한다. 켄 그리핀은 최고의 인재 영입, 최첨단 기술 투자 그리고 철저한 리스크 관리 시스템 구축을 통해 금융 시장의 가장 복잡하고 빠른 영역에서 성공을 거두었다.

켄 그리핀의 투자 철학

켄 그리핀과 시타델의 투자 철학은 '광범위한 자산 시장에서 다양한 전략 팀이 데이터와 기술을 활용하여 수익 기회를 포착하고, 엄격한 중앙 집중식 리스크 관리 하에 자본을 운용하는 것'에 집중한다. 이는 짐 시몬스의 르네상스 테크놀로지스처럼 퀀트가 중요한 축을 담당하지만 인간의 판단과 다른 전략들이 결합된 형태이다.

- **다중 전략 운용** - 시장의 다양한 비효율성을 포착하기 위해 주식, 채권, 파생상품, 상품 등 여러 자산 클래스와 다양한 투자 전략롱숏, 이벤트 중심, 거시, 퀀트, 차익 거래 등을 동시에 사용한다. 전략 포트폴리오 간의 분산 효과를 추구한다.
- **퀀트 분석 및 고빈도 거래** - 방대한 데이터를 분석하여 미세하고 단기적인 통계적 패턴이나 가격 비효율성을 포착하는 대규모 퀀트 전략을 핵심적으로 사용한다. 종종 빠른 거래 속도를 활용하는 고빈도 거래HFT도 포함한다.
- **엄격한 중앙 집중식 리스크 관리** - 복잡하고 다양한 전략에서 발생하는 위험을 실시간으로 파악하고 통제하기 위해 매우 정교하고 중앙 집중화된 리스크 관리 시스템을 운영한다. 리스크

관리는 시타델 운용의 가장 중요한 기둥이다.
- **최고 수준의 인재 및 기술** - 수학자, 통계학자, 컴퓨터 과학자, 금융 전문가 등 각 분야 최고의 인재를 영입하고 거래 속도와 데이터 분석 능력을 극대화하기 위한 최첨단 기술 인프라에 막대한 투자를 한다. 기술력이 곧 경쟁력이다.
- **시장 유동성 활용** - 대규모 자금을 운용하고 빠른 거래를 실행하기 위해 유동성이 풍부하고 거래 비용이 낮은 시장을 선호한다.

아마존Amazon, 다중 전략의 무대

아마존은 온라인 상거래의 선두 주자일 뿐 아니라, 클라우드 컴퓨팅 시장의 압도적인 리더인 아마존 웹 서비스AWS, 디지털 광고, 유료 구독 서비스프라임, 물류 등 광범위하고 복잡한 사업 포트폴리오를 가진 글로벌 기술 기업이다. 세계에서 가장 큰 기업 중 하나이며 막대한 주식 거래량을 바탕으로 엄청난 유동성을 자랑하는 자산이다. 기업 가치가 크고 사업 모델이 복잡하며 시장 뉴스실적, 신제품, 규제, 경쟁 등에 대한 반응이 다양하게 나타나는 특징이 있다.

켄 그리핀이 이끄는 시타델의 공개 포트폴리오13F 공시를 보면 아마존 주식이 항상 대규모로 포함되어 있음을 확인할 수 있다. 하지만 아마존이 시타델 포트폴리오에 포함된 것은 단순히 '아마존이라는 기업이 훌륭하다'는 켄 그리핀 개인의 판단 때문이라기보다는 시타델이 운용하는 다양한 투자 전략의 '대상'이자 '결과물'로서의 의미가 크다. 아마존은 시타델의 복잡한 운용 방식이 적용되는 핵심 자산이었다.

 **왜 아마존이었나? 켄 그리핀의 투자 논리**

켄 그리핀이 아마존을 그의 대표적인 투자 종목 중 하나로 삼은 배경에는 아마존이 가진 '규모, 유동성, 사업 복잡성'이 시타델의 다양한 전략을 적용하기에 이상적인 특성을 제공했기 때문이다.

- **다양한 전략을 위한 이상적인 대상** - 아마존은 전자상거래, 클라우드AWS, 광고, 구독 등 여러 사업 부문을 가지고 있으며 각각의 사업은 다른 성장률, 수익성, 경쟁 환경을 가진다. 이러한 복잡성은 시타델의 다양한 전문 전략 팀들이 각자의 방식으로 분석하고 거래 기회를 찾기에 적합했다. 예를 들어, 한 팀은 AWS의 성장성에 기반한 롱 포지션을, 다른 팀은 전자상거래 경쟁 심화에 대한 단기 숏 포지션을, 또 다른 팀은 아마존의 실적 발표나 특정 뉴스에 기반한 이벤트 중심 거래를, 퀀트 팀은 아마존 주가 데이터에서 통계적 패턴을 찾는 식이다. 아마존은 하나의 기업이지만 여러 투자 아이디어의 원천이 된다.
- **압도적인 유동성** - 아마존은 전 세계에서 거래량이 가장 많은 주식 중 하나이다. 시타델과 같이 수백억 달러의 자산을 운용

하고 고빈도 거래를 수행하는 펀드는 압도적인 유동성이 필수적이다. 아마존 주식은 대규모 자금을 빠르게 진입시키거나 청산하더라도 시장에 큰 영향을 주지 않는 유동성을 제공하며 이러한 특성은 시타델의 대규모, 고빈도 거래 전략을 실행하는 데 필수적인 조건이다.

- **퀀트 모델의 핵심 입력값** - 아마존의 주가, 거래량, 관련 뉴스, 재무 데이터 등은 시타델의 퀀트 모델이 분석하는 핵심적인 입력 데이터이다. 아마존은 그 규모와 중요성 때문에 시장 전체의 움직임이나 다른 자산과의 상관관계 분석에 필수적으로 포함되는 기업이며 모델이 포착하는 수많은 통계적 패턴의 원천이자 대상이 된다. 아마존에 대한 투자는 모델의 분석 결과에 따른 결정이지 인간 분석가의 아마존 기업 탐방 결과가 아니었다.

- **시장 대표성** - 아마존은 현재 글로벌 주식 시장, 특히 기술 및 소비재 섹터를 대표하는 상징적인 기업이다. 시타델이 전 세계 시장에서 활동하는 만큼, 이러한 시장을 대표하는 대형 우량주를 포트폴리오에 담는 것은 다양한 전략의 일환으로 자연스러운 일이다.

헤지펀드 전략- 롱/숏 투자 심층 분석

롱/숏 전략은 주식 가격이 오를 것으로 예상되는 자산은 매수(Long)하고, 가격이 내릴 것으로 예상되는 자산은 매도(Short)하는 두 포지션을 동시에 취하는 투자 방식이다. 시장이 오르든 내리든 두 자산 간의 상대적인 가격 움직임에서 이익을 얻는 것을 목표로 한다. 특정 자산이 절대적으로 상승하거나 하락하는 것보다, 상대적으로 더 많이 오르거나 덜 떨어지는 것에서 수익을 추구한다.

켄 그리핀의 시타델과 같은 거대 다중 전략 헤지펀드는 이러한 전략을 대규모로 활용한다. 그들은 시장에서 서로 반대 방향으로 움직일 것으로 예상되는 두 자산을 짝지어 투자한다.

구체적인 역사적 사례로, 시타델은 아마존 주식을 롱(매수)하는 동시에, 한국의 대형 마트 주식을 매도(숏)하는 전략을 가정해 볼 수 있다. 이는 '성장하는 온라인 기업'과 '쇠퇴하는 오프라인 기업'이라는 구조적 트렌드 차이에 베팅하는 전략이다.

- **아마존을 롱하는 이유** - 시타델의 분석 팀은 아마존이 글로벌 전자상거래 시장에서의 지배적인 위치와 끊임없는 혁신을 통해 꾸준히 성장하고, 특히 클라우드 컴퓨팅 서비스인 AWS가 기업들의 디지털 전환 가속화에 힘입어 폭발적으로 성장하며 그룹 전체의 수익성을 견인할 것이라고 판단한다. 또한 광고 사업 확장 등 새로운 성장 동력에도 주목한다. 아마존은 이러한 장기 성장 트렌드의 확실한 수혜자로 여겨진다.

- **한국 대형마트를 숏하는 이유** - 반면 한국의 대형 마트들은 온라인 쇼핑의 급속한 확산과 치열한 가격 경쟁으로 인해 오프라인 매장 매출이 감소하고 수익성이 압박받는 구조적인 어려움에 직면해 있다. 쿠팡, 네이버, 최근에는 알리바바/테무 같은 해외 플랫폼의 공세까지 겹치면서 전통적인 오프라인 유통업의 입지는 점점 좁아지고 있다. 시타델은 이러한 오프라인 유통 산업의 구조적인 쇠퇴가 해당 기업들의 주가 하락으로 이어질 것이라고 판단한다.

- **롱/숏 조합의 의미** - 시타델은 아마존이 한국 대형 마트보다 상대적으로 훨씬

빠르게 성장하거나 덜 하락할 것이라는 분석에 기반하여 이 포지션을 취한다. 시장 전체가 상승하면 아마존이 더 크게 오르고 대형 마트는 적게 오르거나 하락하여 이익을 얻는다. 시장 전체가 하락하면 아마존은 적게 하락하고 대형 마트는 크게 하락하여 이익을 얻는다. 두 자산 간의 '상대적인 성과 차이'에서 수익을 극대화하는 것이다.

하지만 이 전략은 위험하다. 예상과 다르게 움직이면 양쪽 다 손실 볼 수 있다. 아마존 하락과 대형 마트 상승이 동시에 일어나면 양쪽에서 손실이 발생한다. 특히 매도(숏) 포지션은 주가 상승에는 한계가 없어 손실이 무제한으로 커질 수 있어 위험 관리가 매우 중요하다.

이러한 이유로 롱/숏 전략은 일반 투자자에게 매우 어렵다. 정확한 상대 강/약을 가려내는 분석 능력, 무한 손실 위험 관리 능력, 잦은 거래에 따른 비용, 복잡한 포지션 관리, 그리고 시장의 예상과 다르게 움직일 때 감정을 통제하는 심리까지 요구하기 때문이다.

반면 시타델과 같은 대형 헤지펀드는 수많은 전문가, 최첨단 시스템, 거대한 자본력, 정교한 리스크 관리 시스템을 통해 수백, 수천 개의 롱/숏 포지션을 동시에 운용한다. 이는 정교한 분석과 기술력이 뒷받침될 때 가능한 고난도 전략이다.

아마존 투자를 통해 배우는 켄 그리핀의 교훈

켄 그리핀의 아마존 투자 사례는 복잡한 대형 펀드의 운용 방식과 현대 금융 시장의 특성에 대한 중요한 교훈을 준다.

1. 다중 전략의 힘 - 대형 펀드는 단일 투자 철학이나 전략이 아닌

다양한 전략 포트폴리오를 통해 운용된다. 개별 종목 투자는 이러한 다양한 전략 중 하나의 결과일 수 있다. 여러 전략을 동시에 운용하면 시장 상황에 유연하게 대응할 수 있다.

2. **퀀트 전략의 중요성** - 대규모 퀀트 전략은 시장의 미세한 비효율성을 데이터로 포착해 수익을 만드는 방법이다. 방대한 데이터에서 패턴을 찾는 알고리즘 능력이 핵심 경쟁력이다.

3. **중앙 집중식 리스크 관리의 필요성** - 엄격한 중앙 집중식 리스크 관리는 복잡하고 다양한 전략을 운용하는 대형 펀드에게 필수적이다. 개별 거래의 위험만큼 전체 포트폴리오의 위험을 통제하는 것이 중요하다. 수익만큼 리스크 관리가 성패를 좌우한다.

4. **유동성과 복잡성의 가치** - 유동성이 풍부하고 분석 가능한 대형 우량주는 다양한 투자 전략퀀트, 이벤트, 롱숏 등을 적용하기에 이상적인 대상이 된다. 기업 규모와 복잡성이 오히려 다양한 투자 아이디어를 제공할 수 있다. 수많은 분석가와 알고리즘이 집중할수록 더 많은 기회가 생긴다.

5. **기술 인프라의 중요성** - 시장 인프라의 기술력이 투자 성과를 좌우한다. 시타델 같은 펀드는 수천분의 1초 단위의 속도와 최첨단 알고리즘으로 시장의 미세한 기회를 잡아낸다. 이런 전략이 통하려면 거래소와 시장 시스템 자체가 기술적으로 뒷받침되어야 한다. 결국 기술력이 곧 경쟁력이다.

 **현대 시장에서 켄 그리핀의 관심 영역**

켄 그리핀의 투자 철학과 접근 방식을 현대 시장에 적용한다면 다음과 같은 포트폴리오 구성을 고려할 수 있다.

● 유동성이 풍부하고 다중 전략 운용이 가능한 메가캡 (60%)

- Amazon^{AMZN} – 전자상거래, 클라우드, 광고 등 복합 비즈니스, 높은 거래량
- Microsoft^{MSFT} – 다양한 사업 포트폴리오 + 퀀트·롱숏·이벤트 트레이딩 모두 가능
- Apple^{AAPL} – 시장 대표성, 고빈도 거래^{HFT} 적합성
- NVIDIA^{NVDA} – AI 반도체 리더, 변동성이 높아 다양한 전략 적용 가능

● 시장 대표성과 거래량 높은 테크/소비재 (20%)

- SPDR S&P 500 ETF Trust^{SPY} – 퀀트·거시·이벤트 전략이 모두 작동하는 시장 대표 ETF

● 글로벌 금융 섹터 리더 (20%)

- JPMorgan Chas^{JPM} – 거시·이벤트·롱숏 전략 모두 적용 가능한 글로벌 금융 리더

켄 그리핀의 현대적 포트폴리오 접근법은 "유동성과 복잡성을 갖춘 메가캡 자산을 중심으로 다양한 전략을 병렬적으로 작동시킨다"고 요약할 수 있다.

투 시그마 Two Sigma 와
서비스나우 ServiceNow, NOW

**데이터에서 패턴을
캐내는 과학적 투자**

투 시그마는 존 오버덱John Overdeck과 데이비드 시겔David Siegel이 2001년 설립한 미국의 선도적인 퀀트 투자 및 기술 회사이다. 이들은 월스트리트의 전통적인 투자 방식을 넘어 데이터 과학, 머신러닝, 분산 컴퓨팅 기술을 활용하여 금융 시장의 복잡성을 분석하고 투자 결정을 내린다.

투 시그마는 스스로를 금융 회사가 아닌 '과학 회사' 또는 '기술 회사'로 여기며 투자 행위를 데이터와 알고리즘을 통해 해결해야 할 과학적 문제로 접근한다. 수학, 컴퓨터 과학, 물리학 등 다양한 분야의 과학자 및 엔지니어들을 대거 채용하여 금융 시장의 비효율성을 포착하는 정교한 투자 모델을 개발하고 운용한다. 그들의 투자 전략은 극도로 복잡하고 데이터 집약적이며 자동화되어 있다.

투 시그마의 투자 철학

투 시그마의 투자 철학은 '세상에 존재하는 모든 데이터에서 투자에 유용한 신호를 찾아내고, 이를 바탕으로 확률론적인 우위를 확보하여 반복적으로 이익을 창출하는 것'에 집중한다. 인간의 직관이나 감정에 의존하기보다 데이터가 말해주는 객관적인 사실을 따른다.

- **데이터 중심 접근** - 전통적인 금융 시장 데이터뿐만 아니라 위성 이미지, 신용카드 거래 기록, 소셜 미디어 트렌드 등 상상할 수 있는 거의 모든 다양한 데이터 소스를 수집하고 분석한다. 이러한 '대안 데이터Alternative Data' 속에서 투자 기회를 찾는다.
- **머신러닝 및 AI 모델** - 수집된 방대한 데이터에서 패턴을 식별하고 미래 가격 변동을 예측하기 위해 최첨단 머신러닝, 인공지능, 통계 모델을 사용한다. 모델이 스스로 학습하고 개선되기도 한다.
- **체계적 투자** - 투자 아이디어 도출부터 분석, 실행, 위험 관리까지 전 과정이 알고리즘과 시스템에 의해 자동화되고 체계적으로 이루어진다. 인간의 개입은 주로 모델 개발 및 관리에 집중된다.

- **리스크 관리의 과학화** - 포트폴리오의 위험 또한 확률론적인 모델을 사용하여 정량적으로 측정하고 관리한다. 다양한 자산 및 전략에서 발생하는 위험을 과학적으로 분석하고 통제한다.
- **협업과 기술 인프라** - 데이터 과학자, 연구원, 엔지니어들이 긴밀하게 협력하며 투자 전략을 실행하기 위한 강력하고 빠른 기술 인프라고성능 컴퓨팅, 통신망 등를 구축하고 운영한다.

서비스나우ServiceNow, 데이터 과학이 만난 기업용 소프트웨어

서비스나우는 기업들이 서비스 관리, 운영 관리, 업무 프로세스 자동화 등 디지털 워크플로우를 효율적으로 관리할 수 있도록 돕는 클라우드 기반 소프트웨어 기업이다. IT 서비스 관리 분야에서 강력한 위치를 차지하고 있으며, 인사, 고객 서비스 등 다른 기업 기능으로도 영역을 확장하고 있다. 대형 기업 고객을 대상으로 구독형 서비스를 제공하며 꾸준하고 높은 성장률을 기록해온 성공적인 엔터프라이즈 소프트웨어 기업이다. 시장 가치가 크고 주식 거래량도 상당하여 기관 투자자들에게 중요한 투자 대상이다.

투 시그마가 운용하는 일부 펀드공개 의무가 있는 펀드의 13F 공시를 보면 서비스나우 주식을 상당 규모 보유했던 기록을 확인할 수 있다. 하지만 이 투자는 서비스나우의 기술력이나 시장 경쟁력을 분석한 인간 판단의 결과가 아니었다. 순수하게 투 시그마의 데이터 과학 모델이 서비스나우 주식과 관련된 데이터를 분석한 결과 내린

결정이었다.

왜 서비스나우였나? 투 시그마의 투자 논리

투 시그마가 서비스나우NOW를 그의 대표적인 투자 종목 중 하나로 삼은 배경에는 서비스나우가 가진 특정 데이터와 시장에서의 특성이 투 시그마의 데이터 과학 모델이 거래 기회를 포착하기에 적합했기 때문이다. 이는 서비스나우라는 기업 자체의 '스토리'보다는 퀀트 방법론의 '실행 대상'으로서의 의미가 크다.

- **퀀트 모델 분석을 위한 데이터 입력값** - 서비스나우 주식의 가격, 거래량, 변동성, 시장 전반의 움직임과의 상관관계, 관련 뉴스에 대한 시장 반응 등 다양한 데이터가 투 시그마 모델의 입력값으로 활용된다. 투 시그마 모델은 이러한 데이터 속에서 인간은 인지하기 어려운 통계적인 패턴, 미세한 가격 비효율성 혹은 예측 가능한 확률적 우위를 포착했을 수 있다. 서비스나우는 그 모델의 조건에 부합하여 투자 대상으로 선정된 수많은 자산 중 하나였다.

- **펀더멘털 스토리와 무관한 결정** - 투 시그마 모델은 서비스나우 소프트웨어의 기술력이 얼마나 뛰어난지 또는 기업들의 디지털 전환 트렌드가 얼마나 강력할지를 직접적으로 분석하고 투자하는 것이 아니다. 실제로는 서비스나우의 매출 성장 데

이터, 이익률 데이터, 시장 점유율 데이터, 관련 뉴스에 대한 시장 반응 데이터 등을 '데이터'로서 활용하여 통계적인 신호를 찾아내고 거래 결정을 내린다. 서비스나우의 사업 성공 스토리는 모델이 분석할 '데이터'를 제공했을 뿐이다.

● **유동성이 풍부한 대형 성장주** - 서비스나우는 시장 가치가 크고 주식 거래량이 많은 대형 성장주이다. 투 시그마와 같이 대규모 자금을 운용하고 빠르고 복잡한 거래를 실행하는 퀀트 펀드는 유동성이 풍부한 자산을 선호한다. 서비스나우는 퀀트 모델이 포착한 신호에 따라 대규모 포지션을 빠르게 구축하거나 해소하기에 적합한 특성을 가졌다.

● **퀀트 모델의 '실행 대상'으로서의 의미** - 서비스나우는 투 시그마의 투자 철학, 즉 '데이터 과학 모델이 시장의 비효율성을 찾아낸다'는 방법론이 구체적으로 어떤 기업에 대한 투자로 이어지는지 보여주는 하나의 '실행 대상' 또는 '예시'이다. 그 기업이 어떤 산업에 속해있든, 어떤 기술을 가졌든 관계없이 모델이 시그널을 보내고 유동성이 충분하다면 투자하는 것이 퀀트 투자이다. 서비스나우는 이러한 퀀트 모델의 작동 방식을 상징적으로 보여주는 기업이 되었다.

 **서비스나우 투자를 통해 배우는 투 시그마의 교훈**

투 시그마의 서비스나우 투자 사례는 데이터 과학 기반 퀀트 투자

세계의 작동 방식과 그 시사점에 대한 깊은 교훈을 준다.

1. **데이터 과학의 힘 -** 데이터 과학과 머신러닝 같은 최첨단 기술이 금융 시장 분석에 강력한 도구가 될 수 있다는 점이다. 인간의 분석 능력을 넘어서는 복잡한 데이터 속에서 패턴을 포착한다.
2. **대안 데이터의 가치 -** 다양한 데이터 소스에서 투자에 유용한 신호를 찾을 수 있다. 전통적인 시장 데이터뿐 아니라 대안 데이터까지 활용하는 시각이 필요하다.
3. **알고리즘 기반 의사결정 -** 투자 결정이 기업의 '스토리'나 '펀더멘털' 분석이 아닌 순수하게 데이터와 알고리즘에 기반할 수 있다는 점이다. 성공적인 투자는 다양한 방법론을 통해 달성될 수 있음을 보여준다.
4. **유동성의 중요성 -** 유동성이 풍부한 대형 우량 기업은 퀀트 모델이 전략을 실행하기에 적합한 '대상'이 된다. 규모와 거래량이 많은 기업은 퀀트 전략의 주요 활동 무대이다.
5. **방법론 중심의 시각 -** 개별 종목은 퀀트 투자자의 '방법론'을 보여주는 '예시'일 뿐이라는 점을 이해해야 한다. 퀀트 투자자를 이해하려면 그가 어떤 기업을 가졌는지가 아니라 그가 어떤 데이터와 모델로 투자하는지를 파악해야 한다.

현대 시장에서 투 시그마의 관심 영역

투 시그마의 투자 철학과 접근 방식을 현대 시장에 적용한다면 다음과 같은 포트폴리오 구성을 고려할 수 있다.

● **데이터 패턴이 잘 포착되는 대형 성장주 (40%)**
- ServiceNow^{NOW} – 디지털 전환 수혜주, 안정적 반복 매출, 높은 유동성
- Salesforce^{CRM} – 방대한 데이터 포인트, 예측 가능한 구독 기반 수익

● **대안 데이터 활용이 쉬운 글로벌 브랜드 (30%)**
- Uber Technologies^{UBER} – 이동, 배달, 결제 등 실시간 데이터 흐름 분석 가능
- Airbnb^{ABNB} – 글로벌 여행 트렌드 데이터 분석에 최적화

● **대규모 유동성 + 퀀트 친화형 빅테크 (30%)**
- Microsoft^{MSFT} – SaaS, AI, 클라우드 등 방대한 데이터 생성 주체
- Alphabet^{GOOGL} – 검색, 광고, 유튜브 등 다양한 트래픽/심리 데이터 제공

투 시그마의 현대적 투자 접근법은 "데이터가 풍부하고 유동성이 높은 대형 성장주 중심으로 퀀트 모델이 포착하는 패턴에 베팅한다"고 요약할 수 있다.

마크 미너비니 Mark Minervini 와
슈퍼 마이크로 컴퓨터

Super Micro Computer, SMCI

**강한 상승 동력을
포착하는 모멘텀 투자자**

마크 미너비니는 미국의 유명한 주식 트레이더이자 투자 교육가이다. 여러 차례 미국 투자 챔피언십 대회에서 경이로운 수익률로 우승하며 실력을 입증했으며 그의 저서들은 전 세계 많은 트레이더들에게 영감을 주고 있다. 미너비니는 기업의 내재가치 분석보다는 주가 움직임, 거래량, 차트 패턴 등 시장 가격 데이터 분석에 기반하여 투자 결정을 내리는 기술적 분석과 모멘텀 투자의 대가이다.

특히 강력한 상승 추세를 보이는 '주도주'를 조기에 포착하여 추세가 유지되는 동안 보유하며 수익을 극대화하는 SEPA®Specific Entry Point Analysis 전략으로 유명하다.

 **마크 미너비니의 투자 철학**

마크 미너비니의 투자 철학은 시장 추세 분석과 강력한 주도주 발굴에 집중한다. 기술적 신호를 바탕으로 매수하고 엄격한 리스크 관리를 통해 추세를 따라간다. 그는 '추세는 친구'이며 '가장 강한 말에 베팅해야 한다'고 말한다.

- **추세 추종** - 시장 전체 또는 개별 종목이 명확한 상승 추세에 있을 때만 매수 포지션을 취한다. 하락 추세에 있는 종목이나 횡보하는 종목은 피한다. 추세를 거스르는 투자는 위험하다고 본다.

- **기술적 분석 및 차트 패턴** - 주가 차트, 이동 평균선, 거래량 변화 등을 분석하여 특정 '정형화된 패턴'예를 들어 컵앤핸들, 평평한 베이스 등이 완성되고 '상승 돌파Breakout'가 일어나는 시점을 포착한다. 이러한 기술적 신호가 최적의 매수 진입 시점이라고 판단한다.

- **펀더멘털 필터** - 투자 대상 기업 선정 시 꾸준한 매출 및 이익 성장률, 높은 자기자본이익률ROE 등 기본적인 펀더멘털 강점을 확인한다. 하지만 펀더멘털 분석은 어디까지나 투자 후보군을 압축하는 '필터' 역할만 할 뿐, 최종적인 매수 시점 결정은 기술적 분석에 따른다. 즉, '좋은 기업을 차트가 말해줄 때 산다'는 방식이다.

- **주도주 선정** - 해당 시장 사이클에서 가장 강력한 주가 상승 모

멘텀을 보이며 시장 평균 수익률을 훨씬 능가하는 '주도주'에 집중한다. 이러한 종목들이 추세의 힘을 바탕으로 더 큰 상승을 할 것이라고 본다.

- **엄격한 리스크 관리** - 주가 하락 시 손실을 제한하기 위해 모든 포지션에 대해 사전에 정해진 손절매 가격을 설정한다. 이는 추세가 예상과 다르게 움직일 때 대규모 손실을 막는 필수적인 원칙이다. '작은 손실을 자주 감수하더라도 큰 손실을 피하는 것'이 중요하다.

슈퍼 마이크로 컴퓨터 Super Micro Computer, 모멘텀 투자의 교과서

슈퍼 마이크로 컴퓨터SMCI는 서버 및 스토리지 솔루션을 개발하고 제조하는 기업이다. 특히 최근 인공지능 기술 발전으로 인해 AI 학습 및 추론에 필요한 고성능 서버에 대한 수요가 폭발적으로 증가하면서 이 분야의 주요 공급업체인 슈퍼 마이크로 컴퓨터가 큰 수혜를 입었다. 회사의 실적은 가파르게 성장했고, 이는 주가에 반영되어 2023년부터 2024년까지 전례 없는 수준의 가파른 상승세와 높은 변동성을 보였다. 시장의 가장 뜨거운 '주도주' 중 하나로 떠올랐다.

마크 미너비니는 슈퍼 마이크로 컴퓨터가 보여준 주가 흐름과 펀더멘털 성장을 그의 SEPA 전략을 적용하기에 이상적인 종목으로 평가했을 것으로 분석된다. SMCI는 그의 기술적 분석 기준과 주도주 선정 원칙에 완벽하게 부합했다.

 **왜 슈퍼 마이크로 컴퓨터였나? 마크 미너비니의 투자 논리**

마크 미너비니가 슈퍼 마이크로 컴퓨터SMCI를 그의 대표적인 투자 종목 중 하나로 삼은 배경에는 SMCI가 보여준 교과서적인 '강력한 상승 추세'와 '기술적 상승 돌파 패턴' 그리고 이를 뒷받침하는 '강력한 펀더멘털'이라는 세 가지 요소가 있었다.

- **교과서적인 강력한 상승 추세** - SMCI 주가는 2023년부터 2024년에 걸쳐 수직 상승에 가까운 극도로 강한 상승 추세를 보였다. 이동 평균선들이 정배열되고 가파른 상승 각도를 유지하는 등 미너비니가 추구하는 '강한 추세'의 모든 조건을 갖추었다. 그는 이러한 명확한 추세가 확인될 때 매수 진입하여 추세를 따라가는 투자를 한다.
- **기술적 돌파 패턴** - SMCI 주가는 상승 과정에서 특정 가격대에서 잠시 횡보하며 '조정 패턴'을 만들고, 이후 거래량이 증가하며 그 패턴의 상단을 강하게 돌파하는 움직임을 여러 차례 보였다. 이러한 급등 신호는 미너비니의 SEPA 전략에서 가장 중요하게 여기는 매수 진입 신호였다. SMCI는 그의 기술적 분석 기법으로 포착할 수 있는 전형적인 매수 시그널을 여러 번 제공했다.

- **강력한 펀더멘털의 뒷받침** - SMCI의 주가 급등은 단순히 투기적인 움직임이 아니라, AI 서버 수요 폭발로 인한 실적매출, 이익의 경이적인 성장이라는 강력한 펀더멘털 변화에 기반했다. 미너비니는 펀더멘털이 뒷받침되지 않는 기술적 신호는 신뢰하지 않는다. SMCI는 그의 펀더멘털 필터강력한 성장 기업를 통과했고, 이러한 펀더멘털 강점이 주가 추세의 지속 가능성을 높인다고 보았다.

- **시장을 선도하는 '주도주'** - SMCI는 AI 산업의 핵심 수혜주로서 시장 전체 상승률을 훨씬 뛰어넘는 압도적인 상대적 강세를 보이며 시장 상승을 이끌었다. 미너비니는 이러한 시장의 '주도주'에 집중 투자하는 것을 선호한다. SMCI는 해당 사이클에서 가장 강력한 주도주 중 하나였다.

- **엄격한 리스크 관리의 중요성** - SMCI는 가파른 상승만큼이나 변동성도 매우 컸다. 미너비니는 이러한 모멘텀 주식 투자에서 엄격한 손절매가 얼마나 중요한지를 강조한다. 예측과 다른 움직임이 나올 때 손실을 작게 끊어내는 리스크 관리 원칙을 지키며 SMCI와 같은 변동성이 큰 주식을 거래했을 것이다.

슈퍼 마이크로 컴퓨터 투자를 통해 배우는 마크 미너비니의 교훈

마크 미너비니의 슈퍼 마이크로 컴퓨터 투자 사례는 기술적 분석과 모멘텀 투자의 실전 적용 및 그 중요성에 대한 깊은 교훈을 준다.

1. **추세와 가격 움직임의 중요성** - 시장의 '추세'와 '가격 움직임' 자체에 집중하는 것만으로도 투자 기회를 포착할 수 있다. 복잡한 펀더멘털 분석이나 거시 경제 예측 없이도 데이터가격, 거래량 분석을 통해 유의미한 투자 결정을 내릴 수 있다.

2. **기술적 상승 돌파의 신호 포착** - 기술적 '상승 돌파Breakout' 패턴은 강력한 매수 진입 신호가 될 수 있다. 주가가 특정 가격대를 거래량과 함께 강하게 뚫고 나가는 움직임을 포착하는 능력이 중요하다.

3. **펀더멘털과 기술적 분석의 관계** - 펀더멘털은 '필터'일 뿐, 핵심은 기술적 타이밍이다. 좋은 기업이라도 차트가 말해주지 않으면 매수하지 않고, 차트가 말해줄 때 매수하는 것이 중요하다.

4. **주도주 집중 투자** - '주도주'에 집중해야 한다. 해당 시장 사이클에서 가장 강한 상승 모멘텀을 보이는 소수의 종목들이 포트폴리오 수익률을 견인한다.

5. **손절매의 철저한 실행** - 엄격한 '손절매'는 모멘텀 투자에서 생존을 위한 필수 원칙이다. 변동성이 큰 모멘텀 주식 투자에서는 잘못된 예측 시 손실을 빠르게 끊어내는 리스크 관리가 무엇보다 중요하다.

 **현대 시장에서 마크 미너비니의 관심 영역**

마크 미너비니의 투자 철학과 접근 방식을 현대 시장에 적용한다면 다음과 같은 포트폴리오 구성을 고려할 수 있다.

● **강력한 추세를 보이는 주도주 (60%)**
- Super Micro Computer^{SMCI} - AI 서버 수요 폭발, 가파른 주가 상승과 기술적 돌파 패턴
- Nvidia^{NVDA} - AI 반도체 수요 폭발, 꾸준한 기술적 돌파, 강한 상승 추세 유지
- Arista Networks^{ANET} - 데이터센터 인프라 수요 급증, 견고한 펀더멘털 + 상승 추세

● **AI 및 클라우드 기반 신성장 주도주 (40%)**
- C3.ai^{AI} - AI 특화 기업, 고변동성 속 돌파 패턴 가능성
- CrowdStrike^{CRWD} - 사이버보안 성장주, 높은 매출 성장률, 강한 기술적 패턴

마크 미너비니의 현대적 투자 접근법은 "펀더멘털이 강하고 기술적 돌파를 보이는 강력한 주도주에 올라타 추세를 따라 수익을 극대화한다"고 요약할 수 있다.

에드 소프 Ed Thorp 와
퀄컴 Qualcomm, QCOM

★★★★★
★★★★★

카지노에서 월가까지, 수학으로 확률을 지배

에드 소프는 수학자이자 헤지펀드 매니저로서 도박에서 시작하여 금융 시장에 수학적 확률과 통계를 적용한 퀀트 투자 및 시스템 트레이딩의 초기 선구자였다. 블랙잭 카드 카운팅 시스템을 개발하여 카지노를 상대로 승률을 높이는 방법을 과학적으로 증명했고저서 "Beat the Dealer", 이러한 확률적, 수학적 접근 방식을 금융 시장으로 확장했다. 복잡한 금융 상품의 가격 결정 모델예를 들어 옵션 가격 이론 연구에 기여했으며 컴퓨터를 활용한 자동화된 투자 전략을 개발하고 실행한 최초의 인물 중 하나였다. 인간의 직관이나 경제 예측보다는 데이터와 수학적 모델만이 신뢰할 수 있는 투자 결정의 근거라고 믿었다. 그의 연구는 현대 퀀트 금융의 중요한 기반이 되었다.

 ## 에드 소프의 투자 철학

에드 소프의 투자 철학은 '겉보기에는 무질서해 보이는 시장 데이터 속에서 수학적 확률과 통계를 활용하여 예측 가능한 우위를 찾아내고, 이를 시스템적으로 반복 거래하여 이익을 얻는 것'에 집중했다. 그는 시장의 비효율성을 과학적으로 증명하고 이용하려 했다.

- **수학적 우위 탐색** - 수학적 확률 분석을 통해 도박블랙잭, 룰렛이든, 금융 시장이든 시스템 자체에 존재하는 통계적 불균형이나 가격 비효율성을 찾아냈다.
- **금융 상품에 수학 적용** - 옵션, 워런트, 전환사채 등 복잡한 금융 상품의 정확한 가격을 계산하는 모델을 개발하고 모델 가격과 시장 가격 간의 괴리를 이용한 차익 거래 기회를 포착했다.
- **컴퓨터 및 시스템 활용** - 인간의 반응 속도를 넘어서는 기회를 포착하고 감정 개입 없이 일관된 거래를 실행하기 위해 컴퓨터와 자동화 시스템을 사용했다. 시스템 트레이딩의 초기 형태를 구축했다는 평가를 받는다.
- **리스크의 정량화** - 확률과 통계를 사용하여 투자 전략의 잠재적 위험을 정량적으로 측정하고 관리했다.

 퀄컴QCOM, 복잡한 기술 기업과 데이터 분석

퀄컴QCOM은 모바일 AP애플리케이션 프로세서, 통신 모뎀 칩 등 스마트폰의 핵심 부품과 무선 통신 기술5G 등 라이선스 분야에서 세계적인 리더십을 가진 기업이다. 모바일 시장의 성장과 통신 기술 발전에 힘입어 성장해왔으며 최근에는 자동차, 사물 인터넷IoT 등으로 사업 영역을 확장하고 있다. 반도체 설계, 기술 라이선스 등 복잡한 기술과 사업 모델을 가지고 있으며 글로벌 공급망과 시장 트렌드에 민감하게 반응하는 대규모 기술 기업이다. 주가, 거래량, 재무 지표 등 방대한 데이터를 생성하며 투자자들의 다양한 분석 대상이 된다.

에드 소프는 퀄컴이라는 특정 기업의 사업 내용예를 들어 최신 AP 성능, 5G 특허 계약 조건 자체에 대한 전문가로서 투자한 것은 아니었다. 대신 퀄컴은 그가 개척한 '수학적/통계적 분석을 금융 시장에 적용'하는 퀀트 방법론이 대상으로 삼을 수 있는 현대적인 기업 유형을 대표했다.

 왜 퀄컴이었나? 에드 소프의 투자 논리

에드 소프가 퀄컴QCOM을 그의 대표적인 투자 종목엄밀히는 퀀트 분석의 대상으로 삼은 배경에는 퀄컴이 가진 '복잡한 기술 및 사업 모델'과 '풍부한 시장 데이터'가 퀀트 분석의 대상으로서 적합했기 때문이었다.

- **퀀트 모델 분석을 위한 데이터 입력값** - 퀄컴은 기술, 사업, 시장 등 다양한 측면에서 복잡성을 가진다. 주가, 거래량, 재무 지표 등 이 기업과 관련된 방대한 데이터는 퀀트 모델이 분석하고 패턴을 식별하는 중요한 입력값이 되었다. 퀄컴은 퀀트 분석 방법론이 적용될 수 있는 '현대적인 복잡한 기업'의 예시였다.

- **펀더멘털 스토리와 무관한 결정** - 에드 소프의 모델은 퀄컴의 신제품이 얼마나 혁신적인지 또는 시장 점유율이 얼마나 높아질지를 직접적으로 분석하고 투자하는 것이 아니었다. 대신 모델은 실제로 발생하는 퀄컴의 매출 데이터, 이익 데이터, 시장 점유율 변화 데이터, 주가 움직임 데이터 등을 '데이터'로서 활용하여 통계적인 패턴을 찾아내고 거래 결정을 내렸다. 퀄컴의 펀더멘털 변화는 모델이 분석할 '데이터'를 제공했을 뿐이었다.

- **유동성이 풍부한 대형 기술주** - 퀄컴은 시장 가치가 크고 주식 거래량이 많은 대형 기술주였다. 퀀트 모델이 포착한 신호에 따라 대규모 포지션을 빠르게 구축하거나 해소해야 할 때 퀄컴과 같은 유동성이 풍부한 자산은 퀀트 트레이딩의 실행에 적합했다.

- **퀀트 모델의 '잠재적 대상'으로서의 의미** - 퀄컴은 에드 소프가 개척한 퀀트 분석 방법론이 '현실 세계의 어떤 기업'에 적용될 수 있는지를 보여주는 '예시'가 되었다. 퀄컴은 퀀트 투자자들이 관심을 가질 만한, 복잡하고 데이터가 풍부하며 유동성도 갖춘 기술 기업 유형을 대표했다.

 **퀄컴 투자를 통해 배우는 에드 소프의 교훈**

에드 소프의 퀄컴 투자분석 대상으로서 사례는 퀀트 투자의 작동 방식과 대상에 대한 교훈을 준다.

1. **수학적 패턴 발견의 가능성** - 금융 시장의 복잡한 데이터 속에서도 수학적/통계적 분석을 통해 패턴을 찾아낼 수 있다는 점이다. 겉보기에 무질서해 보이는 시장에도 확률적 규칙성이 존재할 수 있다.

2. **복잡한 자산의 분석 기회** - 기술 기업과 같이 복잡하고 데이터가 풍부한 자산은 퀀트 분석의 좋은 대상이 될 수 있다는 것을 보여준다. 복잡성이 오히려 분석 기회를 제공할 수 있다.

3. **데이터 기반 의사결정** - 기업의 사업 내용펀더멘털 자체보다 그 기업이 생성하는 시장 데이터가격, 거래량 등에 집중하여 투자 기회를 찾을 수 있는 방법론이 존재한다. 데이터가 스토리보다 더 객관적인 근거가 될 수 있다.

4. **현대 금융 분석의 기초** - 퀀트 분석 선구자의 연구는 현대 금융 시장 분석의 근간이 되었다는 것을 보여준다. 오늘날 널리 사용되는 많은 분석 기법들이 초기 퀀트 연구자들의 업적에 기반한다.

5. **다양한 데이터 요소의 통합** - 주가에 영향을 미치는 다양한 요소 기술, 시장 트렌드, 금융 상품 등를 데이터화하여 분석하는 것이 퀀트 투자에서 중요하다. 다양한 데이터 소스를 통합적으로 분석할

때 더 강력한 예측이 가능하다.

현대 시장에서 에드 소프의 관심 영역

에드 소프의 투자 철학과 접근 방식을 현대 시장에 적용한다면 다음과 같은 포트폴리오 구성을 고려할 수 있다.

- **복잡한 데이터와 시장 구조를 가진 대형 기술주 (50%)**
  - Qualcomm QCOM – 무선 통신, 반도체 IP, 복잡한 수익 모델
  - Nvidia NVDA – AI 반도체, 고빈도 거래 및 퀀트 모델에 유리한 대규모 데이터

- **복잡한 금융 구조를 가진 기업 또는 상품 (30%)**
  - Blackstone BX – 사모펀드, 대체 자산 운용, 복합적인 수익 구조
  - Goldman Sachs GS – 복잡한 금융 상품과 트레이딩 데이터 축적

- **고빈도 데이터 생성과 상관관계 분석이 가능한 대형 주식 (20%)**
  - Amazon AMZN – 소비 데이터, AWS 클라우드 매출, 복합 트렌드 포착 가능

에드 소프의 현대적 투자 접근법은 "복잡하고 풍부한 데이터를 생성하는 대형 기술/금융주 속에서 수학적 패턴과 통계적 우위를 찾아낸다"고 요약할 수 있다.

CHAPTER 5

애널리스트 및 시장 분석가들

24 | 토니 사코나기와 애플
25 | 아담 조나스와 테슬라
26 | 마크 마하니와 넷플릭스
27 | 리치 그린필드와 월트 디즈니
28 | 댄 아이브스와 엔비디아

토니 사코나기 Toni Sacconaghi 와
애플

★★★★★
★★★★★

기술산업의 재무적 해석자

토니 사코나기는 미국 금융 시장에서 가장 존경받고 영향력 있는 기술 섹터 주식 애널리스트 중 한 명이다. 특히 시가총액이 매우 크고 복잡한 비즈니스 모델을 가진 대형 기술 기업 분석에서 전문성을 인정받았다. 그는 오랜 기간 번스타인 리서치 Bernstein Research에서 기술주 애널리스트로 활동하며 명성을 쌓았으나 2025년 1월 16일 은퇴를 발표했다. 사코나기의 리서치는 엄격하고 깊이 있는 근본적 분석에 기반하며 시장의 컨센서스나 유행에 쉽게 휩쓸리지 않는 독립적인 시각으로 유명하다. 그의 분석 보고서는 기관 투자자들에게 중요한 참고 자료가 된다.

 **토니 사코나기의 투자 철학**

토니 사코나기의 애널리스트로서의 접근 방식은 데이터와 모델에 기반한 철저한 근본적 분석과 객관적인 평가에 집중한다. 기업이 발표하는 숫자 뒤에 숨겨진 의미를 파악하고, 사업 모델이 어떻게 작동하는지를 깊이 이해하는 데 주력한다.

- **데이터 중심의 엄격한 분석** - 기업의 재무제표, 사업 데이터, 산업 통계 등 다양한 데이터를 분석하여 기업의 성과와 가치를 객관적으로 평가한다. 숫자가 제시하는 사실에 기반하여 논리를 전개한다.
- **사업 모델 및 경쟁 환경 이해** - 기업이 속한 산업의 구조, 경쟁 환경 그리고 기업 고유의 사업 모델이 어떻게 수익을 창출하고 경쟁 우위를 유지하는지를 깊이 파고든다. 애플의 생태계처럼 복잡한 사업 모델을 분석하는 데 능숙하다.
- **모델링 및 가치 평가** - 재무 모델을 구축하여 기업의 미래 실적과 현금 흐름을 예측하고, 다양한 가치 평가 방법을 적용하여 주식의 적정 가치를 산출한다. 시장 가격이 적정 가치에 비해 어떻게 평가되고 있는지를 판단한다.
- **독립적이고 때로는 비판적인 시각** - 시장의 낙관론이나 비관론에 휩쓸리지 않고 독립적인 분석 결과를 제시한다. 때로는 대중적인 인기가 높은 기업에 대해서도 냉철하고 비판적인 시각을 유지하며 리스크 요인을 지적하기도 한다.

 ## 애플Apple, 애널리스트의 시선으로 해부하다

애플은 아이폰, 맥, 아이패드, 애플 워치 등 하드웨어 제품과 앱스토어, 애플 뮤직, 아이클라우드 등 서비스 그리고 웨어러블 및 액세서리까지 광범위한 제품 및 서비스 포트폴리오를 가진 세계 최대 기술 기업이다. 수십억 대의 활성 기기 기반과 강력한 브랜드 충성도를 바탕으로 막대한 매출과 이익 그리고 현금 흐름을 창출한다. 시장에서는 애플의 성장성, 혁신 능력 그리고 높은 밸류에이션 적정성 등에 대해 끊임없이 논쟁이 벌어진다.

토니 사코나기는 애널리스트로서 수년간 애플을 집중적으로 분석하고 평가해왔다. 그의 애플 분석은 단순히 분기별 실적 예측을 넘어, 애플이라는 거대 기업의 장기적인 성장 동력, 사업 모델의 지속 가능성 그리고 시장에서의 적정 가치 등에 대한 깊이 있는 통찰을 제공했다. 애플은 그의 애널리스트로서의 전문성을 대표하는 '단 하나의 기업'과 같았다.

 ## 왜 애플이었나? 토니 사코나기의 투자 논리

토니 사코나기가 애플을 자신의 대표적인 분석 대상이자 '하나의 픽'으로 삼은 배경에는 애널리스트로서 그의 분석 역량을 발휘하고 시장에 기여할 수 있는 애플의 기업 특성이 있었다.

- **복잡하지만 분석 가능한 사업 모델** - 애플은 제품 포트폴리오가 다양하고 글로벌 공급망이 복잡하며 서비스 부문과 하드웨어 부문이 얽혀 있어 분석하기 쉬운 기업은 아니다. 하지만 사코나기와 같은 전문 애널리스트에게는 이러한 복잡성이 오히려 분석 역량을 보여주고 차별화된 통찰을 제시할 기회가 된다. 애플의 방대한 데이터와 공개되는 정보들을 파고들어 기업 가치를 정확히 평가하는 과정 자체가 그의 전문성을 입증하는 방식이었다.

- **강력한 생태계와 수익성 분석** - 애플의 가장 강력한 해자는 바로 하드웨어특히 아이폰, 소프트웨어iOS, 서비스App Store가 긴밀하게 연결된 생태계이다. 사코나기는 이러한 생태계가 어떻게 사용자 '락인' 효과를 만들고, 높은 마진율을 가진 서비스 매출 성장을 견인하는지를 면밀히 분석했다. 생태계의 질적, 양적 성장이 애플의 장기 수익성과 가치에 어떤 영향을 미치는지를 분석하는 것은 그의 핵심 역할이었다.

- **성장 동력 및 미래 사업 평가** - 애플이 아이폰 이후에도 지속 가능한 성장을 이어갈 수 있을지는 시장의 큰 관심사이다. 사코나기는 서비스 매출 성장, 웨어러블 부문의 확장 그리고 자동차, AR/VR 등 미래 신규 사업의 잠재력을 분석하여 애플의 장기 성장 동력을 평가했다. 그의 분석은 애플이 여전히 성장 기업인지, 아니면 성숙 단계에 진입했는지에 대한 시장의 논쟁에 중요한 근거를 제공했다.

- **밸류에이션의 적정성 논쟁** - 애플은 꾸준히 높은 밸류에이션을 받아왔다. 사코나기는 그의 분석 모델을 통해 애플의 현재 주가가 기업의 내재 가치나 미래 성장 전망 대비 과연 합리적인 수준인지를 평가했다. 때로는 시장의 낙관론이 과도하다고 판단될 때 보수적인 투자의견을 제시하며 시장의 '과열'에 경고를 보내는 역할도 수행했다. 그의 밸류에이션 분석은 시장 참여자들이 애플 주가의 적정성을 판단하는 데 중요한 기준이 되었다.

- **자본 배분 전략 분석** - 애플은 벌어들이는 막대한 현금을 자사주 매입과 배당을 통해 주주들에게 대규모로 환원한다. 사코나기는 이러한 자본 배분 전략이 주주 가치에 미치는 영향을 분석하고 평가했다. 기업이 벌어들인 이익을 어떻게 사용하는지는 투자자에게 매우 중요하며 애널리스트는 이 부분을 면밀히 살핀다.

**토니 사코나기는 애플을 사랑하지 않는다.
다만, 숫자가 말할 때만 믿는다.**

토니 사코나기는 월스트리트에서 애플 분석의 가장 영향력 있고 때로는 '가장 존경받는 비평가' 중 하나로 꼽힌다. 그는 애플에 대해 항상 긍정적인 전망만 내놓는 것이 아니라, 냉철한 분석과 비판으로 팀 쿡 CEO 체제의 특정 전략적 약점이나 장기적인 과제를 날카롭게 지적해왔다.

사코나기 애널리스트의 분석은 매우 중요하게 다루어진다. 그의 보고서 하나가 월가 투자자들의 수십억 달러 규모 투자 결정에 영향을 미치기 때문이다. 애플의 IR(투자자 홍보) 팀 내부에서는 "사코나기 리포트를 보면 심장박

동이 올라간다"는 농담이 돌 정도라는 일화도 있다. 이는 그의 분석이 기업 내부에서도 얼마나 큰 무게를 가지는지를 보여준다. 그는 애플 주주총회나 미디어 이벤트에서 거의 VIP 대우를 받으며, 팀 쿡 CEO와 개인적으로 면담한 적이 여러 번 있을 정도의 위치에 있다. 애플 내부 주요 간부들이 그의 평가를 신경 쓰는 것은 공공연한 사실이다.

그의 가장 중요한 분석 중 하나는 2020년 팬데믹 직후, 애플이 하드웨어 회사를 넘어 '서비스 플랫폼 기업'으로 변신하고 있다는 통찰이었다. 그는 애플이 아이폰 판매를 넘어 앱 스토어, 구독 서비스, 금융 서비스까지 포괄하는 강력한 생태계 회사라고 평가하며 목표 주가를 대폭 상향 조정했다. 이 분석은 이후 애플 주가가 팬데믹 이후 폭발적으로 상승하는 데 선도적인 인사이트가 되었다.

투자업계에서는 사코나기를 "Mr. Discipline"(원칙주의자 또는 규율 준수자)이라고 부른다. 이는 그가 감정에 흔들리지 않고, 매출, 이익률, 고객 유지율 같은 철저한 숫자 기반의 모델만을 고집하기 때문이다. 애플을 분석할 때도 "좋아 보이더라도, 숫자가 안 맞으면 목표가를 낮춘다"는 원칙을 절대 지킨다. 결론적으로 토니 사코나기는 애플을 감정적으로 '사랑'하기보다는 오직 숫자가 말하는 진실만을 믿고 분석하는 애널리스트이다. 그의 이러한 엄격한 원칙과 날카로운 통찰이 애플 투자 커뮤니티에서 그를 독보적인 위치에 서게 했다.

애플 분석을 통해 배우는 토니 사코나기의 교훈

토니 사코나기의 애플 분석 사례는 특히 대형 기술주 분석과 애널리스트의 역할에 대한 중요한 교훈을 준다.

- **깊이 있는 근본적 분석의 중요성** - 겉모습에 속지 않는 깊이 있는 근본적 분석이 중요하다. 애플의 복잡한 사업 구조와 방대한 데이터를 파고들어 기업의 진정한 가치 창출 요인을 이해하는 노력이 필요하다.
- **사업 모델 핵심 이해** - 사업 모델의 핵심(생태계, 서비스)이 기업의 장기 경쟁력과 수익성을 좌우한다. 하드웨어 판매 숫자뿐 아니라 플랫폼과 서비스의 성장을 함께 분석해야 한다.
- **객관적 밸류에이션 시각** - 밸류에이션에 대한 객관적인 시각을 유지해야 한다. 인기 있는 기업이라도 가격이 가치를 넘어서지는 않았는지 냉철하게 판단하는 균형 감각이 필요하다.
- **독립적 분석의 용기** - 독립적인 분석 결과를 제시하는 용기가 필요하다. 시장의 컨센서스와 다르더라도 자신의 분석에 기반한 소신 있는 의견을 제시하는 것이 전문가의 역할이다.
- **자본 배분 전략 분석** - 자본 배분 전략(자사주 매입, 배당)이 주주 가치에 미치는 영향을 이해해야 한다. 기업이 벌어들인 돈을 어떻게 사용하는지가 장기 투자 성과에 중요하다.

 **현대 시장에서 토니 사코나기의 관심 영역**

토니 사코나기의 투자 철학과 접근 방식을 현대 시장에 적용한다면 다음과 같은 포트폴리오 구성을 고려할 수 있다.

● 복잡한 생태계를 가진 대형 기술 기업 (50%)

- Apple^{AAPL} – 하드웨어, 소프트웨어, 서비스가 결합된 복잡한 생태계
- Microsoft^{MSFT} – 클라우드, 엔터프라이즈, 소비자 시장에 걸친 다양한 제품 라인

● 첨단 기술 및 반도체 기업 (30%)

- Nvidia^{NVDA} – AI 인프라, 게임, 데이터센터 등 복합적 사업 모델
- Broadcom^{AVGO} – 반도체, 소프트웨어 결합 비즈니스 모델, 공격적 M&A 전략

● 글로벌 플랫폼 기업 (20%)

- Amazon^{AMZN} – 이커머스, 클라우드, 광고, 구독 서비스의 복합적 모델
- Alphabet^{GOOGL} – 검색, 광고, 클라우드, 기타 베팅에 걸친 다양한 수익 모델

토니 사코나기의 현대적 분석 접근법은 "복잡한 사업 모델과 다양한 수익원을 가진 대형 기술 기업들을 데이터 중심의 엄격한 분석을 통해 객관적으로 평가한다"고 요약할 수 있다.

아담 조나스 Adam Jonas 와 테슬라 Tesla, TSLA

미래를 해석하는 자동차 산업의 선지자

아담 조나스는 모건스탠리 Morgan Stanley 소속의 세계적인 자동차 산업 주식 애널리스트이다. 그는 전통적인 자동차 회사들 포드, GM 등과 함께 전기차 EV 기업들을 심층적으로 분석하며 자동차 산업의 미래와 기술 변화가 시장에 미치는 영향에 대한 통찰력 있는 리서치를 제공한다. 조나스의 분석은 단기적인 판매량 예측을 넘어 장기적인 산업 트렌드, 기술 혁신 그리고 새로운 비즈니스 모델이 자동차 및 운송 산업을 어떻게 재편할지에 대한 거시적인 시각을 담고 있다. 그의 테슬라에 대한 분석과 투자의견은 시장에서 큰 주목을 받으며 영향력을 행사한다.

 **아담 조나스의 투자 철학**

아담 조나스의 애널리스트로서의 접근 방식은 산업의 근본적인 변화와 기술 혁신의 파급력에 대한 깊은 이해를 바탕으로 한다. 현재 시장 상황 분석과 더불어 수십 년 후 산업의 모습을 예측하려 노력한다.

- **산업 변혁 분석** - 내연기관차에서 전기차로의 전환, 사람이 운전하는 자동차에서 자율주행차로의 변화 등 자동차 산업 전반에 걸친 근본적인 기술 및 시장 변혁을 분석한다.
- **기존 기업 vs 파괴적 기업 비교** - 포드, GM과 같은 기존 자동차 회사들이 새로운 기술 변혁에 얼마나 잘 대응하고 있는지를 평가하고, 테슬라와 같은 새로운 파괴적 기업들과 기술력, 사업 모델, 제조 역량 등을 비교 분석한다.
- **장기 트렌드 예측** - 인구 변화, 환경 규제 강화, 도시화 등 자동차 및 운송 산업의 미래를 형성할 장기적인 사회적, 기술적, 규제적 트렌드를 예측하고 투자에 반영한다.
- **변혁기 기업 가치 평가** - 급변하는 산업 환경에서 기업의 현재 가치와 미래 성장 잠재력을 평가하는 모델을 적용한다. 폭발적인 성장 가능성과 함께 실행 리스크, 경쟁 심화 등을 함께 고려한다.

 **테슬라Tesla, 자동차 산업의 판을 바꾸다**

테슬라는 일론 머스크가 이끄는 세계 최대 전기차 기업일 뿐만 아니라 배터리 기술, 에너지 저장 솔루션, 태양광 발전 그리고 자율주행 인공지능 등 광범위한 기술 영역을 포괄하는 기업이다. 설계부터 판매, 충전 인프라까지 수직 계열화된 독특한 모델을 가지고 있으며 전통적인 자동차 회사들과는 차별화되는 기술 회사로서의 정체성을 가지고 있다. 자동차 산업의 전동화 및 자율주행이라는 두 가지 큰 흐름을 주도하며 시장의 주목을 받고 있다.

아담 조나스는 자동차 산업 애널리스트로서 수년간 테슬라를 집중적으로 분석하고 평가해왔다. 그의 테슬라 분석은 단순히 분기별 판매량 예측을 넘어 테슬라가 자동차 산업과 에너지 산업의 미래에 어떤 영향을 미칠지 그리고 왜 전통적인 자동차 회사와는 다른 방식으로 평가되어야 하는지에 대한 깊이 있는 통찰을 제공했다. 테슬라는 그의 자동차 산업 변혁 분석 역량을 대표하는 '단 하나의 기업'과 같았다.

 **왜 테슬라였나? 아담 조나스의 투자 논리**

아담 조나스가 테슬라를 자신의 대표적인 분석 대상이자 '하나의 픽'으로 삼은 배경에는 자동차 산업 애널리스트로서 그의 분석 역량을 발휘하고 시장에 기여할 수 있는 테슬라의 독특한 기업 특성

이 있었다.

- **산업 변혁의 상징이자 벤치마크** - 테슬라는 자동차 산업이 직면한 전동화, 자율주행화라는 두 가지 가장 큰 변혁의 상징이다. 테슬라의 등장과 성공은 기존 자동차 회사들에게 강력한 경각심을 불러일으켰고, 전기차 개발 경쟁을 촉발시켰다. 아담 조나스와 같은 자동차 산업 애널리스트에게 테슬라를 분석하는 것은 곧 자동차 산업 전체의 미래를 분석하는 것과 같다. 테슬라를 통해 기존 자동차 회사들의 전기차 전환 전략, 기술 수준, 시장 대응 능력을 평가하는 벤치마크로 활용했다.

- **기술 회사로서의 차별성** - 아담 조나스는 테슬라를 포드, GM, 폭스바겐 등 전통적인 자동차 회사들과는 근본적으로 다른 '기술 회사'로 평가했다. 단순히 전기차를 잘 만드는 회사를 넘어, 배터리 기술, 소프트웨어 역량자율주행 AI 그리고 데이터 활용 능력에서 경쟁사 대비 앞서 있으며 이러한 기술력이 장기적인 성과를 좌우할 것이라고 보았다. 이는 전통적인 자동차 회사의 가치 평가 방식으로는 테슬라를 제대로 이해할 수 없다는 그의 관점을 보여준다.

- **제조 역량 및 스케일업 분석** - 자동차 산업의 핵심은 대량 생산 능력이다. 아담 조나스는 테슬라의 제조 역량과 생산량 확대스케일업 과정을 면밀히 분석했다. 기가팩토리 건설, 생산 공정 혁신 등 테슬라가 얼마나 빠르게 그리고 효율적으로 생산량을 늘려가는지는 기존 자동차 회사들의 생산 능력과 비교하며 테

슬라의 경쟁력을 평가하는 중요한 요소였다.

- **파괴적 밸류에이션 논쟁** - 테슬라의 시가총액은 오랫동안 판매량이나 이익 측면에서 훨씬 앞서는 기존 자동차 회사들을 능가했다. 아담 조나스는 이러한 파괴적인 밸류에이션 격차가 어디에서 오는지 그리고 그것이 정당한지에 대해 분석했다. 그는 테슬라의 높은 밸류에이션이 현재의 자동차 판매량보다는 미래의 에너지 사업, 자율주행 서비스 그리고 소프트웨어 수익 등 잠재적 성장 가능성에 대한 시장의 기대를 반영한다고 설명하며 밸류에이션 논쟁에 참여했다.
- **경쟁 환경 분석** - 기존 자동차 회사들의 전기차 출시, 새로운 전기차 스타트업들의 등장 등 경쟁 환경의 변화가 테슬라의 시장 지위와 수익성에 어떤 영향을 미칠지를 분석했다. 경쟁 심화 속에서 테슬라의 기술적 우위와 브랜드 파워가 얼마나 유지될지를 평가하는 것은 그의 역할이었다.

TIP 아담 조나스는 테슬라의 현실보다 꿈을 먼저 읽은 사람이다.

아담 조나스는 모건스탠리 소속의 세계적인 자동차 산업 주식 애널리스트이자, 테슬라에 대한 선구적인 분석으로 금융 시장에서 독보적인 위치를 차지한 인물이다. 그는 단지 자동차 판매량만 보는 애널리스트가 아니었다.

조나스 애널리스트는 남들이 테슬라를 단순한 전기차 스타트업으로 보고 회의적인 시각을 보였던 2011년부터, "이 회사는 자동차 산업의 애플이 될 것이다"라고 주장했다. 당시 월가에서는 "테슬라는 망한다"는 의견이 압도적이었는데, 조나스는 이러한 주류 의견과 반대로 소수 의견을 내고 테슬라에

'강력 매수(Strong Buy)' 투자의견을 냈다. 이 때문에 그는 "테슬라 신자(Tesla Believer)"라는 별명을 얻었다.

그의 선견지명은 주가 목표치 제시에서도 나타났다. 2015년, 조나스는 테슬라의 목표 주가를 611달러(분할 전 기준)로 제시했다. 이는 당시 주가 대비 거의 3배 가까운 가격이었고, 시장에서는 "너무 비현실적이다", "또라이 아니냐"는 조롱까지 받았다. 그러나 몇 년 뒤 테슬라 주가는 실제로 그의 목표가를 훌쩍 뛰어넘어 초대형 기업이 되었다. 이 사건 이후 아담 조나스는 월가에서도 "미래를 먼저 본 남자" 취급을 받게 되었다.

그의 미래 지향적인 분석은 여기서 멈추지 않았다. 2016년 무렵에는 다소 황당하게 들릴 수 있는 리포트를 내기도 했다. 그는 테슬라가 언젠가는 우주 운송, 하이퍼루프(초고속 지하 교통) 사업까지 확장할 수 있다는 가설을 제시했다. 당시에는 너무 앞선 이야기처럼 들렸지만, 나중에 일론 머스크가 실제로 하이퍼루프(보링 컴퍼니)와 우주 사업(스페이스X)을 추진하면서 조나스의 선견지명이 다시 재조명되었다.

조나스 애널리스트는 기본적으로 테슬라의 잠재력을 높게 평가하지만, 무조건적인 찬양만 하지는 않는다. 그는 때때로 자율주행 완성 지연, 마진 압박, 사이버트럭 출시에 대한 회의적 전망 등을 꼬집으며 "테슬라는 성장 스토리가 맞지만, 현실적인 리스크도 봐야 한다"고 경고한다. 그래서 월가에서는 조나스를 맹목적인 "테슬라 팬보이"가 아니라 '혜안 있는 비판자'로 부른다.

그는 투자 리포트에 딱딱한 수학 모델보다 미래에 대한 스토리텔링을 더 잘 담는 인물로 유명하다. 숫자만 보는 것이 아니라, '10년 후 세상을 상상'하며 기업의 잠재력을 평가하는 스타일이다.

 **테슬라 분석을 통해 배우는 아담 조나스의 교훈**

아담 조나스의 테슬라 분석 사례는 특히 전통 산업 내에서 발생하는

파괴적 혁신과 새로운 유형의 기업 분석에 대한 중요한 교훈을 준다.

1. **산업 변혁의 선구적 분석** - 산업의 근본적인 변혁을 놓치지 않는 시각이 중요하다. 기존 산업의 익숙한 틀에 갇히지 않고 새로운 기술과 비즈니스 모델이 어떻게 산업 전체를 바꿀지를 예측해야 한다.

2. **기존 기업과 파괴자 비교 분석** - 기존 플레이어와 새로운 파괴자를 비교 분석하는 능력이 필요하다. 레거시 기업들이 새로운 기술에 어떻게 대응하는지 그리고 신규 기업들이 어떤 차별점을 가지고 시장을 공략하는지를 평가해야 한다.

3. **산업 분류를 넘어선 평가** - 기업을 전통적인 산업 분류예를 들어 자동차 회사로만 보지 않고, 기술 회사로서의 잠재력을 함께 평가해야 한다. 소프트웨어, AI, 에너지 등 새로운 기술이 기업 가치에 미치는 영향을 이해하는 것이 중요하다.

4. **혁신 기업 밸류에이션 접근법** - 변혁기 기업의 밸류에이션은 전통적인 방식과 다를 수 있다. 현재 실적보다 미래 성장 가능성과 파괴력을 평가하는 새로운 관점이 필요하다.

5. **제조 역량과 스케일업의 중요성** - 제조 역량과 스케일업은 여전히 중요하다. 아이디어와 기술 외에 대량 생산 및 효율적인 공급망 구축 능력 또한 성공의 핵심 요소이다.

 ## 현대 시장에서 아담 조나스의 관심 영역

아담 조나스의 투자 철학과 접근 방식을 현대 시장에 적용한다면 다음과 같은 포트폴리오 구성을 고려할 수 있다.

● **전기차 및 자율주행 선도 기업 (50%)**
- Tesla^{TSLA} – 전기차, 자율주행, 에너지 저장의 선두주자
- Rivian^{RIVN} – 픽업 및 SUV 전기차 플랫폼의 유망주
- Lucid Motors^{LCID} – 고급 전기차 시장 진출 기업

● **기존 자동차 회사의 전환 (30%)**
- General Motors^{GM} – 전기차 전환 및 자율주행 기술 투자
- Ford^{F} – F-150 라이트닝 등 인기 모델의 전기화 전략

● **미래 모빌리티 인프라 (20%)**
- ChargePoint^{CHPT} – 전기차 충전 인프라 구축 기업
- Uber^{UBER} – 라이드셰어링에서 자율주행 서비스로의 발전 가능성

아담 조나스의 현대적 분석 접근법은 "자동차 산업의 친환경화와 자율주행 전환을 주도하는 기업들의 장기적 성장 잠재력을 평가하고, 산업의 근본적 변화 속에서 승자를 예측한다"고 요약할 수 있다.

마크 마하니 Mark Mahaney 와
넷플릭스 Netflix, NFLX

★★★★★
★★★★★

디지털 소비 흐름을 읽는
기술 투자 리더

마크 마하니는 에버코어ISI Evercore ISI 소속의 세계적인 인터넷 및 기술 섹터 주식 애널리스트이다. 특히 온라인 광고, 전자상거래, 디지털 미디어, 구독 서비스 등 인터넷 비즈니스 모델에 대한 깊이 있는 이해를 바탕으로 관련 기업들을 분석하는 전문가로 정평이 나 있다. 그의 리서치는 시장 트렌드 변화와 소비자 행동 패턴 분석을 통해 기업의 성장 전망과 가치를 평가하는 데 집중한다. 그의 투자 의견과 분석 보고서는 해당 산업에 투자하는 기관 투자자들에게 중요한 참고 자료가 된다.

마크 마하니의 투자 철학

마크 마하니의 애널리스트로서의 접근 방식은 데이터와 사용자/시장 트렌드 분석을 통한 인터넷 비즈니스 모델 평가에 집중한다. 그는 기술 변화가 소비자 행동과 비즈니스 모델에 미치는 영향을 파악하고 이러한 변화가 기업의 재무 성과에 어떻게 연결되는지를 분석한다.

- **인터넷 비즈니스 모델 분석** - 온라인 광고, 전자상거래, 구독 서비스, 플랫폼 비즈니스 등 다양한 인터넷 기반 사업 모델의 작동 방식, 수익원, 비용 구조, 성장 동력을 깊이 이해하고 분석한다.
- **소비자 행동 및 시장 트렌드** - 인터넷 사용자들의 콘텐츠 소비 패턴, 구매 행동 변화, 새로운 서비스 채택률 등 소비자 행동 변화와 거시적인 시장 트렌드가 인터넷 기업에 미치는 영향을 분석한다.
- **경쟁 환경 평가** - 인터넷 산업 내 기업 간 경쟁 구도, 새로운 경쟁자의 등장, 기술 변화에 따른 경쟁 환경 재편 등을 분석하여 기업의 시장 지위와 경쟁 우위 지속 가능성을 평가한다.
- **데이터 기반 모델링** - 사용자 지표(이용자 수, 이용 시간 등), 트래픽 데이터, 거래 데이터 등 다양한 데이터를 활용하여 기업의 재무 모델을 구축하고 미래 성장 및 수익성을 예측한다.

● **밸류에이션 적용** - 빠르게 변화하는 인터넷 기업의 특성에 맞는 밸류에이션 방법을 적용하여 주식의 적정 가치를 산출하고 투자의견을 제시한다.

넷플릭스Netflix, 구독 경제 시대를 열다

넷플릭스는 인터넷을 통해 영화, TV 프로그램 등 영상 콘텐츠를 제공하는 세계 최대의 구독 기반 스트리밍 서비스SVOD 기업이다. 방대한 오리지널 콘텐츠 제작 투자와 글로벌 서비스 확장을 통해 전통적인 미디어 소비 방식을 혁신했다. 월정액 기반의 구독 모델로 안정적인 매출을 확보하지만 콘텐츠 제작 비용 증가, 경쟁 심화, 사용자 성장 둔화 등의 도전에 직면하며 끊임없이 변화를 추구한다. 시장에서는 넷플릭스의 사용자 증가 추세, 수익성 개선 가능성, 콘텐츠 전략의 성공 여부 등에 대해 높은 관심을 가지고 있다.

마크 마하니는 인터넷 서비스 애널리스트로서 수년간 넷플릭스를 집중적으로 분석하고 평가해왔다. 그의 넷플릭스 분석은 단순한 실적 예측을 넘어 구독 경제 모델의 지속 가능성, 콘텐츠 투자의 효율성, 글로벌 경쟁 환경 변화 등이 넷플릭스의 장기적인 성장과 가치에 미치는 영향에 대한 깊이 있는 통찰을 제공했다. 넷플릭스는 그의 인터넷 미디어 분석 역량을 대표하는 '단 하나의 기업'과 같았다.

 **왜 넷플릭스였나? 마크 마하니의 투자 논리**

마크 마하니가 넷플릭스를 자신의 대표적인 분석 대상이자 '하나의 픽'으로 삼은 배경에는 인터넷 비즈니스, 특히 구독 모델에 대한 그의 전문성을 발휘할 수 있는 넷플릭스의 기업 특성이 있었다.

- **구독 모델의 작동 방식 및 지속 가능성 분석** - 넷플릭스는 성공적인 구독 모델을 통해 안정적인 반복 매출을 창출한다. 마하니는 이러한 구독 모델의 핵심 지표가입자 수, 해지율, 평균 수익 등를 분석하고 콘텐츠 투자, 가격 인상, 광고 도입 등이 가입자 성장 및 수익성에 어떤 영향을 미치는지를 평가했다. 구독 경제 모델의 장점과 한계를 분석하는 것은 그의 핵심 역할이었다.

- **콘텐츠 투자의 효율성 및 영향 분석** - 넷플릭스는 매년 수십억 달러를 콘텐츠 제작에 투자한다. 마하니는 이러한 막대한 콘텐츠 투자가 새로운 가입자 확보와 기존 가입자 유지에 얼마나 효율적인지 그리고 콘텐츠가 만들어내는 화제성이나 브랜드 가치가 무엇인지를 분석했다. '어떤 콘텐츠에 투자하고 그 성과를 어떻게 측정하는가'는 스트리밍 기업 분석의 중요한 부분이었다.

- **스트리밍 시장 경쟁 환경 해부** - 넷플릭스는 디즈니플러스, 아마존 프라임 비디오, HBO Max 등 수많은 경쟁자들과 치열한 경쟁을 벌인다. 마하니는 이러한 경쟁 구도가 넷플릭스의 가입자 성장, 가격 결정력, 콘텐츠 투자 전략에 미치는 영향을 분

석했다. 경쟁 심화 속에서 넷플릭스의 시장 지배력이 얼마나 유지될지를 평가하는 것은 그의 중요한 분석 영역이었다.

● **글로벌 시장 확장 및 현지화 분석** - 넷플릭스의 성장은 글로벌 확장에 크게 의존한다. 마하니는 각 국가별 시장 특성, 현지 콘텐츠 전략, 규제 환경 등이 가입자 성장과 수익성에 어떤 영향을 미치는지를 분석했다. 이러한 분석은 글로벌 인터넷 서비스의 현지화 전략을 평가하는 그의 역량을 보여주었다.

● **수익성 개선 및 새로운 수익원 분석** - 과거 넷플릭스는 성장을 위해 수익성을 희생하기도 했지만 최근에는 수익성 개선과 광고 기반 요금제 도입 등 새로운 수익원 모색에 나서고 있다. 마하니는 이러한 수익성 중심의 전략 변화가 기업 가치에 미치는 영향을 분석했다.

마크 마하니는 넷플릭스를 시대를 바꿀 기업으로 처음부터 꿰뚫어봤다.

마크 마하니는 에버코어ISI 소속의 인터넷 기업 분석 전문가이자, 넷플릭스의 가장 오래된 애널리스트 중 한 명이다. 그는 넷플릭스가 아직 DVD 우편 대여 회사였던 2000년대 초반부터 이 기업에 주목했다.

마하니 애널리스트는 넷플릭스가 한창 DVD 서비스만 하던 2005년에 이미 리포트를 통해 "넷플릭스는 디지털 전환을 가장 잘 할 수 있는 위치에 있다"고 예언했다. 대부분의 애널리스트들이 넷플릭스를 단순 DVD 회사로 볼 때 그는 스트리밍 혁신을 예견하며 넷플릭스의 미래 잠재력을 보았다.

그의 확신은 넷플릭스가 큰 위기를 맞았을 때 더욱 빛났다. 2011년, 가격 인상과 사업 분리 시도(퀵스터 사건)로 고객이 대거 이탈하고 주가가 폭락하자, 거의 모든 애널리스트가 투자의견을 하향했다. 하지만 마하니는 "장기적으로 스트리밍 시장은 성장할 것"이라며 매수 의견을 굳건히 고수했다. 결과적으로 넷플릭스 주가는 이후 폭발적인 반등을 보이며 그의 인내가 옳았음을 증명했다.

마크 마하니는 넷플릭스 창업자 리드 헤이스팅스와 여러 차례 직접 만나 대화하며 회사의 내부 전략과 철학을 깊이 이해한 것으로 알려져 있다. 헤이스팅스는 마하니를 '무조건적인 팬'이 아닌 혜안 있는 비판자로 여기며, 때로는 날카로운 질문을 던지는 것을 신뢰의 표시로 받아들였다고 한다.

그는 넷플릭스 외에도 아마존, 구글, 메타 등 인터넷 기업 초기부터 분석해온 "Mr. Internet"이라는 별명을 가지고 있다. 하지만 넷플릭스에 대한 그의 깊은 애정과 이해도는 특별해서 넷플릭스가 위기에 빠질 때마다 "마크 마하니는 뭐라고 했나?"가 월가의 중요한 참고 기준처럼 여겨진다.

마크 마하니는 시대를 바꿀 잠재력을 가진 넷플릭스를 일찍이 알아보고, 위기 속에서도 비전을 믿고, 회사와 깊은 관계를 맺으며 장기적인 관점을 유지한 애널리스트이다. 그는 숫자로 증명되지 않았던 넷플릭스의 '꿈'을 먼저 읽은 인물이다.

 **넷플릭스 분석을 통해 배우는 마크 마하니의 교훈**

마크 마하니의 넷플릭스 분석 사례는 특히 구독 기반 인터넷 서비스 분석에 대한 중요한 교훈을 준다.

1. 구독 경제 모델의 핵심 분석 - 구독 경제 모델의 핵심 지표와 작동 방식을 깊이 이해해야 한다. 가입자 수뿐 아니라 해지율, 평균

수익 등 다양한 지표를 통해 기업의 건강성을 판단해야 한다.

2. **콘텐츠 투자 효율성 평가** - 콘텐츠 투자의 효율성과 가치를 분석하는 것이 중요하다. 막대한 콘텐츠 투자가 실제 사용자 확보와 유지에 얼마나 기여하는지를 평가해야 한다.

3. **경쟁 환경 변화 분석** - 경쟁 환경의 변화가 사업 모델에 미치는 영향을 면밀히 살펴야 한다. 새로운 경쟁자의 등장이나 기존 경쟁자의 전략 변화가 기업의 미래에 어떤 영향을 미칠지를 예측해야 한다.

4. **글로벌 확장 전략 평가** - 글로벌 시장 확장 전략이 중요하며 현지화 성공 여부가 글로벌 인터넷 서비스의 성패를 가를 수 있다. 따라서 지역별 특성을 고려한 접근법 분석이 필요하다.

5. **성장과 수익성의 균형** - 성장 중심에서 수익성 중심으로의 전환이 기업 가치에 미치는 영향을 이해해야 한다. 기업의 성숙 단계에 따라 평가 기준이 달라질 수 있으며 이에 맞는 분석 접근법을 적용해야 한다.

현대 시장에서 마크 마하니의 관심 영역

마크 마하니의 투자 철학과 접근 방식을 현대 시장에 적용한다면 다음과 같은 포트폴리오 구성을 고려할 수 있다.

● **구독 기반 디지털 미디어 (40%)**
- Netflix[NFLX] - 스트리밍 서비스의 선두주자, 글로벌 확장과 콘텐츠 전략

- Spotify^{SPOT} - 오디오 스트리밍 구독 모델, 팟캐스트 확장과 광고 수익화

● **온라인 광고 및 디지털 마케팅 (30%)**

- Meta Platforms^{META} - 소셜 미디어 광고 모델, 릴스와 동영상 콘텐츠 전략
- Pinterest^{PINS} - 이커머스와 연계된 광고 모델, 인플루언서 마케팅

● **전자상거래 및 디지털 플랫폼 (30%)**

- Amazon^{AMZN} - 이커머스, AWS, 구독 서비스의 복합 모델
- Uber^{UBER} - 모빌리티, 딜리버리 플랫폼, 멤버십 모델

마크 마하니의 현대적 분석 접근법은 "구독 경제와 디지털 미디어의 변화를 데이터 기반으로 분석하고, 소비자 행동 변화에 따른 인터넷 기업의 성장 잠재력을 평가한다"고 요약할 수 있다.

리치 그린필드 Rich Greenfield 와
월트 디즈니 Walt Disney, DIS

미디어 변혁의 목격자,
불편한 진실을 말하는 애널리스트

리치 그린필드는 라이트셰드 파트너스 Lightshed Partners의 공동 설립자로 미디어, 엔터테인먼트, 기술 산업 분석에서 가장 영향력 있고 독립적인 시각을 가진 애널리스트 중 한 명이다. 전통적인 미디어 기업부터 스트리밍 서비스, 소셜 미디어까지 넓은 범위를 커버하며 산업의 파괴적인 변화와 새로운 기술이 기존 비즈니스 모델에 미치는 영향에 대한 예리한 분석으로 유명하다. 종종 시장 컨센서스와 다른 비판적인 목소리를 내기도 하며 그의 분석 보고서와 언론 인터뷰는 미디어 산업의 미래를 논할 때 중요한 참고 자료가 된다.

리치 그린필드의 투자 철학

리치 그린필드의 애널리스트로서의 접근 방식은 기술 변화가 촉발하는 산업의 근본적인 구조 변화에 대한 분석에 집중한다. 기존 미디어 기업들이 새로운 기술스트리밍 등에 어떻게 대응하고 있으며 이 과정에서 어떤 도전에 직면하고 있는지를 날카롭게 파헤친다.

- **산업 변혁 분석** - 케이블 TV에서 스트리밍으로의 전환코드 커팅, 광고 시장의 변화, 콘텐츠 소비 방식의 변화 등 미디어 및 엔터테인먼트 산업을 관통하는 파괴적인 변화를 분석한다.
- **전통 기업 vs 신규 기술 비교** - 월트 디즈니와 같은 전통적인 미디어 공룡들이 넷플릭스, 유튜브와 같은 신규 기술 기업들의 도전에 어떻게 대응하고 있는지를 평가하고 이 과정에서 발생하는 기회와 위험을 분석한다.
- **사업 부문 간 시너지 및 갈등 분석** - 복합 기업의 다양한 사업 부문테마파크, 영화 스튜디오, 방송국, 스트리밍이 서로에게 어떤 시너지를 주거나 혹은 내부적인 갈등을 유발하는지를 분석한다.
- **콘텐츠 전략 평가** - 성공적인 콘텐츠 제작 및 유통 전략이 기업 가치에 미치는 영향을 분석하며 특정 콘텐츠영화, 드라마, 스포츠 중계가 스트리밍 서비스나 테마파크 등 다른 사업 부문에 미치는 파급력을 평가한다.
- **자산 가치 및 밸류에이션** - 복잡한 미디어 기업의 다양한 자산IP, 스튜디오, 네트워크, 테마파크의 가치를 평가하고 급변하는 산업 환경

속에서 기업의 적정 가치를 산출하는 밸류에이션 모델을 적용한다.

이러한 리치 그린필드의 미디어 산업의 파괴적 변화에 대한 깊이 있는 이해와 비판적인 분석 능력을 가장 잘 보여주는 대표적인 기업이 바로 월트 디즈니이다. 디즈니는 전통적인 미디어 제국에서 스트리밍 시대로의 전환이라는 거대한 도전에 직면한 기업이며 그린필드는 이러한 디즈니의 변화 과정을 분석하는 그의 역량을 시장에 입증했다.

 **월트 디즈니, 제국은 변화하는가**

월트 디즈니는 영화 스튜디오픽사, 마블, 루카스필름 등, 미디어 네트워크ABC, ESPN 등, 테마파크 및 리조트 그리고 디즈니플러스, 훌루 등 스트리밍 서비스까지 광범위하고 복합적인 사업 포트폴리오를 가진 세계 최대 엔터테인먼트 기업이다. 강력한 브랜드와 방대한 지적재산권IP을 기반으로 하지만 코드 커팅으로 인한 전통적인 방송 수익 감소, 스트리밍 서비스의 수익성 문제, 테마파크 실적의 경기 민감성 등 다양한 도전에 직면해 있다. 시장에서는 디즈니의 스트리밍 전환 성공 여부, 전통 미디어 사업의 미래 그리고 테마파크 실적 회복 등에 주목한다.

리치 그린필드는 미디어 산업 애널리스트로서 수년간 디즈니를 집중적으로 분석하고 평가해왔다. 그의 디즈니 분석은 단순히 재무 실적 예측을 넘어, 디즈니와 같은 전통 미디어 공룡이 기술 변화가 이끄는 산업의 지각변동에 어떻게 대응하고 있으며 그 과정에서 어떤 기회와 위험에 직면해 있는지에 대한 깊이 있는 통찰을 제공했다. 디즈니는 그의 미디어 산업 변혁 분석 역량을 대표하는 '단 하나의 기업'과 같았다.

 **왜 월트 디즈니였나? 리치 그린필드의 투자 논리**

리치 그린필드가 월트 디즈니를 자신의 대표적인 분석 대상이자 '하나의 픽'으로 삼은 배경에는 미디어 산업의 파괴적 변화에 대한 그의 전문성을 발휘하고 비판적인 시각을 제시할 수 있는 디즈니의 기업 특성이 있었다.

- **전통 미디어의 상징이자 변혁의 시험대** - 디즈니는 케이블 TV 등 전통 미디어 시대의 성공을 상징하는 기업이다. 동시에 스트리밍 시대로의 전환이라는 가장 큰 도전에 직면한 기업이기도 하다. 그린필드는 디즈니를 통해 전통 미디어 기업이 디지털 변혁에 어떻게 적응해야 하는지 그리고 그 과정에서 어떤 어려움을 겪는지를 분석했다. 디즈니의 스트리밍 전략 성공 여부는 전체 미디어 산업의 미래를 가늠하는 중요한 시험대였다.

- **사업 부문 간 상충 관계 해부** - 디즈니는 방송국ABC을 운영하면서 동시에 스트리밍 서비스디즈니플러스를 키워야 하는 복잡한 상황에 놓였다. 그린필드는 이러한 내부 사업 부문 간의 잠재적 갈등케이블 시청자 감소로 방송 수익 하락 vs 스트리밍 성장 필요이 기업의 전체 전략과 가치에 미치는 영향을 날카롭게 분석했다.

- **콘텐츠 전략과 IP 가치 평가** - 디즈니의 핵심 자산은 강력한 IP마블, 스타워즈 등와 콘텐츠 제작 능력이다. 그린필드는 이러한 콘텐츠 자산이 스트리밍 서비스의 가입자 확보에 얼마나 기여하는지 그리고 전통적인 유통 방식에서 스트리밍으로 전환될 때 IP 가치가 어떻게 변화하는지를 평가했다. 콘텐츠 전략이 기업 가치에 미치는 영향을 분석하는 그의 역량을 보여주었다.

- **복합 기업 밸류에이션의 어려움** - 디즈니는 테마파크, 스튜디오, 방송국, 스트리밍 등 다양한 사업 부문을 가지고 있어 밸류에이션이 복잡하다. 그린필드는 이러한 복잡한 기업 구조의 가치를 어떻게 평가하고, 각 부문이 전체 가치에 어떤 영향을 미치는지를 분석하는 데 집중했다. 미디어 산업 변혁기에는 어떤 부문이 미래 가치의 핵심이 될지를 파악하는 것이 중요했다.

리치 그린필드에게 디즈니는 단순히 분석 대상 중 하나의 미디어 기업이 아니었다. 이 기업은 전통 미디어 제국이 디지털 변혁이라는 쓰나미에 맞서 싸우는 모습을 가장 잘 보여주고, 이 과정에서 발생하는 전략적 딜레마와 가치 변화를 분석하는 그의 역량을 가장 잘 보여주는 '단 하나의 기업'이었다. 그의 디즈니 분석 보고서는 미디어 산업의 미래를 둘러싼 논쟁에 중요한 화두를 던졌다.

 **월트 디즈니 분석을 통해 배우는 리치 그린필드의 교훈**

리치 그린필드의 월트 디즈니 분석 사례는 특히 전통 산업 리더들이 기술 변혁기에 겪는 어려움과 기회 분석에 대한 중요한 교훈을 담고 있다.

1. **기술 변혁의 파괴력** - 과거의 성공 공식이 미래를 보장하지 않으며 새로운 기술스트리밍이 기존 사업 모델케이블 TV을 어떻게 파괴하는지를 이해해야 한다.
2. **사업 부문 간 역학관계** - 복합 기업 분석 시 각 부문이 전체 가치에 어떤 영향을 미치는지 살펴야 한다. 내부 경쟁과 시너지를 동시에 고려해야 한다.
3. **콘텐츠와 IP 가치 평가** - 콘텐츠 및 IP의 가치는 중요하지만, 유통 방식의 변화가 그 가치 실현 방식에 영향을 미친다는 점을 고려해야 한다.
4. **복합 기업 밸류에이션** - 각 사업 부문의 특성과 미래 전망을 개별적으로 평가하고 합산하는 노력이 필요하다. 단순한 재무 지표만으로는 한계가 있다.
5. **지속적 혁신의 필요성** - 전통 산업 리더들도 시대의 변화에 맞

취 사업 모델을 혁신해야 생존할 수 있다는 점을 디즈니 사례가 보여준다.

현대 시장에서 리치 그린필드의 관심 영역

리치 그린필드의 투자 철학과 접근 방식을 현대 시장에 적용한다면 다음과 같은 포트폴리오 구성을 고려할 수 있다.

● **스트리밍 승자의 시대 (40%)**
- Netflix^{NFLX} - 글로벌 스트리밍 리더, 콘텐츠 투자 효율성 확보
- Roku^{ROKU} - 스트리밍 플랫폼 독립 리더, 광고 기반 수익 모델

● **소셜 미디어와 콘텐츠 생태계 (30%)**
- Meta Platforms^{META} - 소셜 미디어와 메타버스의 교차점
- Pinterest^{PINS} - 크리에이터 경제 기반의 특화된 소셜 커머스

● **미디어 인프라 및 기술 (20%)**
- The Trade Desk^{TTD} - 디지털 광고 생태계 혁신 리더
- Spotify^{SPOT} - 오디오 스트리밍에서 팟캐스트로 확장하는 플랫폼

● **혁신적 콘텐츠 플레이어 (10%)**
- Roblox^{RBLX} - 게임과 메타버스의 결합, UGC 기반 콘텐츠
- CuriosityStream^{CURI} - 전문화된 다큐멘터리 스트리밍 플랫폼

리치 그린필드의 현대 미디어 포트폴리오 접근법은 "전통 미디어의 쇠퇴를 인정하고, 소비자 행동 변화에 맞춰 디지털 우선 플랫폼과 새로운 유통 모델의 승자들에 집중하는 전략"으로 요약할 수 있다.

댄 아이브스 Dan Ives 와
엔비디아 NVIDIA, NVDA

AI 시대의 열정적 전도사, 기술주의 낙관론자

댄 아이브스는 웨드부시 증권 Wedbush Securities 소속의 세계적인 기술주 애널리스트이다. 애플, 테슬라 분석으로 시장에 이름을 널리 알렸지만 최근 몇 년간 인공지능 AI 기술 혁명과 그 수혜 기업들에 대한 분석과 긍정적인 전망으로 더욱 큰 주목을 받고 있다. 그의 리서치는 데이터 기반의 엄밀함과 함께 기술 트렌드를 선도하는 기업들에 대한 낙관적인 시각을 담고 있다. 언론에 자주 등장하며 AI 시대를 포함한 기술주 시장의 주요 변화와 전망에 대해 활발하게 의견을 개진한다.

 **댄 아이브스의 투자 철학**

댄 아이브스의 애널리스트로서의 접근 방식은 기술 섹터 내 핵심 요인과 기업별 미치는 영향을 파악하는 데 집중한다. 특히 AI와 같은 파괴적인 기술 트렌드가 시장과 기업 가치를 어떻게 변화시키는지를 파악하고 이러한 변화에 대한 투자 기회를 포착하려 한다.

- **핵심 기술 트렌드 추적** - AI, 클라우드 컴퓨팅, 자율주행, 5G/6G 등 기술 섹터의 성장을 이끄는 핵심 트렌드를 파악하고, 이러한 트렌드가 어떤 기업들에게 기회를 제공하는지를 분석한다. 특히 AI 혁명의 진행 상황과 그 파급력에 대한 분석에 많은 역량을 투입한다.
- **기술 리더 기업 분석** - AI 반도체, 클라우드 서비스, 소프트웨어 플랫폼 등 각 기술 분야에서 시장을 선도하는 기업들을 심층 분석한다. 이 기업들의 기술력, 시장 지배력, 비즈니스 모델, 재무 성과 등을 면밀히 살핀다.
- **데이터 기반 전망** - 기업 실적, 제품 판매량, 서비스 이용률 등 공개된 데이터를 분석하고, 업계 소스채널 체크를 통해 확보한 현장 데이터를 결합하여 기업 및 섹터의 미래 성과를 예측하고 투자의견을 제시한다. 그의 전망은 데이터에 기반한다는 점이 강조된다.
- **기술 섹터 전반 전망** - 개별 기업 분석 결과를 종합하여 기술 섹터 전체의 성장 전망, 투자 심리 그리고 다른 섹터와의 상대적

매력도를 평가한다. AI 붐과 같은 거시적 기술 트렌드가 기술주 시장 전체에 어떤 영향을 미치는지를 분석한다.

댄 아이브스는 애플, 테슬라, 아마존, 마이크로소프트, 메타 등 세계적으로 가장 유명하고 분석이 많이 이루어지는 기술 기업들을 주로 커버하는 것으로 잘 알려져 있다. 이 기업들은 기술 섹터의 성과를 좌우하는 핵심 종목들이다. 하지만 최근 그의 대표 종목으로 엔비디아가 부상했다. 이는 엔비디아가 현재 AI 혁명의 최전선에 있는 가장 상징적인 기업이며 댄 아이브스가 최근 몇 년간 AI 붐과 관련하여 가장 활발하고 주목받는 분석과 긍정적인 전망을 제시해온 기업이기 때문이다.

댄 아이브스 – AI 시대를 보는 그의 시선

댄 아이브스는 웨드부시 증권 소속의 유명 기술주 애널리스트로서, 특히 인공지능(AI) 혁명과 그 중심에 있는 기업들에 대한 분석으로 최근 가장 주목받고 있다. 그는 AI 붐을 'AI 초신성 시대'라고 부르며, 이 거대한 변화의 흐름을 놓쳐서는 안 된다고 강조한다.

그는 AI 혁명의 가장 직접적인 수혜자이자 핵심 기업으로 엔비디아를 지목한다. 아이브스는 엔비디아를 가리켜 'AI 골드러시의 절대적 수혜자'이자 '21세기 석유를 쥔 회사'라고 표현한다. 그는 엔비디아가 단순히 고성능 칩을 만드는 회사를 넘어, AI 데이터센터 생태계 전체를 지배하는 '왕'이라고 평가한다. B300 그리고 곧 출시될 Rubin 같은 최신 AI 칩 자체뿐 아니라 CUDA 소프트웨어 플랫폼, DGX 시스템 그리고 AI 칩 파운드리 서비스까지 아우르는 엔비디아의 종합적인 플랫폼 전략에 주목했다.

2023년 초반, AI 버블론과 함께 시장이 엔비디아에 대해 조심스러운 시각을 보일 때 댄 아이브스는 과감하게 "엔비디아는 지금도 저평가되어 있다"고 선언했다. 그의 이러한 'Mr. Supercycle'(대세 상승론자)다운 과감한 예측은 이후 현실이 되었다. 2023년부터 2024년에 걸쳐 엔비디아 주가는 폭발적으로 상승했고, 2025년 6월 현재 시가총액이 3조 5천 억 달러를 넘어섰다. 아이브스의 전망이 대성공했음이 증명되었다.

댄 아이브스는 AI 혁명이 2030년까지 전 산업에 걸쳐 본격적인 'AI 4차 산업혁명'으로 전개될 것이라고 본다. 그는 엔비디아가 이 혁명의 중심에서 데이터센터, 자율주행, 헬스케어 등 다양한 산업에 AI 기반 혁신을 가능하게 하는 필수적인 인프라 제공자 역할을 할 것이라고 평가한다.

엔비디아에 대해 단기 변동성보다는 '장기 슈퍼사이클은 이제 시작'이라는 일관된 입장을 유지한다. 이는 그의 별명처럼 대세 상승 트렌드를 읽는 그의 능력을 보여준다.

"댄 아이브스는 엔비디아를 단순한 칩 회사가 아니라, AI 시대의 산업 인프라 기업으로 본다." 이러한 그의 시각은 엔비디아 분석의 핵심이자, AI 시대를 읽는 그의 혜안을 보여준다.

엔비디아, AI 시대의 심장

엔비디아는 GPU그래픽 처리 장치 분야의 글로벌 리더이며 특히 AI 연산에 필수적인 고성능 GPU 시장에서 압도적인 지배력을 가지고 있다. AI 데이터센터 구축의 핵심 하드웨어를 제공하며 CUDA라는 강력한 소프트웨어 생태계를 통해 경쟁 우위를 더욱 공고히 했다. AI 붐의 가장 직접적이고 큰 수혜 기업으로 평가받으며 최근 몇 년 간 폭발적인 성장과 주가 상승을 기록했다. 엔비디아의 실적과 전망은 AI 산업 전반의 발전 속도를 가늠하는 중요한 지표가 된다.

댄 아이브스는 애널리스트로서 엔비디아를 집중적으로 분석하며 AI 혁명의 핵심이자 기술 섹터 성장의 주요 동력으로 평가했다. 엔비디아는 그가 분석하는 기술 섹터 내 AI 반도체 분야를 대표하는 '단 하나의 기업'과 같았다.

왜 엔비디아였나? 댄 아이브스의 분석 관점

댄 아이브스가 엔비디아를 자신의 분석 대상이자 대표 종목으로 삼은 배경에는 그의 애널리스트로서의 전문 분야기술 섹터와 그가 분석하는 AI 트렌드의 중요성 그리고 엔비디아의 상징성이 있었다.

- **AI 혁명의 중심 분석** - 엔비디아는 현재 AI 컴퓨팅의 핵심 하드웨어GPU를 제공하며 AI 산업 전반의 성장을 가능하게 하는 'AI 혁명의 심장'이다. 아이브스는 엔비디아 분석을 통해 AI 기술 발전이 데이터센터 투자, 클라우드 컴퓨팅, 자율주행 등 다양한 산업에 미치는 파급력을 파악한다. 그의 분석은 AI 시대의 가장 중요한 기업과 시장 기회를 이해하는 데 집중한다.

- **압도적인 시장 지배력 평가** - 엔비디아는 AI GPU 시장에서 경쟁사 대비 압도적인 점유율을 차지하며 사실상 독점적인 지위를 누리고 있다. 아이브스는 이러한 시장의 지배력이 얼마나 지속될지, 경쟁사AMD, 브로드컴의 추격 가능성 그리고 엔비디아

의 해자CUDA 생태계의 강점을 면밀히 분석한다.

- **폭발적인 성장 동력 분석** - AI 수요 폭증에 따른 엔비디아의 매출 및 이익 성장은 역사적인 수준이다. 아이브스는 이러한 기하급수적인 성장이 어디에서 오는지하이퍼스케일러 투자, 엔터프라이즈 AI 전환 등 그리고 이러한 성장이 얼마나 지속 가능할지를 분석한다. 그의 분석은 엔비디아의 성장 궤도와 시장 잠재력을 평가하는 데 초점을 맞춘다.
- **밸류에이션과 시장 심리** - 엔비디아 주가는 폭발적으로 상승하며 높은 밸류에이션을 형성했다. 아이브스는 이러한 높은 밸류에이션이 정당한지, 시장의 기대치와 기업의 실제 성과 간의 괴리를 분석한다. 때로는 시장의 과열 가능성도 함께 살피며 균형 잡힌 시각을 제시하려 한다. 그의 분석은 기술 혁명기의 기업 가치 평가에 대한 통찰을 제공한다.
- **AI 인프라 투자 가이드** - 댄 아이브스와 같은 애널리스트의 엔비디아 분석은 투자자들이 AI 인프라 투자에 참여하고자 할 때 중요한 가이드 역할을 한다. 엔비디아를 통해 AI 시대에 투자해야 할 핵심 분야와 기업의 특징을 파악할 수 있다.

댄 아이브스에게 엔비디아는 자신이 분석하는 기술 섹터, 특히 AI 혁명의 중심을 대표하는 '단 하나의 기업'이다. 다른 기술 기업들애플, 테슬라 등과의 분석과는 달리 엔비디아 분석은 그의 최근 AI 붐에 대한 시각과 시장 영향력을 가장 잘 보여준다.

엔비디아 분석을 통해 배우는 댄 아이브스의 교훈

댄 아이브스의 엔비디아 분석 사례는 특히 기술 섹터 내에서 발생하는 파괴적인 기술 혁명과 그 중심에 있는 기업 분석에 대한 중요한 교훈을 담고 있다.

1. **기술 혁명의 최전선 기업 식별** - AI처럼 세상을 바꾸는 기술의 핵심 하드웨어/소프트웨어를 제공하는 기업에서 큰 투자 기회를 발견할 수 있다.
2. **기술적 해자와 시장 지배력의 이해** - CUDA 생태계 등 독보적인 기술력과 시장 점유율이 만드는 강력한 경쟁 우위가 기업 가치에 미치는 영향을 파악해야 한다.
3. **폭발적 성장 기업의 동력 분석** - 성장 국면에 있는 기업의 성장 동인과 지속 가능성을 정확히 분석하고 시장 기대치 대비 실제 성과를 평가하는 능력이 중요하다.
4. **기술 혁명기의 새로운 밸류에이션** - 전통적인 평가 방식을 넘어 높은 성장률과 시장 잠재력을 반영한 새로운 관점으로 기업 가치의 적정성을 판단해야 한다.
5. **트렌드 대표 기업을 통한 전문성 구축** - 특정 기술 트렌드를 상징하는 핵심 기업 분석을 통해 애널리스트의 전문성과 시장 영향력을 입증할 수 있다. 엔비디아는 댄 아이브스의 AI 분석 역량을 보여주는 대표 사례다.

현대 시장에서 댄 아이브스의 관심 영역

댄 아이브스의 투자 철학과 접근 방식을 현대 시장에 적용한다면 다음과 같은 포트폴리오 구성을 고려할 수 있다.

- **● AI 인프라 리더 (45%)**
  - NVIDIA[NVDA] – AI 컴퓨팅의 핵심, GPU 및 소프트웨어 생태계 지배
  - Broadcom[AVGO] – AI 네트워킹 칩, ASIC 설계 및 커스텀 AI 솔루션
- **● 클라우드 및 AI 서비스(30%)**
  - Microsoft[MSFT] – Azure 클라우드와 OpenAI 파트너십, 기업용 AI 리더
  - Amazon[AMZN] – AWS 클라우드 서비스와 자체 AI 인프라 확장
- **● AI 응용 소프트웨어 (15%)**
  - Palantir[PLTR] – 엔터프라이즈 AI 시스템, 정부 및 기업 데이터 분석
  - Adobe[ADBE] – 창의적 워크플로우에 AI 통합, 생성형 AI 적용
- **● 자율주행 및 AI 하드웨어 (10%)**
  - Tesla[TSLA] – 자율주행 기술, AI 칩 개발, 로봇 사업 잠재력
  - Arm Holdings[ARM] – 모바일 및 엣지 AI용 저전력 칩 설계 라이센싱

댄 아이브스의 현대 기술 포트폴리오 접근법은 "AI 혁명의 중심에 서있는 기업들을 파악하고, 하드웨어부터 소프트웨어까지 AI 스택 전체를 아우르는 리더들에 집중하는 전략"으로 요약할 수 있다.

CHAPTER 6

가치투자의 거장들

29 | 워렌 버핏과 코카콜라

30 | 가이 스피어와 마스터카드

31 | 조엘 그린블랫과 알파벳

32 | 하워드 막스와 브룩필드 자산운용

33 | 브루스 베어코위츠와 뱅크오브아메리카

34 | 세스 클라만과 아메리칸 인터내셔널 그룹

35 | 빌 밀러와 JP모건 체이스

워렌 버핏 Warren Buffett 과 코카콜라 Coca-Cola, KO

시간의 힘을 믿는 투자의 거장

'오마하의 현인', '투자의 귀재'... 워렌 버핏의 이름 앞에는 언제나 세계 최고 투자자라는 수식어가 따라붙는다. 90세를 훌쩍 넘긴 나이에도 여전히 현역으로 활동하며 그의 말 한마디, 행동 하나하나가 전 세계 투자자들의 이목을 집중시킨다. 수십 년간 이어온 그의 투자 여정은 수많은 성공 사례와 함께 '가치 투자'의 살아있는 교본으로 자리매김했다. 수많은 부와 명성을 쌓았지만 검소함을 잃지 않았고, 복잡한 금융 기법이나 투기보다는 상식과 원칙에 기반한 투자의 중요성을 일관되게 강조했다.

워렌 버핏의 투자 철학

워렌 버핏의 투자 철학은 초기에는 스승 벤저민 그레이엄의 '저평가된 기업에 투자하는 방식'으로 시작했으나 차차 진화하여 '합리적인 가격에 훌륭한 기업을 매수하여 장기 보유하는 전략'으로 발전했다.

- **경제적 해자**(진입장벽) **중시** - 버핏은 경쟁사가 쉽게 침범할 수 없는 경제적 해자를 갖춘 기업을 선호한다. 이러한 해자는 강력한 브랜드, 네트워크 효과, 특허, 독점적 유통망 등 지속적인 경쟁 우위를 제공하는 요소들이다.
- **단순하고 이해 가능한 사업** - "자신이 이해할 수 없는 사업에 절대 투자하지 말라"는 원칙을 고수한다. 복잡한 기술이나 사업 모델보다는 직관적으로 이해하기 쉽고 미래 예측이 가능한 사업을 선호한다.
- **훌륭한 경영진과 주주 친화적 경영** - 유능하고 정직한 경영진이 주주의 이익을 최우선으로 생각하는 기업을 중요시한다. 자본 배분 능력과 주주 환원 의지는 경영진 평가의 핵심 요소다.
- **장기 관점의 투자** - "우리가 선호하는 보유 기간은 영원이다"라는 말로 유명하듯, 단기 등락보다는 수십 년간 가치가 증가할 수 있는 기업에 집중한다. 시장의 단기적 변동성을 투자 기회로 활용한다.

- **합리적인 가격에 매수** - 아무리 훌륭한 기업이라도 너무 비싼 가격에 사면 적절한 수익을 거두기 어렵다. 내재가치 대비 적정 할인율을 갖춘 가격에 매수하는 원칙을 고수한다.

이러한 워렌 버핏의 투자 철학이 가장 완벽하게 구현된 대표적인 사례가 바로 코카콜라다. 코카콜라는 그의 진화된 가치 투자 철학을 상징하는 '하나의 기업'이자, 장기 보유의 힘을 증명하는 살아있는 사례이다.

코카콜라, 가치 투자의 교과서적 사례

코카콜라는 1886년에 설립된 세계적인 음료 회사이다. '코카콜라'라는 브랜드를 중심으로 다양한 탄산음료, 주스, 물, 커피 등을 생산하고 판매한다. 코카콜라는 자체적으로 대부분의 음료를 직접 병에 담거나 캔에 넣지 않고, 보틀링 파트너사 네트워크를 통해 제품을 생산하고 전 세계 유통망을 통해 소비자에게 전달하는 독특한 사업 모델을 가지고 있다. 전 세계 거의 모든 국가에서 제품이 판매될 정도로 압도적인 브랜드 인지도와 글로벌 유통망을 자랑하며 음료 산업에서 독보적인 시장 지배력을 가지고 있다.

워렌 버핏은 1988년부터 1989년 사이에 버크셔 해서웨이를 통해 코카콜라 주식에 대규모 투자를 시작했다. 시장이 불안정한 시기에 20억 달러가 넘는 거금을 투입한 이 투자는 이후 버핏의 대표적인 성공 사례가 되었으며 그의 진화된 가치 투자 철학을 상징하는 종목이 되었다.

 **왜 코카콜라였나? 워렌 버핏의 투자 논리**

워렌 버핏이 코카콜라를 그의 진화된 가치 투자 철학을 대표하는 '단 하나의 기업'으로 삼은 배경에는 코카콜라의 기업 특성이 그의 기준에 완벽하게 맞아떨어지는 지점들이 존재했다.

- **압도적인 브랜드 해자** - 버핏이 코카콜라에서 본 가장 강력한 가치는 바로 브랜드였다. '코카콜라'라는 이름 자체가 가진 전 세계적인 인지도와 소비자들의 강력한 선호도 및 충성도는 다른 어떤 음료 회사도 쉽게 따라올 수 없는 독보적인 경쟁 우위였다. 사람들은 코카콜라 브랜드를 신뢰하고 사랑하며 비슷한 맛의 다른 음료보다 기꺼이 더 높은 가격을 지불한다. 이는 제품 자체를 넘어선 감성적이고 심리적인 해자이며 시간이 지나도 그 가치가 변치 않는 '영원한 자산'이라고 버핏은 판단했다.
- **경이로운 유통망 해자** - 코카콜라는 전 세계 거의 모든 국가에 제품을 공급할 수 있는 방대하고 효율적인 유통 및 보틀링 파트너 네트워크를 구축하고 있다. 제품 생산 능력만큼이나 이를 소비자의 손까지 전달하는 유통망의 힘이 중요하며 코카콜라의 글로벌 유통 시스템은 경쟁사에게 넘어서기 어려운 물리

적, 운영적 해자가 되었다. 이는 코카콜라가 시장 지배력을 유지하고 새로운 시장에 진출하는 데 결정적인 역할을 한다.

- **단순하고 예측 가능한 사업 모델** - 코카콜라의 사업은 복잡한 기술 변화나 유행에 크게 좌우되지 않는다. 사람들은 항상 음료를 마시며 코카콜라는 이 기본적인 수요를 충족시킨다. 제품음료과 사업 모델제조 및 유통 모두 직관적으로 이해하기 쉬우며 미래 수익 예측이 비교적 용이하다는 점이 버핏에게 매력적이었다. 그는 자신이 이해할 수 있는 사업에 투자하는 것을 선호했다.

- **뛰어난 수익성과 현금 흐름** - 강력한 브랜드와 효율적인 유통망 덕분에 코카콜라는 높은 수익률과 일관되고 막대한 현금 흐름을 창출한다. 음료 사업은 자본 집약적이지 않아 벌어들이는 이익 대부분이 잉여 현금 흐름으로 남는다. 버핏은 이렇게 돈을 잘 버는 기업을 좋아하며 남는 현금을 주주에게 환원하거나 수익성 높은 재투자에 사용할 수 있는 능력을 높이 평가했다.

- **꾸준한 배당 성장** - 코카콜라는 수십 년간 배당금을 꾸준히 지급하고 매년 인상해 온 '배당 귀족'이다. 버핏은 장기 투자자로서 안정적인 배당 수익을 중요하게 여긴다. 코카콜라의 꾸준한 배당 성장은 기업의 재무적 안정성과 주주 친화적인 경영을 보여주는 강력한 신호였다.

- **'훌륭한 회사'에 대한 장기 투자와 복리** - 버크셔 해서웨이가 코카콜라 주식을 대규모로 매수하기 시작한 것은 1988년부터 1989년 사이였다. 당시 버핏은 20억 달러가 넘는 거금을 코

카콜라 주식 매수에 투입했다. 그는 코카콜라를 '합리적인 가격'당시 기준에 매수했다고 판단했으며 무엇보다 이 기업을 30년 이상 팔지 않고 보유했다. 이는 '훌륭한 회사'의 가치는 시간이 지날수록 눈덩이처럼 불어난다는 그의 신념을 실천한 것이다. 그는 "시간이 훌륭한 비즈니스의 친구다"라고 말했다. 코카콜라의 꾸준한 가치 증가는 장기 보유 전략과 복리의 마법이 결합된 위력을 보여주었다.

결과적으로 코카콜라는 워렌 버핏이 '압도적인 브랜드와 유통망 해자를 가진 훌륭한 소비재 기업을 합리적인 가격에 매수하여 수십 년간 보유함으로써 가치 성장을 극대화한다'는 투자 철학을 가장 잘 보여주는 '단 하나의 기업'이 되었다. 코카콜라 투자는 워렌 버핏의 투자 인생과 철학에서 가장 중요한 이정표 중 하나이며 그의 이름과 함께 영원히 회자되는 투자 성공 사례이다.

 **코카콜라 투자를 통해 배우는 워렌 버핏의 교훈**

워렌 버핏의 코카콜라 투자 사례는 진화된 가치 투자와 장기 투자의 힘에 대한 가장 강력한 교훈을 준다.

1. 훌륭한 회사를 알아보는 시각 - 재무 지표를 넘어 브랜드 파워, 유통망, 고객 충성도 등 시대를 초월하는 무형의 경쟁 우위경제

적 해자를 식별하는 능력이 중요하다. 숫자 너머의 진짜 가치를 볼 줄 알아야 한다.

2. **단순하고 예측 가능한 사업 모델의 가치** - 복잡한 기술 변화나 유행에 좌우되지 않고 기본적인 인간의 수요를 충족하는 사업이 장기 투자에 적합하다. 이해하기 쉬운 비즈니스가 안전한 투자다.

3. **시간의 힘과 복리 효과** - 훌륭한 기업을 발견했다면 시장의 단기 변동성에 흔들리지 말고 수십 년간 보유하며 복리의 마법을 경험하라. 인내심이 투자 성공의 핵심 요소다.

4. **지속적인 현금 창출과 주주 환원** - 안정적으로 돈을 벌고 그 수익을 주주에게 꾸준히 돌려주는 배당, 자사주 매입 등 기업이 신뢰할 만한 투자처다. 현금 흐름의 질이 기업의 질을 말해준다.

5. **합리적인 매수 가격의 중요성** - 아무리 뛰어난 기업이라도 과도하게 비싼 가격에 매수하면 장기 수익률이 저하된다. 좋은 회사를 적정 가격에 사는 것이 핵심이다.

워렌 버핏 스타일의 포트폴리오

워렌 버핏의 가치 투자 철학을 현대 시장에 적용한다면 다음과 같은 소비재 기업 중심의 포트폴리오 구성을 고려할 수 있다.

● **글로벌 브랜드 파워 기업 (40%)**

- Coca-Cola[KO] – 불변의 브랜드 가치와 전 세계 유통망
- Apple[AAPL] – 기술과 브랜드가 결합된 소비자 충성도 버핏의 현대적 선택

● **생활필수품 기업 (25%)**

- Procter & Gamble[PG] – 일상 소비재 분야의 다양한 강력 브랜드 보유
- Costco[COST] – 소매 유통의 효율성과 회원제 기반 충성도

● **금융 서비스 (20%)**

- Bank of America[BAC] – 소매금융 기반의 안정적 예금과 대출 비즈니스
- American Express[AXP] – 프리미엄 브랜드와 폐쇄형 결제 네트워크

● **식품 및 외식 (15%)**

- Kraft Heinz[KHC] – 식품 분야의 강력한 브랜드 포트폴리오
- McDonald's[MCD] – 글로벌 프랜차이즈 모델과 부동산 자산 가치

워렌 버핏의 현대적 포트폴리오 접근법은 "이해하기 쉬운 사업 모델과 강력한 브랜드를 가진 기업들을 합리적인 가격에 매수하여 인내심을 갖고 장기 보유하는 전략"으로 요약할 수 있다.

가이 스피어 Guy Spier 와
마스터카드 Mastercard, MA

**멘토의 지혜를
실천하는 원칙주의 투자자**

가이 스피어는 세계 최고의 투자자들, 특히 워렌 버핏과 찰리 멍거로부터 투자 원칙과 삶의 태도를 직접 배우고 이를 자신의 투자 여정에 철저히 적용해온 독특한 이력을 가진 인물이다. 옥스퍼드 대학교에서 철학, 정치학, 경제학을 공부했고 하버드 경영대학원에서 MBA를 마친 그는 초기에는 월스트리트의 투자 은행에서 일하며 단기적인 성과에 연연하는 환경에 놓이기도 했다. 하지만 이 시기의 경험을 통해 그는 시장의 소음과 자신의 심리적 약점이 투자에 얼마나 해로운지를 깨달았고 근본적인 투자 원칙에 대한 갈증을 느꼈다.

2007년, 멍니시 파브라이와 공동으로 자선 경매에 참여하여 워렌 버핏과의 점심 식사 기회를 65만 100달러에 낙찰받는 데 성공했다. 2008년에 이루어진 이 점심 식사는 그의 투자관과 인생관에 지대한 영향을 미쳤다. 버핏과의 대화 속에서 그는 투자 성공의 핵심이 복잡한 분석 기술이 아니라 명확한 원칙, 흔들리지 않는 마인드 그리고 올바른 환경 설정에 있음을 다시 한번 확인했다.

버핏과의 만남 이후 스피어는 자신의 투자 환경을 재정비하는 데 심혈을 기울였다. 월스트리트의 끊임없는 정보 과잉과 단기 성과 압박에서 벗어나고자 2014년 아예 스위스 취리히로 이주했다. 그의 투자 회사 이름인 아쿠아마린 펀드 Aquamarine Fund는 '맑고 투명한 바다'처럼 투명하고 명확한 원칙에 기반한 투자를 하겠다는 그의 의지를 담고 있다. 그는 자신의 저서 "나만의 투자 기준 만들기 The Education of a Value Investor"를 통해 이러한 투자 여정, 버핏과 멍거에게 배운 교훈 그리고 투자자로서 가져야 할 심리적 태도의 중요성을 설파했다.

가이 스피어의 투자 철학

가이 스피어의 투자 철학은 워렌 버핏과 찰리 멍거의 가치 투자 원칙을 충실히 따른다. 그는 자산 처분 가치에만 집중하는 초기 가치 투자에서 벗어나 '합리적인 가격에 훌륭한 회사'를 사는 것을 목표로 한다.

● **경제적 해자** - 그에게 훌륭한 회사란 강력하고 지속 가능한 경

제적 해자를 가지고 있으며 이해하기 쉬운 사업 모델과 정직하고 유능한 경영진을 갖춘 기업이다.

- **심리적 태도** - 그는 투자의 심리적 측면을 매우 중요하게 여기며 시장의 단기적인 변동이나 외부의 소음에 흔들리지 않고 자신의 '능력 범위' 내에서 판단하는 데 집중한다.
- **안전 마진** - '안전 마진'을 중시하며 기업의 내재 가치 이하로 거래될 때 매수 기회를 찾지만 그 가치 평가에는 눈에 보이는 자산뿐 아니라 브랜드, 네트워크, 경영진 등 무형의 요소까지 폭넓게 고려한다.
- **장기 투자** - 인내심을 가지고 장기 보유하는 것이 그의 핵심 전략이다.

마스터카드 Mastercard, 네트워크 효과의 극대화

마스터카드는 비자와 함께 전 세계 카드 결제 시장을 주도하는 양대 산맥 중 하나이다. 마스터카드는 직접 카드를 발급하거나 상점에 결제 단말기를 설치하는 회사가 아니다. 그들은 카드 발급 은행, 카드 사용자, 가맹점, 가맹점 은행들 사이에서 결제 정보를 안전하고 빠르게 주고받을 수 있도록 하는 글로벌 결제 네트워크 및 관련 기술 솔루션을 제공하는 회사이다. 즉, 결제의 플랫폼 역할을 한다.

수익은 주로 거래량에 비례하는 수수료에서 발생한다. 이러한 사업 모델 덕분에 마스터카드는 강력한 네트워크 해자를 보유하고 있다. 또한 자본이 적게 드는 효율적인 비즈니스 구조를 갖추었다.

 **왜 마스터카드였나? 가이 스피어의 투자 논리**

가이 스피어가 마스터카드를 그의 대표적인 투자 종목으로 삼은 배경에는 그의 투자 철학, 특히 워렌 버핏과 찰리 멍거로부터 깊이 내면화한 '강력하고 지속 가능한 경제적 해자진입장벽'를 가진 기업에 대한 확신이 있었다.

- **범접할 수 없는 네트워크 효과 해자** - 마스터카드의 가장 강력한 해자는 바로 압도적인 규모의 글로벌 결제 네트워크이다. 수억 명의 소비자와 수천만 개의 가맹점 그리고 수만 개의 금융기관이 이 네트워크에 연결되어 있다. 소비자가 카드를 사용할 곳가맹점이 많을수록 더 많은 소비자가 마스터카드 카드를 사용하게 되고, 마스터카드 카드를 사용하는 소비자가 많을수록 더 많은 가맹점이 마스터카드 결제를 받아들인다. 이 양방향 네트워크는 상호 강화를 통해 계속해서 확장되고 공고해진다. 후발 주자가 이러한 거대한 네트워크를 처음부터 구축하는 것은 거의 불가능에 가깝다. 이는 버핏과 멍거가 그토록 중요하게 생각하는, 시간이 지날수록 더욱 강력해지는 경제적 해자의 전형이다.

- **이해하기 쉽고 예측 가능한 사업 모델** - 마스터카드의 사업은 복

잡한 기술 변화에 휘둘리기보다는 '결제'라는 인간의 기본적인 경제 활동에 기반한다. 소비자가 돈을 쓰고, 가맹점이 돈을 받는 행위가 일어날 때마다 정해진 수수료율에 따라 수익이 발생한다. 경제가 성장하고 소비가 늘어나며 특히 전자상거래가 확대될수록 마스터카드의 매출은 자연스럽게 증가한다. 복잡한 첨단 기술 개발 경쟁에 사활을 걸기보다는 안정적인 네트워크 운영과 효율성 증대에 집중하면 되는, 본질적으로 매우 이해하기 쉽고 예측 가능한 사업 모델이었다.

- **경이로운 자본 효율성과 수익성** - 마스터카드와 같은 결제 네트워크 사업은 공장이나 막대한 물리적 설비에 대규모 자본을 투자할 필요가 없다. 주로 IT 시스템 유지 및 업그레이드, 마케팅, 보안 등에 자본이 투입된다. 이는 매출 증가에 따라 비용이 비례하여 크게 늘어나지 않는 자본이 적게 드는 구조를 갖게 한다. 그 결과, 마스터카드는 매우 높은 영업이익률과 순이익률을 기록하며 벌어들이는 이익의 상당 부분을 재투자 부담 없이 잉여 현금 흐름으로 창출한다. 고스란히 남는 현금은 배당이나 자사주 매입을 통해 주주에게 돌아가거나, 수익성 높은 소규모 인수합병을 통해 네트워크를 더욱 강화하는 데 사용된다.

- **구조적인 시장 성장 수혜** - 전 세계적으로 디지털 결제는 장기적이고 거스를 수 없는 메가 트렌드이다. 스마트폰 보급 확대, 전자상거래 확산, 신흥국 시장의 금융 인프라 발전, 새로운 결제 흐름B2B, P2P의 디지털화는 마스터카드가 앞으로도 꾸준히

성장할 수 있는 거대한 기반을 제공한다.
- **투자 철학과의 완벽한 부합** - 마스터카드는 단순히 재무적으로 훌륭한 기업을 넘어, 가이 스피어가 버핏과 멍거로부터 배운 투자 철학의 거의 모든 기준에 부합했다. 강력한 네트워크 해자, 이해하기 쉬운 사업 모델, 자본 효율성, 꾸준한 성장성 그리고 일관성 있는 경영진까지. 이러한 기업에 투자하는 것은 시장의 단기적인 노이즈에 흔들릴 필요 없이 인내심을 가지고 장기적으로 동행하기에 완벽했다.

결과적으로 마스터카드는 가이 스피어의 투자 여정, 배움의 과정 그리고 확립된 철학이 응축된 '단 하나의 기업'이 되었다. 복잡한 월스트리트에서 벗어나 명확한 기준을 가지고 투자했을 때 어떤 기업을 만나게 되는지를 마스터카드는 상징적으로 보여주었다.

 **마스터카드 투자를 통해 배우는 가이 스피어의 교훈**

가이 스피어의 마스터카드 투자 사례는 우리에게 가치 투자의 현대적인 적용 방식과 투자자로서 갖춰야 할 태도에 대한 중요한 교훈을 담고 있다.

1. 사업 본질 파악과 경제적 해자 식별 - 겉모습 기술주에 현혹되지 않고 마스터카드의 핵심 경쟁력 네트워크 효과을 꿰뚫어 보는 통찰력

이 성공 투자의 출발점이다.

2. **단순하고 예측 가능한 사업 모델 선호** - 복잡한 첨단 기술 경쟁보다는 기본적인 경제 활동결제에 기반한 이해하기 쉬운 사업이 장기 투자에 적합하다.

3. **자본 효율성을 통한 주주 가치 극대화** - 적은 자본으로 높은 이익을 창출하고 이를 주주에게 환원하는 기업이 복리 효과를 통해 장기적으로 큰 보상을 제공한다.

4. **투자 환경과 심리적 편향 관리** - 물리적 환경스위스 이주까지 바꾸며 원칙을 지키려 했던 것처럼 외부 소음과 내부 심리적 편향을 체계적으로 관리하는 노력이 필요하다.

5. **멘토 지혜의 내면화와 실천** - 버핏과 멍거의 원칙을 단순히 배우는 것을 넘어 자신만의 투자 철학으로 내면화하고 실천하며 독자적인 투자자로 성장하는 과정이 중요하다.

가이 스피어 스타일의 포트폴리오

가이 스피어의 투자 철학을 현대 시장에 적용한다면 다음과 같은 네트워크 효과 기업 중심의 포트폴리오 구성을 고려할 수 있다.

● **글로벌 결제 네트워크 (40%)**
- Mastercard^{MA} - 양방향 네트워크 효과의 결정체, 글로벌 결제 인프라
- Visa^V - 강력한 브랜드와 네트워크, 신흥국 성장 잠재력

● 기술 플랫폼 (30%)

- Microsoft^{MSFT} – 클라우드와 소프트웨어 생태계의 강력한 네트워크 효과
- Alphabet^{GOOGL} – 검색과 광고 모델의 확장 불가능한 데이터 해자

● 금융 서비스 (20%)

- S&P Global^{SPGI} – 신용평가와 지수 사업의 과점적 지위와 자본 효율성
- Moody's^{MCO} – 신용평가 시장의 양대 산맥, 워렌 버핏도 선호하는 종목

● 소비자 플랫폼 (10%)

- Booking Holdings^{BKNG} – 여행 예약 플랫폼의 양방향 네트워크 효과
- Amazon^{AMZN} – 이커머스와 클라우드의 네트워크 효과 결합

가이 스피어의 현대적 포트폴리오 접근법은 "강력한 네트워크 효과와 자본 효율성을 갖춘 이해하기 쉬운 사업 모델의 기업들에 집중하여, 심리적 편향을 배제하고 인내심을 가지고 장기 보유하는 전략"으로 요약할 수 있다.

조엘 그린블랫 Joel Greenblatt 과
알파벳 Alphabet, GOOGL

마법 공식으로 복잡한
시장을 단순화한 교육자

조엘 그린블랫은 월스트리트에서 헤지펀드 고담 캐피털Gotham Capital을 운용하는 동시에, 일반 투자자들에게 가치 투자의 원리를 쉽고 명확하게 전달해온 작가이자 교육자이다. 그의 저서 "시장을 이기는 마법 공식The Little Book That Beats the Market"은 복잡해 보이는 주식 시장에서 개인 투자자들이 합리적인 투자 결정을 내릴 수 있도록 돕는 간결하면서도 강력한 도구인 '마법 공식'을 소개해 전 세계적인 베스트셀러가 되었다.

또한 그의 다른 저서인 "주식 시장을 이기는 작은 책"은 스핀오프인적분할, 합병, 구조조정 등 특별한 상황에 놓인 기업에서 기회를 찾는 이벤트 중심 투자 전략을 깊이 있게 파고들었다. 뉴욕 컬럼비아 대학교 비즈니스 스쿨에서 학생들을 가르치며 가치 투자의 명맥을 잇는 데도 기여하고 있다.

 **조엘 그린블랫의 투자 철학**

그린블랫의 투자 철학은 스승인 벤저민 그레이엄과 워렌 버핏의 영향을 받아 '훌륭한 회사를 합리적인 가격에 사는 것'을 핵심으로 삼는다. 기업의 내재 가치에 집중하고, 시장 가격이 내재 가치 이하로 거래될 때 매수 기회를 찾는다. 특히 그가 고안한 '마법 공식'은 이러한 철학을 두 가지 간단한 재무 지표로 압축했다.

- **자본 수익률**Return on Capital – 기업이 사업 자본을 얼마나 효율적으로 사용하여 이익을 창출하는가? 이는 기업의 '퀄리티'를 나타낸다. 수익성이 높고 자본 활용 능력이 뛰어난 기업이 훌륭한 회사이다.
- **이익 수익률**Earnings Yield – EBIT / Enterprise Value – 기업의 이익세전 이자지급전이익 대비 기업 가치시가총액 + 순부채가 얼마나 저렴한가? 이는 기업의 '가격'을 나타낸다. 이익 창출 능력에 비해 시장에서 저평가된 기업이 싸게 살 수 있는 기회이다.

마법 공식은 이 두 지표로 전체 상장 기업 순위를 매긴 후, 순위가 높은 기업들로 분산된 포트폴리오를 구성하는 단순한 전략이다. 그린블랫은 이 공식이 장기적으로 시장 평균 수익률을 초과할 수 있다고 주장했다. 하지만 그의 실제 헤지펀드 운용은 마법 공식뿐 아니라 스핀오프 등 다양한 이벤트 중심 투자 기법을 복합적으로 활용한다. 이는 마법 공식이 그의 철학을 단순화한 도구일 뿐, 그의 전체 투자 세계는 더 넓다는 것을 보여준다.

> **TIP**
>
> ### 고담 캐피털 – 배트맨의 도시에서 영감받은 이름
>
> 조엘 그린블랫이 설립한 헤지펀드 이름인 '고담 캐피털(Gotham Capital)'은 매우 흥미로운 유래를 가지고 있다. 그 이름은 바로 미국 만화 및 영화 시리즈로 유명한 배트맨의 배경 도시인 '고담시(Gotham City)'에서 영감을 받았다.
>
> 조엘 그린블랫은 뉴욕 출신이며, 고담시는 종종 '현실 세계 뉴욕의 어둡고 과장된 버전'으로 묘사된다. 고담시는 범죄와 혼란이 가득하지만, 동시에 영웅(배트맨)이나 기회가 숨어 있는 도시를 상징한다.
>
> 그린블랫은 이러한 고담시의 상징성을 월스트리트와 금융 시장에도 투영했다. 그에게 금융 시장은 겉보기에는 복잡하고 예측 불가능하며 혼란스러워 보이지만, 철저한 분석과 명확한 원칙을 적용하면 숨겨진 투자 기회를 포착할 수 있는 '기회의 도시'와 같다고 생각했다.
>
> 따라서 고담 캐피털이라는 이름에는 복잡하고 혼란스러운 시장(고담시) 속에서도 분석과 전략을 통해 기회를 찾아내고 승리하겠다는 조엘 그린블랫의 의지와 다짐이 담겨 있다. 시장의 혼란을 두려워하기보다 그 혼란 속에 가려진 가치를 발견하겠다는 투자 철학을 이름에 녹여낸 것이다.
>
> 고담시는 배트맨에게 수많은 도전과 기회를 동시에 제공하는 무대이다. 마찬가지로 고담 캐피털에게 월스트리트는 복잡한 데이터와 시장 참여자들의 심리가 뒤얽힌 혼란 속에서도 분석력을 무기로 수익이라는 '정의'를 실현하려는 무대라고 할 수 있다. 고담 캐피털이라는 이름 자체로 조엘 그린블랫의 투자 세계관을 보여준다.

알파벳Alphabet, 마법 공식과 그 너머의 '훌륭한 회사'

알파벳은 검색 엔진 구글을 모회사로 하는 거대 기술 기업이다. 주요 사업은 구글 검색 및 광고, 유튜브, 구글 클라우드, 인공지능 부문딥마인드, 제미니 AI 등 그리고 웨이모Waymo, 베릴리Verily 등 미래 기술을 탐구하는 기타 사업으로 구성된다. 검색 시장의 압도적인 지배력과 인터넷 광고 시장에서의 강력한 위치를 기반으로 막대한 수익을 창출하며 AI 기술 발전을 통해 기존 사업을 강화하고 끊임없이 새로운 영역으로 확장하고 있다.

조엘 그린블랫의 헤지펀드인 고담 캐피털의 공개 포트폴리오13F 공시에서 알파벳은 상당 기간 중요한 비중을 차지해왔다. 마법 공식이 제시하는 '자본 수익률이 높고 이익 수익률이 높은' 기업이라는 기준에 알파벳이 어떻게 부합하거나 혹은 그 기준을 넘어서는 어떤 매력이 그린블랫의 투자 결정에 영향을 미쳤을까?

왜 알파벳이었나? 조엘 그린블랫의 투자 논리

조엘 그린블랫이 알파벳을 그의 대표적인 투자 종목 중 하나로 선택한 배경에는 그의 투자 철학이 대형 기술주에도 어떻게 적용될 수 있는지를 보여주는 논리가 담겨 있다.

● **경이로운 자본 수익률과 수익성** - 마법 공식의 첫 번째 기준인

'자본 수익률' 측면에서 알파벳은 매우 뛰어난 기업이다. 구글 검색이나 유튜브와 같은 인터넷 플랫폼 사업은 물리적인 자산 투자 없이도 엄청난 이익을 창출할 수 있다. 일단 네트워크와 기술 인프라가 구축되면 추가적인 사용자나 광고주가 늘어날수록 비용은 크게 증가하지 않는 반면 수익은 기하급수적으로 늘어난다. 이는 투입된 자본 대비 이익 창출 능력이 매우 높다는 것을 의미한다. 알파벳은 꾸준히 높은 자본 수익률을 기록하며 '훌륭한 회사'의 조건을 충족했다.

- **압도적인 시장 지배력과 네트워크 효과 해자** - 알파벳의 가장 강력한 해자는 구글이 검색 시장에서 갖고 있는 거의 독점적인 지배력이다. 사람들은 정보를 찾을 때 '구글 검색한다'는 말을 관용적으로 사용할 정도로 구글은 검색의 대명사가 되었다. 검색 점유율이 높을수록 더 많은 사용자가 모이고, 이는 더 많은 데이터를 축적하게 하여 검색 품질을 향상시키고, 다시 더 많은 광고주를 유치하는 강력한 선순환 네트워크 효과를 만들어낸다. 유튜브 역시 동영상 플랫폼 시장에서 독보적인 위치를 차지하며 유사한 네트워크 효과를 누린다. 최근에는 제미니 AI와 같은 첨단 인공지능 기술로 이러한 해자를 더욱 강화하고 있다. 이러한 압도적인 시장 지배력, 네트워크 효과 그리고 AI 기술력은 경쟁자가 쉽게 넘볼 수 없는 강력한 진입 장벽이자 해자이다.

- **성장성과 재무 건전성** - 알파벳은 이미 거대한 기업이지만 여전히 높은 성장 잠재력을 가지고 있다. 핵심 검색 광고 사업은 디

지털 광고 시장 성장과 함께 꾸준히 우상향하고 있으며 클라우드 사업은 폭발적으로 성장하고 있다. 딥마인드와 같은 인공지능 연구 부문과 자율주행웨이모 등 미래 기술 투자는 잠재적인 대규모 성장 동력이다. 특히 AI 기술은 기존 제품을 혁신하면서 새로운 수익원으로 창출할 가능성이 크다. 또한, 알파벳은 막대한 현금 보유와 안정적인 현금 흐름을 바탕으로 신규 투자, 인수합병, 연구 개발에 적극적으로 나서며 지속적인 성장을 위한 발판을 마련하고 있다. 탄탄한 재무 구조는 위기 속에서도 기업을 안정적으로 지탱하는 힘이 된다.

- **주주 환원** - 과거 알파벳은 배당에 소극적이었으나 최근에는 대규모 자사주 매입을 통해 주주 가치를 적극적으로 제고하고 있다. 자사주 매입은 발행 주식 수를 줄여 주당 가치를 높이는 효과가 있으며 이는 이익 수익률 등 가치 지표에도 긍정적인 영향을 미친다. 훌륭한 회사가 벌어들인 이익을 주주에게 효율적으로 환원하는 정책은 가치 투자자가 중요하게 보는 요소이다.

알파벳의 경우, 시장 상황에 따라 마법 공식의 두 번째 기준인 '이익 수익률'저렴한 가격 측면에서는 전통적인 가치주만큼 항상 낮은 멀티플을 기록하지는 않을 수 있다. 그러나 그린블랫의 철학은 단순히 숫자가 싼 주식을 넘어 '훌륭한 회사'의 중요성을 강조하며 이러한 훌륭한 회사를 '합리적인 가격'에 사는 것이다. 알파벳의 압도적인 해자, 탁월한 수익성, 성장 잠재력 등을 종합적으로 고려할 때

설령 숫자로만 본 이익 수익률이 아주 높지 않더라도 그린블랫의 기준에서는 '합리적인 가격에 살 수 있는 훌륭한 회사'로 충분히 판단될 수 있었다.

 **알파벳 투자로 배우는 조엘 그린블랫의 교훈**

조엘 그린블랫의 알파벳 투자 사례는 개인 투자자들에게 다음과 같은 중요한 교훈을 준다.

1. **가치 투자의 진화하는 방법론** - 마법 공식 같은 정량적 도구는 출발점이지만 기술 기업도 본질적인 '훌륭함'해자, 수익성, 성장성을 갖추고 있다면 가치 투자 관점에서 매력적인 대상이 될 수 있다.
2. **양적 지표와 질적 분석의 균형** - 마법 공식과 해자 분석을 결합해야 한다. 숫자가 보여주는 효율성자본 수익률과 함께 왜 이 기업이 돈을 잘 버는지를 이해하는 질적 분석이 필요하다.
3. **압도적 시장 지배력과 네트워크 효과의 가치** - 눈에 보이는 자산이 적더라도 강력한 무형 자산인 네트워크와 브랜드는 기업의 장기적인 수익성과 안정성을 보장하는 핵심 해자이다.
4. **주주 친화적 정책의 중요성** - 기업이 벌어들인 이익을 자사주 매입이나 배당으로 효율적으로 주주에게 돌려주는 기업이 장기적으로 주주 가치를 높인다.

5. 단순한 원칙의 복합적 적용 - 마법 공식이라는 간단한 원칙이 알파벳 같은 복잡한 기술 기업의 가치를 포착할 수 있음을 보여준다. 단순함과 복잡함의 균형이 중요하다.

 조엘 그린블랫 스타일의 포트폴리오

조엘 그린블랫의 마법 공식 투자 철학을 현대 시장에 적용한다면 다음과 같은 고수익률 기업 중심의 포트폴리오 구성을 고려할 수 있다.

● **디지털 플랫폼 (40%)**
- Alphabet^GOOGL - 검색과 동영상 플랫폼의 압도적 지배력
- Meta Platforms^META - 소셜 미디어 플랫폼의 네트워크 효과와 광고 수익

● **고수익 기술 기업 (30%)**
- Microsoft^MSFT - 클라우드와 소프트웨어의 경제적 해자와 구독 모델
- Adobe^ADBE - 창작 소프트웨어의 독점적 지위와 구독 수익

● **브랜드 파워 기업 (20%)**
- Apple^AAPL - 견고한 에코시스템과 충성도 높은 고객층
- Nike^NKE - 글로벌 브랜드 파워와 직접 판매 채널 확대

● **돈을 잘 버는 전통 산업 (10%)**
- AutoZone^AZO - 자동차 부품 소매업의 안정적 수익성

- Moody's^{MCO} - 신용평가 시장의 과점적 지위와 높은 진입장벽

    조엘 그린블랫의 현대적 포트폴리오 접근법은 "높은 자본 수익률을 지속적으로 창출하는 훌륭한 기업들을 찾아내고, 이들을 합리적인 가격에 매수하여 비교적 집중된 포트폴리오로 구성하는 전략"으로 요약할 수 있다.

하워드 막스 Howard Marks 와 브룩필드 자산운용
Brookfield Asset Management, BAM

★ ★ ★ ★ ★
★ ★ ★ ★ ★

시장의 사이클을 읽는 리스크 관리의 대가

하워드 막스는 투자 업계에서 '시장의 사이클 전문가'이자 '리스크 관리의 대가'로 통하는 인물이다. 오크트리 캐피털 매니지먼트 Oaktree Capital Management의 공동 설립자이자 회장인 그는 워렌 버핏조차 극찬할 만큼 깊이 있는 투자 리포트를 정기적으로 발행하여 전 세계 수많은 투자자에게 영감과 통찰을 주고 있다. 버핏이 '매주 가장 먼저 읽는 자료'라고 언급할 정도로 그의 투자 리포트는 금융 시장 분석의 정수로 평가받는다.

하워드 막스는 예일 대학교에서 금융 경제학 석사 학위를 받았고 씨티은행과 컨티넨탈 일리노이 내셔널 뱅크에서 투자 경력을 쌓은 후 1995년 오크트리를 공동 설립했다. 오크트리는 특히 하이일드고수익 채권, 부실 채권, 전환 사채 등 신용 및 대체 투자 분야에서 세계적인 명성을 쌓았다.

하워드 막스의 투자 철학

하워드 막스의 투자 철학은 전통적인 가치 투자의 기본에 뿌리를 두고 있지만 그 초점은 일반적인 주식 투자자들과는 다소 다르다. 그의 핵심 원칙은 다음과 같다.

- **시장의 사이클 이해와 활용** - 막스는 시장이 끊임없이 순환하며 사이클을 그린다고 강조한다. 경제 사이클, 이익 사이클, 투자 심리 사이클, 특히 신용 사이클의 정점과 저점을 파악하는 것이 투자 성과에 지대한 영향을 미친다고 본다. 그는 사이클의 현재 위치를 이해하고 이에 맞춰 투자 강도나 리스크 노출 수준을 조절하는 것을 중요하게 생각한다.

- **리스크 관리가 최우선** - 막스에게 투자의 최우선 목표는 '최고 수익 달성'이 아니라 '영구적인 자본 손실 회피'이다. 잠재적 수익보다 리스크 통제에 훨씬 더 많은 에너지를 쏟는다. 리스크를 제대로 이해하고 측정하며 통제하는 것이 장기적으로 성공적인 투자를 가능하게 한다고 믿었다.

- **비효율적인 시장에서의 가치 발굴** - 오크트리가 전문으로 하는 부실 채권이나 하이일드(고수익) 채권 시장은 일반적인 주식 시장보다 정보의 비대칭성이 크고 참여자가 적어 비효율적인 경

우가 많다. 막스는 이러한 비효율적인 시장이야말로 뛰어난 분석과 인내심을 통해 '싸게 사서 비싸게 팔' 기회가 많다고 보았다. 그는 '무엇을 사느냐보다 얼마에 사느냐가 중요하다'는 가치 투자 원칙을 특히 신용 시장에서 철저히 적용했다.

- **2차적 사고** - 막스는 피상적인 생각'1차적 사고'을 넘어, "다른 투자자들은 어떻게 생각할까?", "모두가 이렇게 생각한다면 결과는 어떻게 될까?", "내가 생각하는 결과가 실제로 일어날 확률은?" 등 더 깊이 생각하는 '2차적 사고'의 중요성을 강조했다.
- **인내심과 역발상 투자** - 사이클의 저점에서 용기를 내어 매수하고, 모두가 탐욕스러울 때 신중함을 유지하는 역발상 투자와 이를 가능하게 하는 인내심이 중요하다고 역설했다.

하워드 막스의 투자 리포트 - 사이클을 읽고 가치에 투자하다

하워드 막스는 그가 이끄는 오크트리 캐피털을 통해 투자자들에게 정기적으로 보내는 "투자 리포트"로 금융계에서 독보적인 위상을 구축했다. 그의 메모는 단순히 시장 분석 보고서를 넘어 시장의 '사이클', 투자자의 '심리', 그리고 '리스크 관리'에 대한 깊이 있는 통찰을 담은 에세이로 평가받는다.

투자 리포트의 핵심은 시장의 과열(탐욕)과 극심한 공포 시점(패닉) 등 사이클의 극단적인 시점에 대해 날카롭게 경고하고, 이때 투자자들이 어떤 태도를 취해야 하는지를 조언하는 것이다. 막스는 시장의 비이성적인 움직임 속에서 감정에 휩쓸리지 않고, 어디에 리스크가 집중되어 있고 어디에서 가치가 창출되는지를 파악하는 것이 중요하다고 강조한다. 그의 투자 리포트는 투자자들에게 '지금 시장이 사이클의 어디에 있는지'를 읽는 법을 가르치는 나침반 역할을 한다.

브룩필드 자산운용은 그의 사이클 분석이 실제 투자 성과로 연결되는 구체적인 사례를 보여준다. 브룩필드는 부동산, 인프라 등 실물 자산 및 대체 투자 분야의 거인이다. 하워드 막스의 투자 리포트는 2008년 금융위기 이후처럼 시장이 극심한 공포에 빠져 실물 자산 가치까지 저평가되었을 때, 용기를 가지고 이러한 자산에 주목하고 투자 기회를 잡으라고 조언했다.

만약 투자자들이 하워드 막스의 사이클 분석을 따르고, 금융위기 저점과 같은 기회의 시점에서 브룩필드와 같은 기업에 장기 투자했다면 놀라운 복리 수익률을 얻을 수 있었다. 브룩필드 자산운용 주가는 2009년 이후 10년 넘게 약 6배 이상 상승했고, 배당과 자산 가치 상승까지 고려하면 총수익은 더욱 컸다. 이는 사이클의 정확한 시점을 파악하고 가치 있는 자산에 투자했을 때 시간의 힘(복리)이 만들어내는 결과를 보여준다.

하워드 막스의 투자 리포트는 오크트리 고객뿐 아니라 전 세계 금융 전문가들에게 필독서처럼 여겨진다. 그의 투자 리포트가 중요한 이유는 복잡한 시장 속에서 어떻게 생각하고 판단해야 하는지에 대한 프레임을 제공하기 때문이다. 단기적인 시장 소음보다 큰 흐름과 리스크 관리에 집중하도록 돕는다.

하워드 막스의 투자 리포트는 그의 깊은 분석력과 솔직함 그리고 투자 원칙에 대한 흔들리지 않는 신념을 보여주는 증거이며, 시장 사이클을 읽고 리스크를 관리하며 가치에 투자하는 방법을 배우는 지적인 나침반 역할을 한다. 브룩필드와 같은 자산의 성공적인 장기 성과는 그의 통찰이 현실에서 어떻게 구현되는지를 보여주는 사례이다.

 **브룩필드 자산운용**Brookfield Asset Management**, 하워드 막스의 투자 세계를 담다**

브룩필드 자산운용은 전 세계 최대 규모의 대체 자산 운용사 중 하나이다. 부동산, 인프라, 재생 에너지, 사모 펀드 그리고 신용 및 부실 채권오크트리를 통해 등 매우 광범위한 대체 자산에 투자하고 운용한다. 이들은 고객기관 투자자, 연기금 등으로부터 자금을 모아 이러한 대체 자산에 장기 투자하고 관리하며 운용 수수료와 성과 보수를 받는다.

2019년 브룩필드는 오크트리 캐피털 매니지먼트의 지분 대부분을 인수했고, 하워드 막스는 오크트리의 회장직을 유지하며 브룩필드의 이사회 멤버로도 활동하게 되었다. 즉, 오크트리는 이제 브룩필드라는 더 큰 우산 아래 속하게 된 것이다.

브룩필드 자산운용BAM이 하워드 막스의 투자 세계를 대표하는 기업으로 선정된 것은 BAM이 그의 주된 투자 분야인 '대체 자산'과 '신용 시장오크트리'을 아우르는 거대한 비즈니스 자체를 나타내기 때문이다. BAM은 단순히 막스가 개인적으로 주식을 사들인 종목이 아니라 그가 평생을 바쳐 전문성을 쌓아온 시장 영역과 그 시장에서 자본이 어떻게 운용되는지를 보여주는 상징적인 기관이다.

하워드 막스의 투자 세계와 BAM의 연결

하워드 막스가 브룩필드 자산운용BAM과 연결되는 것은 그의 투자 철학 및 전문성이 BAM이 영위하는 사업과 깊이 연관되어 있기 때문이다. BAM은 막스처럼 시장 사이클을 이해하고 리스크를 관리하며 비효율적인 시장부동산, 인프라, 부실 채권 등에서 가치를 발굴하여 자본을 운용하는 사업을 한다.

- **하워드 막스의 전문 분야를 포함하는 거대 플랫폼** - BAM은 오크트리를 인수함으로써 신용 및 부실 채권 분야의 세계 최고 전문가 집단인 오크트리를 자회사로 두게 되었다. 이는 BAM이라는 거대한 플랫폼이 하워드 막스의 전문 분야신용 투자를 핵심 요소로 포함하고 있음을 의미한다. BAM은 막스가 활동하는 세계, 즉 기관 자본이 대체 자산과 신용 시장에 투자되는 거대한 흐름을 상징적으로 보여준다.

- **시장의 사이클과 직접적으로 연결된 비즈니스** - BAM의 사업 모델은 하워드 막스가 평생 연구한 시장 사이클과 직접적으로 연관된다. 특히 오크트리가 전문으로 하는 부실 채권 투자의 기회는 경제 불황이나 신용 경색과 같은 사이클의 저점에서 극적으로 증가한다. BAM 전체적으로도 자금 모집, 투자 실행, 자산 매각 등의 활동이 시장 환경 및 사이클에 큰 영향을 받는다. BAM은 사이클에 따라 기회가 생기는 시장에서 자본을 운용하는 비즈니스 자체를 대표하며 이는 사이클 분석을 투자

핵심으로 삼는 막스의 철학이 반영되는 무대이다.

- **리스크 관리 및 가치 투자 철학의 실현** - BAM과 오크트리는 모두 겉으로 보이는 자산 가치와 실제 시장 가격의 괴리에서 기회를 찾고, 철저한 분석과 리스크 관리를 통해 투자한다. 이는 하워드 막스의 가치 투자 및 리스크 관리 철학이 대규모 자본 운용 비즈니스에서 어떻게 구현되는지를 보여준다. BAM이라는 조직은 막스가 제시한 투자 원칙이 개인의 영역을 넘어 기관의 영역에서 시스템적으로 작동하는 방식을 나타낸다.
- **기관 투자 세계의 중요성** - BAM은 주로 연기금, 국부펀드, 기관 투자자들의 자금을 받아 운용한다. 이는 개인 투자자의 투자 세계를 넘어, 거대한 기관 자본이 어떻게 움직이고 어떤 시장대체 자산에 관심을 갖는지를 보여준다. 하워드 막스가 기관 투자자들에게 보내는 투자 리포트가 큰 영향력을 갖는 것처럼 BAM은 이러한 기관 투자자들의 세계를 대표하는 기업이다.

따라서 브룩필드 자산운용BAM은 하워드 막스가 직접 고른 상장 주식으로서의 의미보다는 그가 속한 오크트리의 모회사로서 그의 투자 철학사이클, 리스크 관리, 비효율적 시장에서의 가치이 구현되는 '시장 영역'과 '비즈니스 모델'을 대표하는 기업으로 선정되었다.

 **브룩필드 자산운용을 통해 배우는 하워드 막스의 교훈**

하워드 막스와 브룩필드 자산운용의 연결고리는 우리에게 다음과 같은 중요한 투자 교훈을 준다.

1. **다양한 자산 클래스의 투자 기회** - 투자는 주식 시장에만 국한되지 않는다. 채권, 부실 자산, 부동산, 인프라 등 대체 자산 시장의 존재와 그 중요성을 인식해야 한다. 다양한 자산 클래스에 대한 이해는 투자 기회의 스펙트럼을 넓혀준다.

2. **시장 사이클 이해의 중요성** - 시장의 사이클을 이해하는 것이 투자 성과에 결정적이다. 경제 사이클, 신용 사이클 등이 어떻게 투자 기회와 리스크를 변화시키는지 파악하는 능력이 중요하다. 사이클의 저점에서 용기를 갖고, 고점에서 신중해지는 판단력을 기르는 것이 핵심이다.

3. **리스크 관리 우선 원칙** - 수익률 추구만큼, 아니 그 이상으로 리스크 관리가 중요하다. 자본을 잃지 않는 투자의 중요성을 이해하고 투자의 우선순위를 명확히 해야 한다. 하워드 막스가 강조하듯 "투자 성공은 영구적 자본 손실을 피하는 것에서 시작한다."

4. **비효율적 시장에서의 기회 발굴** - 비효율적인 시장은 기회가 될 수 있다. 정보가 부족하거나 소외된 시장일수록 철저한 분석을 통해 내재 가치보다 훨씬 싸게 자산을 매수할 기회를 찾을 수 있다. 부실 채권, 특수 상황 등 주류 투자자들이 외면하는

영역에 주목해야 한다.

5. **자산운용사 비즈니스 모델의 이해** - 자산운용사의 역할을 이해하는 것이 시장을 보는 시야를 넓혀준다. 브룩필드오크트리 포함와 같은 자산운용사는 거대한 자본을 운용하며 특정 시장의 기회를 포착하고 리스크를 관리하는 비즈니스 모델 자체로도 흥미로운 연구 대상이다. 이러한 기관들의 움직임은 시장의 큰 흐름을 읽는 데 도움이 된다.

하워드 막스 스타일의 포트폴리오

하워드 막스의 투자 철학과 접근 방식을 현대 시장에 적용한다면 다음과 같은 포트폴리오 구성을 고려할 수 있다.

● **대체 자산 운용사 (40%)**
- KKR & Co.^KKR - 사모펀드, 인프라, 신용 등 다양한 전략 보유자
- Blackstone^BX - 부동산과 사모펀드 중심의 글로벌 대체 투자 리더

● **특수 신용 및 하이일드 채권 (25%)**
- Ares Capital^ARCC - 중견기업 대상 직접 대출과 하이일드 투자
- Apollo Global Management^APO - 부실 자산과 특수 상황 투자의 명가

● **인프라 및 실물 자산 (20%)**
- Equinix^EQIX - 글로벌 데이터센터 인프라 대표주
- NextEra Energy^NEE - 재생 에너지 및 유틸리티 인프라 자산

- **특수 상황 투자 (15%)**
  - PJT Partners^{PJT} – 기업 구조조정 및 특수 상황 자문 전문
  - Howard Hughes Corporation^{HHC} – 복합 부동산 개발 및 자산 가치 재평가 기회

하워드 막스의 현대적 포트폴리오 접근법은 "시장 사이클의 위치를 파악하고, 비효율적인 시장에서 가치를 발굴하며, 리스크 관리를 최우선으로 하면서 기관 자본의 흐름과 대체 자산에 주목하는 전략"으로 요약할 수 있다.

브루스 베어코위츠 Bruce Berkowitz 와 뱅크오브아메리카 Bank of America, BAC

위기 속에서 가치를 발굴하는 고집중 투자자

브루스 베어코위츠는 미국의 가치 투자자로, 그가 운용하는 페어홀름 펀드Fairholme Fund를 통해 특히 위기 상황에서 저평가된 금융, 보험, 부동산 섹터에 집중적으로 투자하는 전략으로 명성을 쌓았다. 2000년대 금융주와 보험주에 대한 그의 선구적인 투자는 큰 성공을 거두었으며 모닝스타로부터 2009년 '올해의 펀드 매니저', 포브스로부터 2000년대 '10년간 최고의 펀드 매니저'로 선정되기도 했다.

그의 투자 스타일은 소수의 기업에 자금을 집중하는 고高집중 투자와 시장의 부정적인 심리에 맞서는 강력한 역발상으로 요약된다. 모두가 팔고 도망칠 때 철저한 분석을 통해 기업의 내재가치가 시장 가격보다 훨씬 높다고 확신하면 과감하게 베팅하는 대담함을 가진 투자자였다.

브루스 베어코위츠의 투자 철학

베어코위츠의 투자 철학은 극심한 저평가 주식을 매수하는 것에 기반한다. 기업의 장부 가치, 자산 가치 그리고 미래 현금 흐름 창출 능력을 보수적으로 평가하여 내재가치를 산출하고, 시장 가격이 이 내재가치보다 현저히 낮을 때를 투자 기회로 삼는다.

- **위기 시 역발상 투자** - 베어코위츠의 투자는 시장이 극도의 공포에 휩싸였을 때 빛을 발했다. 2008년 글로벌 금융 위기처럼 특정 섹터 전체가 무너져내릴 때 대중의 심리에 휩쓸리지 않고 냉철하게 기업의 펀더멘털과 자산 가치를 분석하여 저가 매수 기회를 포착했다.
- **소수 종목 집중 투자** - 그는 자신의 분석과 확신에 따라 소수의 우량 기업에 자산의 상당 부분을 집중 투자하는 방식을 선호했다. 분산 투자보다는 철저히 공부한 몇몇 기업에 '크게' 투자하여 확신하는 아이디어의 성과를 극대화하려 했다.
- **금융, 보험, 부동산 섹터 전문성** - 그의 성공은 이들 특정 섹터에 대한 깊은 전문성에서 나왔다. 다른 투자자들이 복잡하다고 기피하는 금융 회사들의 재무제표와 사업 모델을 파고들어 숨겨진 가치를 발견했다.

- **자산 가치 및 복구 능력 평가** - 주가 폭락으로 인해 기업의 시장 가치가 보유 자산 가치나 정상적인 영업 활동을 통한 미래 수익 능력에 비해 현저히 낮아졌을 때 그 자산의 진정한 가치와 기업의 복구 가능성을 평가하는 데 주력했다.

뱅크오브아메리카Bank of America, 위기 속 저평가된 거인의 기회

뱅크오브아메리카는 미국에서 가장 큰 은행 중 하나로 수억 명의 고객을 기반으로 예금, 대출, 자산 관리, 투자 은행 업무 등 광범위한 금융 서비스를 제공한다. 하지만 2008년 글로벌 금융 위기 당시, 무분별한 대출 자산특히 서브프라임 모기지 문제와 부실 금융기관 인수 여파로 심각한 유동성 위기와 자산 부실을 겪었다.

주가는 폭락했고 정부의 구제 금융을 받아야 했으며 시장에서는 파산이나 막대한 추가 손실에 대한 공포가 팽배했다. 뱅크오브아메리카는 당시 금융 위기의 상징이자 가장 위험해 보이는 기업 중 하나였다.

바로 이러한 시기, 대부분의 투자자들이 뱅크오브아메리카 주식을 내던질 때 브루스 베어코위츠는 오히려 이 기업에 주목하고 대규모 투자를 단행했다. 그의 페어홀름 펀드에서 뱅크오브아메리카의 비중을 공격적으로 늘려갔고, 뱅크오브아메리카는 펀드의 핵심 보유 종목 중 하나가 되었다. 이는 그의 위기 시 역발상 투자 철학이 극명하게 드러난 사례였다.

왜 뱅크오브아메리카였나? 브루스 베어코위츠의 투자 논리

브루스 베어코위츠가 뱅크오브아메리카를 그의 대표적인 투자 종목으로 삼은 배경에는 금융 위기라는 극단적인 상황 속에서 발휘된 그의 깊은 가치 분석과 역발상적 판단이 있었다.

- **내재가치 대비 극심한 저평가** - 금융 위기 당시 뱅크오브아메리카의 주가는 기업의 유형 장부가치 보다 훨씬 낮은 수준에서 거래되었다. 베어코위츠는 시장의 공포가 기업의 본질적인 가치와 보유 자산의 잠재력을 과도하게 할인하고 있다고 판단했다. 그는 일시적인 위기에도 불구하고 뱅크오브아메리카가 가진 거대한 고객 기반, 광범위한 지점 네트워크, 안정적인 예금 풀이라는 핵심 자산 가치는 훼손되지 않았다고 보았다. 주가에 반영되지 않은 이러한 숨겨진 자산 가치가 그에게는 매력적인 안전마진이었다.

- **시스템적 중요성과 생존 가능성** - 뱅크오브아메리카는 '대마불사'로 불릴 만큼 미국 금융 시스템에서 차지하는 비중이 막대했다. 베어코위츠는 정부가 금융 시스템의 붕괴를 막기 위해 총력을 기울일 것이며 그 과정에서 뱅크오브아메리카와 같은 대형 은행은 어떤 형태로든 생존하고 기능할 수 있도록 지원

받을 가능성이 높다고 판단했다. 이는 기업 자체의 회복 노력과 더불어 외부 환경정부의 시스템 안정화 의지이 투자 성공에 긍정적인 영향을 줄 것이라는 계산이 깔려 있었다.

- **핵심 사업의 회복 잠재력** - 부실 자산과 법적 리스크에도 불구하고, 베어코위츠는 뱅크오브아메리카의 핵심 사업인 개인 및 기업 금융 부문의 회복 잠재력에 주목했다. 위기가 진정되고 경기가 회복되면 대출 수요가 늘어나고 건전성이 개선될 것이며, 이는 은행의 수익성을 정상화시킬 것이라고 보았다. 부실 자산은 시간이 지나거나 정부 지원 혹은 매각 등을 통해 해결될 수 있지만, 수십 년간 구축된 핵심 프랜차이즈는 쉽게 사라지지 않는다는 점을 높이 평가했다.

- **역발상 투자의 정수** - 뱅크오브아메리카에 투자하는 것은 당시 가장 용기가 필요한 결정이었다. 언론은 부정적인 기사를 쏟아냈고, 투자자들은 공포에 질려 주식을 팔았다. 이러한 극심한 부정적 심리 속에서 가치를 발견하고 대규모 자금을 투입하는 것은 베어코위츠의 역발상 투자 철학 그 자체였다. 그는 대중과 반대로 가는 것이 가장 큰 투자 기회를 잡는 방법이라고 믿었다.

- **고집중 투자** - 뱅크오브아메리카는 AIG와 함께 페어홀름 펀드의 포트폴리오에서 가장 큰 비중을 차지하는 두 기둥 중 하나가 되었다. 이는 베어코위츠가 자신의 분석과 판단에 얼마나 강한 확신을 가졌는지를 보여주며 그의 투자 스타일을 여실히 드러냈다.

결과적으로 뱅크오브아메리카는 금융 위기 이후 회복세를 보이며 브루스 베어코위츠의 페어홀름 펀드에 상당한 수익을 안겨주었다. 물론 그의 금융주 집중 투자가 이후 다른 문제특히 패니메이/프레디맥 투자로 인해 어려움을 겪기도 했으나, 뱅크오브아메리카 투자는 위기 속에서 발휘된 그의 가치 발굴 능력과 대담한 역발상 투자를 상징하는 가장 대표적인 사례로 남아 있다.

뱅크오브아메리카 투자를 통해 배우는 브루스 베어코위츠의 교훈

브루스 베어코위츠의 뱅크오브아메리카 투자 사례는 우리에게 다음과 같은 중요한 투자 교훈을 준다.

1. **위기 상황에서의 기회 포착** - 대중의 공포로 인해 자산 가격이 내재가치 이하로 폭락했을 때 용기를 가지고 분석하고 투자하는 것이 중요하다. 금융 위기가 시장 전체를 붕괴시키는 것처럼 보였지만 이는 깊은 가치 분석과 역발상 투자자에게는 엄청난 기회였다.

2. **복잡하고 소외된 섹터의 기회** - 금융처럼 많은 투자자가 분석하기 어렵다고 기피하는 산업에 대한 깊은 이해는 경쟁 우위가 될 수 있다. 베어코위츠는 금융, 보험 분야의 전문성을 바탕으로 다른 이들이 보지 못한 가치를 발견했다.

3. **본질적 자산 가치와 회복 능력 평가** - 일시적인 위기와 문제에 가려진 기업의 핵심 사업과 잠재력을 보는 시각이 필요하다. 뱅크오브아메리카의 고객 기반과 지점 네트워크와 같은 핵심 자산은 일시적 위기에도 불구하고 가치를 유지했다.

4. **강력한 역발상과 집중 투자** - 모두가 비관적일 때 긍정적인 가능성을 보고, 확신하는 소수의 아이디어에 대담하게 자금을 투입하는 용기가 장기적인 성공을 가져올 수 있다. 베어코위츠는 소수의 종목에 집중 투자함으로써 확신하는 기회에서 최대한의 수익을 얻고자 했다.

5. **시스템적 중요성을 고려한 투자** - 특정 기업의 가치뿐만 아니라 금융 시스템 내에서의 위상과 외부 환경 정부 정책 등의 영향도 함께 고려해야 한다. '대마불사'라는 개념이 실제로 뱅크오브아메리카의 생존과 회복에 중요한 역할을 했다.

브루스 베어코위츠 스타일의 포트폴리오

브루스 베어코위츠의 투자 철학과 접근 방식을 현대 시장에 적용한다면 다음과 같은 포트폴리오 구성을 고려할 수 있다.

● **대형 금융기관 (45%)**
- Bank of America^BAC - 핵심 예금 기반과 광범위한 지점 네트워크
- Citigroup^C - 글로벌 프랜차이즈와 장부가 대비 할인 거래

● **보험사 (30%)**

- American International Group^{AIG} – 구조조정 후 보험 사업 집중과 저평가
- Berkshire Hathaway$^{BRK.B}$ – 보험과 다각화된 사업 포트폴리오

● **특수 가치 상황 (15%)**

- Wells Fargo^{WFC} – 스캔들 이후 회복 중인 강력한 소매 금융 프랜차이즈
- Fannie Mae^{FNMA} – 정부 후견 하에 있는 모기지 시장의 핵심 기관

● **부동산 가치 (10%)**

- Simon Property Group^{SPG} – 프리미엄 몰 포트폴리오와 현금 흐름
- Howard Hughes Corp^{HHC} – 개발 가능한 토지 자산과 장기 가치 실현 잠재력

브루스 베어코위츠의 현대적 포트폴리오 접근법은 "시장의 극심한 비관론 속에서 자산 가치 대비 현저히 저평가된 기업을 식별하고, 이들 중 소수의 확신하는 아이디어에 대규모로 집중 투자하여 회복 국면에서 큰 수익을 얻는 전략"으로 요약할 수 있다.

세스 클라만과
아메리칸 인터내셔널 그룹

American International Group, AIG

**극도의 안전을
추구하는 은둔형 가치 투자자**

세스 클라만은 투자 업계에서 워렌 버핏에 비견될 만한 영향력을 가졌지만 언론과 대중에게는 잘 알려지지 않은 은둔형 가치 투자의 대가이다. 그가 1982년 설립하여 현재까지 이끌고 있는 바우포스트 그룹Baupost Group은 극도의 리스크 회피와 철저한 분석을 통해 장기적으로 탁월한 수익률을 기록해왔다. 그의 유일한 저서 '안전 마진'은 출간된 지 수십 년이 지났음에도 가치 투자의 바이블로 추앙받으며 복잡하고 불확실한 시장에서 투자자가 길을 잃지 않도록 돕는 나침반 역할을 했다. 세스 클라만은 주식, 채권, 부동산 등 다양한 자산에 투자하지만 특히 부실 채권과 복잡하거나 시장에서 소외된 상황에 놓인 자산 투자에서 큰 강점을 보였다.

 ## 세스 클라만의 투자 철학

세스 클라만의 투자 철학은 그의 저서 제목처럼 '안전 마진' 확보에 모든 것을 건다. 그는 영구적인 자본 손실 회피를 투자의 최우선 목표로 삼고, 이를 위해 자산의 내재가치보다 훨씬 낮은 가격에 매수하여 분석 오류나 예측치 못한 시장 충격으로부터 보호받을 수 있는 '안전 마진'을 확보하는 데 집중했다. 이는 잠재적 수익률보다는 손실 가능성 검토를 훨씬 중요하게 여긴다는 의미였다.

- **비효율적인 시장 및 복잡성 활용** - 세스 클라만은 정보가 불완전하거나 분석이 어렵고, 투자자들이 공포나 무관심으로 인해 자산 가치를 제대로 평가하지 못하는 비효율적인 시장이나 상황에서 기회를 찾았다. 파산 또는 부도 위기 기업, 복잡한 기업 구조, 규제 불확실성 등이 그에게는 탐험할 가치가 있는 투자 영역이었다.

- **철저한 근본적 분석** - 복잡한 상황일수록 기업의 재무 상태, 사업 모델, 자산 가치, 법적 및 정치적 환경까지 깊이 파고드는 집요한 분석을 수행했다. 시장 가격이 아닌 자신이 계산한 내재가치에 대한 확신만이 그의 투자 기준이었다.

- **인내심과 기회주의적 접근** - 가치가 회복되고 시장이 기업의 진가를 알아볼 때까지 수년이 걸리더라도 인내심을 가지고 기다렸다. 또한 시장에 극단적인 공포나 혼란이 닥쳐 비이성적인 가격이 형성될 때 과감하게 매수하는 기회주의적이고 역발상

적인 접근 방식을 취했다.

아메리칸 인터내셔널 그룹American International Group, 위기 속에서 다시 태어난 거인

AIG는 한때 전 세계를 호령했던 거대 보험 및 금융 복합 기업이었다. 생명 보험, 손해 보험, 퇴직연금 등 전통적인 보험 사업 외에도 금융 상품 사업 부문을 통해 신용 부도 스와프CDS와 같은 복잡한 파생 상품 거래에 깊숙이 관여했다. 2008년 글로벌 금융 위기 당시, 주택 시장 붕괴와 서브프라임 모기지 사태가 터지면서 AIG의 CDS 관련 손실이 눈덩이처럼 불어났고, 회사는 순식간에 파산 위기에 직면했다.

미국 정부는 시스템 리스크를 막기 위해 AIG에 1,800억 달러가 넘는 막대한 구제 금융 자금을 투입하며 회사를 살려냈다. AIG는 미국 금융 시스템의 취약성과 위기의 심각성을 보여주는 대표적인 사례이자, 정부의 대규모 개입이 없었다면 사라졌을 기업으로 여겨졌다.

바로 이러한 극심한 위기와 불확실성 그리고 정부의 개입으로 인해 기업 구조와 미래가 지극히 복잡해진 상황 속에서 세스 클라만과 바우포스트 그룹은 AIG에 주목했다. 대부분의 투자자들이 AIG를 '망한 회사' 또는 '복잡하고 위험한 회사'로 여기며 외면할 때 클라만은 그 이면에 숨겨진 가치와 회복 가능성을 분석하기 시작했다. 바우포스트 그룹은 AIG의 주식과 정부가 부여한 워런트신주인수권 등에 상당한 자금을 투자했다.

 **왜 아메리칸 인터내셔널 그룹이었나? 세스 클라만의 투자 논리**

세스 클라만이 AIG를 그의 대표적인 투자 종목으로 삼은 배경에는 금융 위기라는 극한 상황 속에서 발휘된 그의 독보적인 가치 분석 능력과 '안전 마진' 철학이 있었다.

- **내재가치 대비 극한의 저평가와 거대한 안전 마진** - 금융 위기 당시 AIG의 주가는 기업이 가진 핵심 보험 사업의 가치나 매각 가능한 자산 가치에 비해 극도로 낮은 수준으로 폭락했다. 시장의 공포와 복잡성에 대한 회피 심리가 합쳐져 기업 가치가 비이성적으로 할인된 것이다. 클라만은 AIG의 부실 자산과 부채를 제외하더라도 여전히 건재한 생명 보험, 손해 보험 사업 부문과 기타 자산들의 가치를 합산했을 때SOTP 분석 시장에서 거래되는 주가와의 어마어마한 괴리, 즉 '거대한 안전 마진'이 존재한다고 판단했다. 이 안전 마진이야말로 투자 실패의 위험을 최소화하고 성공 가능성을 높이는 핵심 요소였다.
- **복잡성, 불확실성, 리스크에 대한 깊은 이해** - AIG의 상황은 법적 리스크, 규제 불확실성, 정부의 지분 매각 계획, 사업 부문 분할 및 매각 등 일반 투자자가 접근하기 매우 복잡했다. 클라

만은 이러한 복잡성을 피하지 않고 파고들었다. 복잡성 그 자체가 분석을 어렵게 만들어 시장을 비효율적으로 만들고, 결과적으로 가치 투자자에게 기회를 제공한다고 보았다. AIG를 둘러싼 모든 리스크를 철저히 분석하고 평가했으며 자신이 이해할 수 있는 범위 내에서 리스크 대비 충분한 보상안전 마진이 있는지를 확인했다.

- **시스템적 중요성 및 회복 가능성** - AIG는 '대마불사' 논란의 중심에 있었을 만큼 미국 금융 시스템에서 차지하는 비중이 매우 컸다. 클라만은 정부가 AIG의 부실 자산을 정리하고 기업을 정상화시켜 구제 금융 자금을 회수하려 할 것이며 이 과정에서 기업의 생존과 회복이 필수적이라고 판단했다. 이는 AIG 자체의 펀더멘털 분석과 더불어 시스템적 환경 및 정부의 인센티브까지 고려한 복합적인 판단이었다. 그는 시간이 지나고 구조조정이 진행되면 AIG의 핵심 보험 사업이 정상화될 것이라고 보았다.

- **인내심을 요구하는 가치 실현 과정** - AIG 투자는 단기간에 끝나는 투자가 아니었다. 정부가 보유 지분을 단계적으로 매각하고 기업의 구조조정이 완료되기까지는 수년의 시간이 걸렸다. 클라만은 가치가 현실화될 때까지 긴 호흡으로 인내심을 가지고 기다릴 준비가 되어 있었다. 복잡하고 불확실한 상황 투자일수록 인내심은 필수적인 미덕이다.

세스 클라만에게 AIG는 단순한 보험주가 아니었다. 이 기업은 그의 투자 철학, 즉 극심한 위기/복잡성 속에서 '안전 마진'을 통해 가치를 발굴하고, 철저한 리스크 분석 후 인내심을 가지고 기다리는 방법론을 완벽하게 구현할 수 있는 '단 하나의 기업'과 같은 상징적인 투자 기회였다. 금융 위기의 상징이었던 AIG에서 가치를 찾아내 성공적인 투자로 이끈 사례는 세스 클라만이라는 투자자의 독보적인 능력과 철학을 여실히 보여주었다.

 **AIG 투자를 통해 배우는 세스 클라만의 교훈**

세스 클라만의 AIG 투자 사례는 특히 극한의 위기 상황과 복잡한 구조에 놓인 기업에 대한 투자에서 우리가 배울 수 있는 중요한 교훈을 준다.

1. **극심한 공포 속에서의 기회 포착** - 시장 전체가 특정 자산을 외면하고 공포에 질려 있을 때 철저한 분석을 통해 가치를 발견하는 용기가 필요하다. 금융 위기는 대중에게 공포였지만 클라만에게는 일생일대의 투자 기회였다.
2. **안전 마진을 통한 자본 보호** - 주가가 내재가치보다 현저히 낮을 때 매수함으로써 분석 오류나 추가 악재로부터 자본을 보호하고 성공 가능성을 높일 수 있다. 클라만에게 안전 마진은 단순한 개념이 아니라 투자 생존의 핵심 원칙이었다.
3. **복잡성을 경쟁 우위로 전환** - 남들이 어렵다고 포기하는 상황

을 파고들어 제대로 이해한다면 그 복잡성 자체가 경쟁 우위가 되어 비이성적인 가격 괴리에서 이익을 얻을 수 있다. AIG의 복잡한 정부 지원 구조와 자산 구성은 일반 투자자를 내쫓았지만 클라만에게는 집중 분석할 가치가 있는 퍼즐이었다.

4. **리스크 관리 우선 원칙** - 잠재적 손실을 최소화하는 분석과 투자 결정이야말로 불확실한 환경에서 살아남고 결국 성공하는 길이다. 클라만은 채권이나 워런트 같은 다양한 자본 구조를 분석하여 리스크 대비 최적의 투자 지점을 찾았다.

5. **본질적 가치와 장기적 관점** - 일시적인 위기 상황에 휩쓸리지 않고 기업이 가진 핵심 자산과 사업의 장기적인 잠재력을 평가하는 시각이 중요하다. AIG의 부실 자산 너머에 있는 건전한 보험 프랜차이즈의 가치를 발견한 것이 클라만의 투자 성공의 열쇠였다.

세스 클라만 스타일의 포트폴리오

세스 클라만의 투자 철학과 접근 방식을 현대 시장에 적용한다면 다음과 같은 포트폴리오 구성을 고려할 수 있다.

● **대형 금융기관 (60%)**
- Bank of America[BAC] - 핵심 예금 기반과 광범위한 지점 네트워크
- Citigroup[C] - 글로벌 프랜차이즈와 장부가 대비 할인 거래

- Wells Fargo^{WFC} - 강력한 소매 금융 프랜차이즈

● 보험 및 다각화 기업 (25%)

- American International Group^{AIG} - 구조조정 후 보험 사업 집중과 저평가
- Berkshire Hathaway^{BRK.B} - 보험과 다각화된 사업 포트폴리오

● 특수 상황 (10%)

- Fannie Mae^{FNMA} - 정부 관리체제 하의 모기지 시장 핵심 기관

● 부동산 가치 (5%)

- Simon Property Group^{SPG} - 프리미엄 몰 포트폴리오와 현금 흐름

세스 클라만의 현대적 포트폴리오 접근법은 "극심한 불확실성과 공포 속에서 강력한 안전 마진을 확보한 자산에 집중 투자하고, 가치가 실현될 때까지 인내심을 가지며, 항상 최악의 시나리오에 대비하여 충분한 현금을 유지하는 전략"으로 요약할 수 있다.

빌 밀러 Bill Miller 와
JP모건 체이스 JPMorgan Chase, JPM

**가치와 성장의 경계를
넘나드는 유연한 투자자**

빌 밀러는 현대 가치 투자자 중에서도 가장 독특하고 논쟁적인 인물 중 하나이다. 레그 메이슨 Legg Mason 자산 운용사에서 펀드를 운용하며 1991년부터 2005년까지 15년 연속으로 S&P 500 지수 수익률을 초과 달성하는 전무후무한 기록을 세웠다. 이는 워렌 버핏조차 달성하지 못한 기록이었기에 그의 이름은 순식간에 전 세계 투자자들에게 알려졌다.

그의 투자 스타일은 전통적인 가치 투자의 틀에 갇히지 않았다. 아마존, 델 컴퓨터, 아메리카 온라인과 같이 당시 '가치주'보다는 '성장주'로 분류되었던 기업들에 과감히 투자하여 큰 성공을 거두었다. 이러한 행보로 인해 그는 '가치 투자자인가, 성장 투자자인가'라는 논쟁을 불러일으키기도 했지만 밀러 자신은 일관되게 자신이

'가치 투자자'라고 말했다. 그는 가격이 가치보다 낮으면 가치 투자이고, 가격이 가치보다 높으면 성장 투자라는 것은 잘못된 구분이라고 주장했다. 현재는 자신의 운용사인 밀러 밸류 파트너스Miller Value Partners를 이끌고 있다.

빌 밀러의 투자 철학

빌 밀러의 투자 철학은 '가격은 당신이 지불하는 것이고, 가치는 당신이 얻는 것이다'라는 가치 투자의 기본 원칙에 깊이 뿌리내리고 있다. 하지만 그는 그 가치를 평가하는 방식과 투자 대상 선정에서 훨씬 유연하고 넓은 시야를 가졌다.

- **가치와 성장의 결합** - 밀러는 성장을 가치 평가에서 분리하지 않았다. 그는 기업의 성장 잠재력 자체가 내재 가치의 중요한 구성 요소라고 보았다. 따라서 단순히 현재 재무 지표가 저렴한 기업뿐 아니라, 강력한 성장으로 미래에 더 큰 가치를 창출할 수 있는 기업을 '합리적인 가격'에 매수하는 것을 추구했다. 이는 '성장률을 고려한 가치 투자' 또는 '성장 잠재력 있는 우량주를 적정 가격에 매수'하는 방식으로 볼 수 있다.
- **엄격한 분석과 자유로운 투자 대상** - 그는 기업의 현금 흐름, 자본 수익률, 경영진 능력 등을 철저히 분석했지만 투자 대상을 특정 산업이나 유형가치 vs 성장에 국한하지 않았다. 기술주든,

금융주든, 에너지주든, 어디에서든 가치 대비 가격이 매력적인 기회가 있다면 투자했다. 이는 그의 유연함과 열린 사고를 보여준다.

- **역발상적이고 집중적인 베팅** - 시장이 특정 기업이나 산업에 대해 비관적일 때 철저한 분석을 통해 가치가 있다고 확신하면 과감하게 베팅했다. 그는 소수의 확신하는 종목에 자산의 상당 부분을 집중 투자하여 아이디어의 성과를 극대화하는 방식을 선호했다. 시장의 단기적인 소문이나 유행에 쉽게 흔들리지 않았다.

- **효율적 시장 가설에 대한 비판적 시각** - 밀러는 장기적으로는 시장이 효율적이지만 단기 및 중기적으로는 투자자들의 심리적 편향이나 정보의 비대칭성 등으로 인해 비효율성이 발생하며, 여기서 투자 기회가 생긴다고 보았다.

JP모건 체이스 JPMorgan Chase, 훌륭한 회사의 가치를 담다

JP모건 체이스는 미국에서 자산 규모가 가장 큰 은행이자, 전 세계적으로 가장 영향력 있는 금융 기관 중 하나이다. 개인 및 기업 금융, 자산 관리, 투자 은행 업무 등 금융 산업의 거의 모든 영역에서 선두적인 위치를 차지하고 있다. 제이미 다이먼 Jamie Dimon CEO의 리더십 아래 뛰어난 경영 능력과 위기 관리 능력을 여러 차례 입증했으며 금융 산업 내에서 '퀄리티 플레이어'의 대명사로 통한다. 수익성, 자본 건전성, 효율성 측면에서 금융 업계의 벤치마크 역할을 하기도 한다.

빌 밀러는 그의 펀드 포트폴리오에서 JP모건 체이스 주식을 상당 기간 중요한 비중으로 보유했다. 그가 이 거대하고 복잡한 금융 기업에 투자한 것은 바로 그의 투자 철학, 특히 '훌륭한 회사의 가치를 넓게 보고 투자하는 유연한 가치 투자' 관점에서 JPM의 매력을 보았기 때문이었다.

 **왜 JP모건 체이스였나? 빌 밀러의 투자 논리**

빌 밀러가 JP모건 체이스를 그의 대표적인 투자 종목 중 하나로 삼은 배경에는 그의 독특한 가치 투자 관점과 금융 산업에 대한 이해가 결합된 논리가 있었다.

- **'훌륭한 회사'로서의 압도적인 퀄리티** - 밀러는 JPM을 금융 산업 내에서 최고의 퀄리티를 가진 회사로 평가했다. 광범위한 사업 포트폴리오, 강력한 브랜드, 방대한 고객 기반 그리고 무엇보다 뛰어난 경영진(제이미 다이먼)은 다른 은행들과 차별화되는 JPM만의 강력한 경쟁 우위이자 '훌륭함'의 원천이었다. 밀러는 이러한 질적인 요소들이 장기적으로 기업의 가치를 견인한다고 믿었다.
- **가치 대비 '합리적인 가격'의 기회** - JPM은 시장에서 항상 싸게

거래되는 주식은 아니었다. 하지만 금융 시장은 경기 변동이나 특정 이벤트에 따라 변동성이 크다. 밀러는 금융 위기 이후 회복 과정이나, 특정 규제 변화 혹은 시장의 일시적인 과도한 비관론 등으로 인해 JPM의 주가가 기업의 펀더멘털 가치나 장기적인 수익 창출 능력 대비 '합리적인 가격' 또는 '매력적인 할인율'에 도달했을 때 투자 기회를 포착했을 가능성이 높다. 단순히 PER 같은 지표만 보지 않고 기업이 창출하는 현금 흐름, 자본 효율성 등을 종합적으로 평가했다.

- **금융 섹터의 회복 및 성장 잠재력** - 금융 산업은 사이클을 탄다. 경기가 회복되고 금리가 상승하는 환경에서는 은행들의 수익성이 개선되는 경향이 있다. 밀러는 이러한 금융 섹터의 사이클과 JPM의 시장 지배력을 결합하여 보았다. 금융 산업 전체의 파이가 커지거나 효율성이 증대될 때 JPM과 같은 최고의 플레이어가 가장 큰 수혜를 볼 것이라고 판단했다. 특정 시점에서의 JPM의 위치를 평가하고 장기적인 회복 및 성장 잠재력에 베팅했다.

- **탄탄한 재무와 주주 환원** - JPM은 금융 산업 규제 속에서도 매우 탄탄한 자본 비율을 유지하고 있으며 꾸준히 높은 수익을 창출한다. 벌어들인 이익을 배당과 자사주 매입 형태로 주주들에게 적극적으로 환원하는 정책은 밀러와 같은 가치 투자자가 중요하게 보는 주주 친화적인 모습이었다. 기업이 벌어들인 돈을 잘 관리하고 주주에게 돌려주는 능력은 '훌륭한 회사'의 중요한 자질이었다.

- **'가치'의 정의에 대한 유연함** - JPM 투자는 밀러가 얼마나 '가치'의 정의를 넓게 보았는지를 보여준다. '싸구려 주식'만을 찾는 것이 아니라, JPM처럼 탄탄한 사업 기반과 강력한 경쟁력을 가진 '훌륭한 회사'가 시장 상황이나 일시적인 요인으로 인해 내재가치 대비 할인될 때를 기다려 투자했다.

JP모건 체이스는 빌 밀러의 포트폴리오에서 꾸준히 중요한 역할을 해왔다. 그는 금융 섹터에 대한 깊은 이해와 JPM이라는 '훌륭한 회사'의 퀄리티를 결합하여 가치를 찾아냈다.

 **JP모건 체이스 투자를 통해 배우는 빌 밀러의 교훈**

빌 밀러의 JP모건 체이스 투자 사례는 그의 독특한 투자 철학과 함께 우리에게 다음과 같은 중요한 교훈을 준다.

1. **가치 투자의 유연한 접근** - 단순히 현재 지표만으로 저렴한 주식을 찾기보다 기업의 미래 성장 잠재력이 내재 가치에 어떻게 기여하는지를 평가하는 유연한 시각이 필요하다. 성장성도 가치의 일부로 인식해야 한다.
2. **훌륭한 회사의 질적 요소** - 압도적인 시장 지배력, 뛰어난 경영진, 탄탄한 사업 기반 등 질적인 요소가 장기 투자 성공의 핵심이 된다. 숫자로 드러나지 않는 경쟁 우위를 파악하는 것이 중

요하다.

3. **복잡한 사이클 산업에서의 기회** - 금융 산업과 같이 복잡하고 사이클이 있는 산업에서도 기회를 찾을 수 있다. 해당 산업에 대한 깊이 있는 이해와 사이클에 대한 판단 능력이 있다면 대형 우량주에서도 가치 투자 기회를 발견할 수 있다.
4. **열린 사고와 투자 범위의 확장** - 특정 스타일이나 섹터에 대한 고정관념 없이 기회가 있는 곳을 찾아 투자하는 열린 사고가 중요하다. 자신이 이해하는 범위 내에서 투자 대상에 제한을 두지 않는 유연함이 필요하다.
5. **뛰어난 경영진의 가치 평가** - 제이미 다이먼과 같은 리더십은 기업의 위기 관리 능력과 장기적인 성공 가능성을 높인다. 경영진의 능력과 철학을 평가하는 것이 투자 성공의 중요한 요소이다.

빌 밀러 스타일의 포트폴리오

빌 밀러의 투자 철학과 접근 방식을 현대 시장에 적용한다면 다음과 같은 포트폴리오 구성을 고려할 수 있다.

● **우량 금융기관 (30%)**
- JPMorgan Chase[JPM] - 최고의 경영진과 다각화된 금융 사업
- Berkshire Hathaway[BRK.B] - 가치 투자의 진수를 보여주는 복합 금융 기업

● **고성장 잠재력 기술 기업 (25%)**

- Amazon^AMZN – 전자상거래와 클라우드의 지속적 확장
- Alphabet^GOOGL – 검색 독점과 인공지능 혁신 리더십

● **역발상 투자 기회 (25%)**

- Meta Platforms^META – 시장 우려 속에서도 강력한 플랫폼 경쟁력
- Netflix^NFLX – 경쟁 심화 속에서도 콘텐츠 강자로서의 입지

● **시장 리더 우량주 (20%)**

- Apple^AAPL – 에코시스템 경쟁력과 브랜드 파워
- Microsoft^MSFT – 기업용 소프트웨어와 클라우드 시장 선도

빌 밀러의 현대적 포트폴리오 접근법은 "가치와 성장을 인위적으로 구분하지 않고, 탁월한 기업 퀄리티와 미래 성장 잠재력을 함께 고려하여 합리적인 가격에 살 수 있는 기업에 집중 투자하는 전략"으로 요약할 수 있다.

PART 2

기관의 시선
-거대한 자본은 어디로 향하는가

CHAPTER 1

국부펀드와
글로벌 연기금

36 | 노르웨이 국부펀드와 마이크로소프트
37 | 싱가포르 테마섹과 메이투안
38 | 국민연금과 월마트
39 | 캘퍼스와 버크셔 해서웨이

노르웨이 국부펀드 NBIM와 마이크로소프트 Microsoft, MSFT

★★★★★
★★★★★

**세계 경제 전체를
소유하는 초장기 투자자**

노르웨이 국부펀드, 정식 명칭 노르웨이 정부 연기금 글로벌 Government Pension Fund Global, GPFG은 노르웨이의 미래 세대를 위해 설립된 세계 최대 규모의 단일 투자 기관이다. 1990년대 북해 유전 개발 수익을 바탕으로 만들어졌으며 노르웨이 중앙은행의 투자 관리 부서인 NBIM Norges Bank Investment Management에서 운용한다. 현재 운용 자산이 1조 6000억 달러를 훌쩍 넘는다.

이 펀드의 가장 근본적인 목표는 노르웨이의 석유 자산이 고갈된 이후에도 국민들에게 안정적인 미래를 보장하기 위해 장기적으로 투자 수익을 쌓아 올리는 것이다. NBIM의 운용 철학은 명확하고 체계적이다. 그들은 특정 시장 예측이나 개별 종목 발굴을 통해 시장을 이기려 하기보다는 '전 세계 자산 시장 전체'와 함께 성장하는 것에 집중한다. 이는 극도의 장기 관점에서 투자 실패 위험을 최소화하고 장기 복리 효과를 추구하며 단기 시장 변동에 흔들리지 않겠다는 의지를 반영한다.

특정 국가나 섹터에 집중하지 않고 전 세계 수만 개의 상장 주식, 채권, 부동산, 재생 에너지 인프라 등 다양한 자산 클래스에 광범위하게 분산 투자하는 것이 핵심 전략이다. 주식 포트폴리오는 전 세계 상장 기업들의 시가총액 비중을 그대로 반영하는 '패시브에 가까운' 전략을 취한다. 아울러 특정 무기, 담배, 환경 파괴 기업 등 윤리적 투자 가이드라인을 엄격하게 적용하며 운용 내역을 상세히 공개하고 투자 기업에 주주 의결권을 적극 행사하는 등 투명성과 책임 투자에 앞장선다.

노르웨이 국부펀드의 투자 철학

NBIM의 투자 철학은 장기적 가치 창출과 지속가능성에 초점을 맞추고 있다. 주요 원칙들은 다음과 같다.

- **극도의 초장기 분산 투자** - 노르웨이 국부펀드는 '영원한 투자자'라는 개념으로 자신을 정의한다. 자산을 수백 년 동안 관리해야 하는 관점에서 전 세계 모든 시장과 자산 클래스에 분산 투자하여 특정 국가나 산업의 실패 위험을 최소화한다.
- **시장을 이기기보다 시장과 함께 성장** - NBIM은 적극적인 종목

선택이나 시장 타이밍을 통해 시장을 이기려 하기보다 글로벌 시장 지수를 그대로 따르는 전략을 취한다. 이는 전 세계 경제 성장의 과실을 자연스럽게 누리겠다는 철학을 반영한다.

● **책임 있는 투자와 윤리적 기준** - 석탄, 핵무기, 담배, 인권 탄압, 환경 파괴 등과 관련된 기업에 대한 투자를 제한하는 윤리적 가이드라인을 적용한다. 또한 투자 기업에 대해 적극적으로 의결권을 행사하고 지속가능한 경영을 유도한다.

● **극도의 투명성** - 모든 투자 내역과 의사결정 과정을 공개하여 국민과 외부 이해관계자들이 펀드의 운용을 감시하고 이해할 수 있도록 한다. 이는 석유 자산이라는 '국민의 부'를 관리하는 수탁자로서의 책임을 반영한다.

● **장기 복리의 힘 활용** - 단기 변동성에 흔들리지 않고 장기적인 복리 효과를 극대화하는 데 초점을 맞춘다. 단기 실적보다는 미래 세대를 위한 지속가능한 부의 축적을 목표로 한다.

마이크로소프트 Microsoft, MSFT**, 글로벌 기술 산업의 거인**

마이크로소프트는 빌 게이츠가 공동 설립한 역사적인 소프트웨어 회사에서 출발하여 현재는 운영체제 Windows, 생산성 소프트웨어 Office, 클라우드 컴퓨팅 Azure, 게임 Xbox, 인공지능 AI 등 광범위한 기술 영역을 아우르는 글로벌 기술 산업의 거인이다. 오랜 기간 꾸준한 성장과 혁신을 통해 기업 가치를 높여왔으며 현재 전 세계 상장 기업 중 시가총액 최상위권을 다투는 몇 안 되는 기업 중 하나이다. 그 규모와 안정적인 사업 구조 그리고 지속적인 성장 잠재력 덕분에 전 세계 투자자들에게 가장 중요한 투자 대상 중 하나로 여겨진다.

노르웨이 국부펀드의 공개 포트폴리오를 살펴보면 마이크로소프트는 일관되게 가장 큰 보유 종목 중 하나로 자리매김하고 있다. 이는 단순히 마이크로소프트라는 개별 기업에 대한 선호도가 아닌, 글로벌 주식 시장에서 마이크로소프트가 차지하는 시가총액 비중을 그대로 반영한 결과이다.

왜 마이크로소프트였나? NBIM의 투자 논리

노르웨이 국부펀드NBIM가 마이크로소프트MSFT를 자신의 대표적인 투자 종목으로 삼은 배경에는 개별 기업의 매력을 분석하여 '선택'한 투자 판단보다는 노르웨이 국부펀드의 '시장 전체를 소유한다'는 거대한 운용 원칙이 있었다. 마이크로소프트는 그 원칙에 따라 자동적으로 포트폴리오에 담기는 가장 큰 조각 중 하나가 되었다.

- **시가총액 비중 추종** - NBIM의 주식 운용은 MSCI 월드 지수와 같은 글로벌 시장 지수를 벤치마크로 삼아 시가총액 비중대로 투자한다. 마이크로소프트는 전 세계에서 가장 시가총액이 큰 기업 중 하나이므로 어떤 글로벌 시장 지수를 따르든 가장 큰 비중을 차지하는 종목이 된다. 노르웨이 국부펀드는 시장 지

수를 그대로 따르기 때문에 마이크로소프트의 시가총액이 커질수록 자연스럽게 마이크로소프트 주식을 더 많이 사들이게 된다.

- **기술 산업의 글로벌 중요성** - 마이크로소프트가 글로벌 지수 내에서 차지하는 큰 비중은 오늘날 세계 경제에서 기술 산업이 차지하는 막대한 중요성을 반영한다. 마이크로소프트 투자는 특정 기술 기업에 대한 베팅이라기보다는 글로벌 기술 섹터 전체의 성공에 투자하는 것이며 이는 시장 전체에 분산 투자하는 NBIM의 전략과 일치한다.

- **글로벌 경제 성장의 참여자** - 노르웨이 국부펀드는 장기적으로 전 세계 경제와 시장은 성장할 것이라고 믿으며 마이크로소프트는 그러한 글로벌 시장 성장의 핵심 동력이자 가장 큰 수혜자 중 하나이다. 마이크로소프트 투자는 NBIM이 장기적으로 추구하는 '시장 전체의 성장률'을 포착하는 가장 큰 수단 중 하나이다.

- **윤리적 투자 기준 충족** - 마이크로소프트는 노르웨이 국부펀드가 정한 엄격한 윤리적 투자 가이드라인에 위배되지 않는 기업이다. 이는 투자 대상 선정 시 고려되는 조건이지만 마이크로소프트가 특별히 윤리적 투자 종목이라기보다는 윤리적 기준을 통과한 대형 우량주라는 의미이다.

- **주주 활동의 중요 대상** - 노르웨이 국부펀드는 마이크로소프트의 엄청난 규모 때문에 자연스럽게 마이크로소프트의 주요 주주가 된다. 이는 펀드가 기업의 경영진과 이사회에 대해 주주

로서 목소리를 내고 기업 지배구조 개선을 요구하는 책임 투자 활동의 기반이 된다.

마이크로소프트 투자는 특정 기업에 대한 분석적 '선택'의 결과가 아니라, '시장 전체를 소유하려는' NBIM 전략에 따라 가장 크게 소유하게 된 '단 하나의 기업'인 것이다.

 **마이크로소프트 투자를 통해 배우는 NBIM의 교훈**

노르웨이 국부펀드의 마이크로소프트 투자 사례는 거대 기관 투자자의 운용 방식과 장기 분산 투자의 힘에 대한 중요한 교훈을 준다.

- **시장 추종의 힘** - 세계 최대 기관들은 개별 종목 선택이 아닌 '시장 전체'에 투자하여 시장 평균 수익률을 추종하는 것을 목표로 삼기도 한다. 시장을 이기려 하기보다 시장과 함께 가는 전략이 장기적으로 안정적인 결과를 가져올 수 있다.
- **규모의 제약과 기회** - 시가총액이 큰 자산일수록 기관투자자들이 더 많이 투자하게 되고, 기관투자자들이 너무 커져서 이들의 움직임이 곧 시장의 움직임이 되는 현상이 나타난다.
- **초장기 분산 투자의 안정성** - 광범위한 글로벌 분산 투자는 장기적으로 예측 불가능한 위험을 관리하는 가장 효과적인 방법이다. 특히 미래 세대를 위한 자금 운용에서는 특정 분야나 지

역에 대한 집중 투자보다 글로벌 시장 전체에 대한 분산 투자가 더 안전할 수 있다.

- **윤리적 투자의 중요성** - 윤리적 기준은 대규모 기관 투자자의 투자 결정에 영향을 미치는 중요한 요소가 될 수 있다. 장기적으로 지속가능한 투자를 위해서는 환경, 사회, 지배구조ESG 요소들을 고려해야 한다.

- **기술 산업의 글로벌 중요성** - 기술 산업마이크로소프트로 대표되는이 현재 글로벌 경제와 주식 시장에서 차지하는 중요성을 보여준다. 시장 전체에 투자하는 것은 곧 기술 산업에 크게 투자하는 것을 의미하며 이는 현대 경제의 구조적 변화를 반영한다.

노르웨이 국부펀드 스타일의 현대 글로벌 포트폴리오

노르웨이 국부펀드의 투자 철학과 접근 방식을 현대 시장에 적용한다면 다음과 같은 포트폴리오 구성을 고려할 수 있다.

- **대형 기술주**글로벌 경제를 이끄는 리더 **(40%)**
  - MicrosoftMSFT - 클라우드, AI, 생산성 소프트웨어의 절대 강자
  - AppleAAPL - 소비자 기술 혁신의 상징
  - AlphabetGOOGL - 검색, 광고, 클라우드 산업 지배
  - AmazonAMZN - 전자상거래와 클라우드 인프라 리더
  - NvidiaNVDA - AI 반도체 혁신의 선도주

● **지속가능성 및 에너지 전환 부문 (20%)**
- NextEra Energy[NEE] - 재생에너지 분야 세계 최대 기업
- First Solar[FSLR] - 태양광 패널 기술의 선도 기업

● **헬스케어 및 소비재 안정 성장주 (20%)**
- Johnson & Johnson[JNJ] - 글로벌 헬스케어 기업
- Procter & Gamble[PG] - 글로벌 소비재 브랜드의 대표주자

● **인프라 및 부동산 부문 (20%)**
- Prologis[PLD] - 세계 최대의 물류창고 REIT. 아마존, 페덱스 등이 주요 임차인

노르웨이 국부펀드의 현대적 포트폴리오 접근법은 "전 세계 경제의 성장과 함께 움직이며 시장 전체를 소유하는 초장기 분산 투자로 미래 세대의 부를 안정적으로 쌓아간다"로 요약할 수 있다.

노르웨이 국부펀드
– 규모, 재원 그리고 성공적인 운용 비결

노르웨이는 북해 유전에서 나온 막대한 석유와 천연가스 수익을 바탕으로 미래 세대를 위한 독보적인 자산을 쌓아 올렸다. 그 중심에는 정식 명칭 '정부 연기금 글로벌'인 노르웨이 국부펀드GPFG가 있다. 이 펀드는 현재 약 1.6조 달러, 한화로 약 2200조 원에 달하는 자산을 운용하며 단일 투자 기관으로서는 세계 최대 규모를 자랑한다.

이 거대한 규모는 대한민국 1년 국가 예산약 657조 원의 3배가 넘는다. 약 550만 명의 노르웨이 인구수로 나누면 국민 1인당 약 29만 달러한화 약 4억 원 이상의 자산을 펀드가 보유한 셈이다. 이는 인구 대비 국부펀드 자산 규모 면에서 세계 최고 수준이다.

이 국부펀드의 특별한 점은 국민 개개인의 세금이나 연금 보험료가 아닌, 노르웨이가 석유와 가스를 팔아서 벌어들인 국가 수입과 그 투자 수익이 주된 재원이라는 것이다. 석유 수익의 상당 부분을 펀드로 보내 해외에 투자하고, 펀드가 벌어들인 투자 수익의 일부연간 약 3% 수준가 국가 예산으로 이전되어 노르웨이 국민 전체를 위한 복지, 의료, 교육 그리고 공적 연금 지급에 사용된다.

투자 전략과 포트폴리오

노르웨이 국부펀드의 운용 철학은 '시장 전체를 소유한다'는 것에 가깝다. 특정 종목을 선별하기보다는 전 세계 자산 시장 전체에 광범위하게 분산 투자하여 시장 평균 수익률을 장기적으로 추종한다. 전 세계 수만 개의 상장 주식, 채권, 부동산, 재생 에너지 인프라 등 다양한 자산에 투자한다.

주식 포트폴리오의 경우, 전 세계 상장 기업들의 시가총액 비중을 그대로 반영하는 패시브 전략을 취한다. 결과적으로 노르웨이 국부펀드는 전 세계 약 9,000개 상장 기업에 지분을 보유하고 있으며 이는 전 세계 모든 상장 주식의 약 1.5%에 해당한다. 마이크로소프트, 애플, 엔비디아, 아마존, 알파벳, 테슬라와 같은 글로벌 기술 거인들이 자연스럽게 최대 보유 종목이 된다.

투자 성과

펀드의 자산 규모 1.6조 달러 중 절반 이상은 투자 활동을 통해 벌어들인 수익에서 나왔다. 펀드는 설립 이후 연평균 약 6%대의 높은 투자 수익률을 기록해왔다. 2023년 한 해에만 16.1%라는 높은 투자 수익률을 기록했으며 2024년에도 13%의 투자 수익률을 올렸다.

'시장 전체에 투자하여 장기적으로 시장 성장만큼의 수익을 효율적으로 포착한다'는 단순하지만 강력한 운용 원칙이 복리 효과와 결합되어 어마어마한 자산 증식을 달성한 것이 노르웨이 국부펀드의 진정한 성공 스토리이다.

성공 비결

이 막대한 국부펀드가 투명하고 효율적으로 운용되는 비결은 강력한 지배구조와 국민들의 신뢰에 있다. 국회와 재무부의 엄격한 감독 하에 놓여 있으며 실제 운용은 정치권으로부터 독립된 중앙은행 산하 전문 조직이 담당한다. 가장 중요한 것은 '재정준칙'이라는 합리적인 인출 규칙이다. 정부는 펀드가 벌어들일 것으로 예상되는 투자 수익의 일부 약 3%만 매년 국가 예산으로 사용할 수 있어 펀드가 장기적으로 고갈되지 않도록 설계되어 있다.

또한 세계 최고 수준의 투명성을 자랑한다. 운용 내역, 투자 종목, 성과 등을 상세하게 공개하며 외부 감시와 책임성을 강화한다. 이러한 투명한 정보 공개와 합리적인 운용 원칙, 정치권으로부터의 독립성은 국민들의 신뢰를 얻게 만든다. 국민들이 펀드의 장기적인 운용을 지지하기 때문에 단기적인 유혹에 흔들리지 않고 수십 년을 내다보는 장기 투자가 가능해진다.

노르웨이 국부펀드는 국가 자원의 현명한 관리, 미래 세대에 대한 책임, 투명하고 강력한 지배구조, 합리적인 운용 원칙 그리고 국민들의 신뢰가 결합되어 탄생한 독특한 성공 사례이다.

싱가포르 테마섹 Temasek 과 메이투안 美团, Meituan, HKG-3690

★★★★★
★★★★

아시아 구조적 트렌드를 선도하는 능동적 국부펀드

싱가포르의 국부펀드엄밀히는 투자 회사인 테마섹은 1974년 싱가포르 정부가 설립한 투자 회사이다. 노르웨이 국부펀드가 석유 수익을 운용하는 것과 달리, 테마섹은 싱가포르 정부의 다양한 자산을 소유하고 운용하며 장기적인 수익을 추구한다. 노르웨이 국부펀드나 GIC싱가포르 투자청가 세계 시장 지수를 광범위하게 추종하는 '수동적에 가까운' 투자 성격이 강하다면 테마섹은 특정 기업과 산업에 대한 '능동적인 투자' 성격이 강하다. 운용 자산 규모는 수천억 달러에 달하며 싱가포르 및 아시아 기업에 대한 투자 비중이 높다. 공개 시장 주식 뿐만 아니라 비상장 기업, 사모 펀드 등 다양한 형태의 자산에 투자하며 장기적인 구조적 트렌드를 파악하여 투자하는 것으로 알려져 있다.

테마섹의 투자 철학은 '장기적인 관점에서 글로벌 및 아시아의 구조적 트렌드를 파악하고, 이에 맞는 유망 기업 및 자산에 능동적으로 투자하여 포트폴리오 가치를 증대시키는 것'에 집중한다. 그들은 '능동적인 오너십'을 통해 투자 기업의 가치 제고에도 기여하려 한다. 시장 지수를 맹목적으로 따르지 않고, 자체적인 분석과 확신을 바탕으로 특정 기업과 산업에 자금을 배분하며 노르웨이 국부펀드보다 포트폴리오 집중도가 높은 편이다.

 **싱가포르 테마섹의 투자 철학**

테마섹의 투자 철학은 능동적 자산 배분과 아시아 트렌드에 대한 깊은 통찰에 기반하고 있다. 주요 원칙들은 다음과 같다.

- **구조적 메가 트렌드 중심 투자** - 디지털화, 지속 가능한 삶, 미래의 소비, 고령화 등 사회, 경제, 환경을 변화시키는 장기적인 메가 트렌드를 식별하고, 이러한 트렌드의 가장 큰 수혜자가 될 기업과 자산에 투자한다. 트렌드를 읽고 선제적으로 기회를 포착하는 데 초점을 맞춘다.
- **아시아 시장 중점** - 설립 배경과 전략적 중요성에 따라 포트폴리오의 상당 부분을 아시아, 특히 싱가포르와 중국 기업에 투자하며 아시아 시장의 성장 잠재력을 높이 평가한다. 아시아 시장에 대한 깊은 이해와 네트워크를 활용한 투자 기회 발굴

이 강점이다.

- **광범위한 자산 클래스** - 상장 주식 외에 비상장 기업 지분, 인프라, 부동산 등 다양한 형태의 자산에 투자하며 초기 단계 기업 투자VC 성격도 수행한다. 공개 시장과 사모 시장을 넘나들며 유망 기업의 성장 단계별로 투자한다.
- **능동적 오너십 행사** - 단순한 자본 투자를 넘어 기업 경영에 적극적으로 참여하고, 가치 창출을 위한 전략적 방향 설정, 경영진 선임, 기업 지배구조 개선 등에 관여한다. 특히 아시아 기업들의 글로벌 확장을 지원하는 데 중점을 둔다.
- **장기적 가치와 지속가능성** - 단기 성과보다는 장기적인 자본 증식과 지속 가능한 수익률을 추구한다. 투자 의사결정에서 환경, 사회, 지배구조ESG 요소를 중요하게 고려하며 미래 세대를 위한 부의 축적을 목표로 한다.

메이투안Meituan, 중국 지역 생활 서비스의 거인

메이투안은 중국에서 음식 배달'메이투안 와이마이', 레스토랑 리뷰 및 할인, 호텔 예약, 여행 티켓, 공유 자전거 등 다양한 지역 생활 서비스를 제공하는 거대 온라인 플랫폼 기업이다. 중국의 거대한 소비자 시장을 기반으로 빠르게 성장하여 음식 배달 및 지역 서비스 시장에서 압도적인 점유율을 차지하고 있다. 사용자와 소상공인을 연결하는 플랫폼 역할을 하며 강력한 네트워크 효과를 구축했다. 모바일 기술과 디지털 결제 확산에 힘입어 중국 소비자들의 생활 방식을 변화시키고 있으며 중국 디지털 소비 시장의 핵심 기업으로 자리매김했다. 현재 홍콩 증권거래소에 상장되어 있다.

테마섹의 공개 포트폴리오에 따르면 메이투안은 테마섹이 중요하게 보유한 투자 종목 중 하나로 꼽힌다. 이는 테마섹의 아시아 시장과 디지털 소비 트렌드에 대한 중점적 투자 전략을 보여주는 사례이다.

 **왜 메이투안이었나? 테마섹의 투자 논리**

싱가포르 테마섹의 투자 철학, 특히 '아시아 시장의 장기 구조적 트렌드디지털화, 소비를 포착하여 핵심 기업에 능동적으로 투자'하는 방식은 메이투안이라는 기업을 선택한 배경이 된다. 메이투안은 이러한 트렌드가 중국이라는 거대한 시장에서 구체화된 대표적인 기업이었다.

- **아시아 집중 전략의 중심** - 테마섹은 아시아 시장의 장기적인 성장 잠재력을 높이 평가하며 자산을 집중 배분한다. 메이투안은 중국이라는 거대한 소비자 시장에서 디지털화와 모바일 확산에 힘입어 빠르게 성장하는 대표적인 플랫폼 기업이었다. 메이투안 투자는 아시아, 그중에서도 중국의 디지털 소비 성장을 포착하려는 테마섹의 전략을 보여준다.

- **디지털화와 미래 소비 트렌드** - 테마섹은 디지털화와 미래의 소비 형태 변화를 중요한 구조적 트렌드로 본다. 메이투안은 음식 배달, 온라인 예약 등 오프라인 서비스의 디지털 전환과 모바일 기반 소비 행태 변화를 이끄는 선두 주자이다. 이는 테마섹이 추구하는 디지털화 및 미래 소비 트렌드와 완벽하게 일치하는 기업이었다.

- **네트워크 효과와 플랫폼 비즈니스** - 메이투안은 소비자와 상점, 배달원까지 연결하는 강력한 지역 서비스 플랫폼이다. 사용자가 많을수록 상점이 늘고, 상점이 늘수록 사용자가 더 모이는 강력한 네트워크 효과를 구축했다. 테마섹은 플랫폼 기업의 네트워크 효과가 만들어내는 독과점적인 지위와 확장 가능성을 높이 평가한다.

- **시장 리더에 대한 능동적 투자** - 메이투안은 홍콩에 상장된 대규모 기술 기업이다. 테마섹은 공개 시장에서도 이러한 구조적 트렌드의 수혜를 받는 기술 리더 기업에 능동적으로 투자한다. 메이투안 투자는 테마섹이 공개 시장에서 기술 리더를 발굴하고 투자하는 방식을 보여준다. 노르웨이 국부펀드가 시가총액 비중대로 마이크로소프트에 투자하는 것과 대비된다.

- **초기 단계부터 성장 단계까지의 투자** - 테마섹은 비상장 기업 투자에도 적극적이다. 메이투안 투자 역시 비상장 단계에서 시작되어 상장 후에도 이어진 것으로, 초기 단계의 성장 잠재력을 알아보고 끝까지 동행하는 테마섹의 투자 방식을 보여주는 사례이기도 하다.

결과적으로 메이투안은 싱가포르 테마섹이 개별 기업의 매력과 아시아 시장의 특성을 파악하여 '선택'한 기업이다. 테마섹이 가진 '아시아 집중', '디지털화 및 소비 트렌드 투자', '능동적 오너십'이라는 운용 철학이 메이투안이라는 '단 하나의 기업'에 응축되어 나타난다. 메이투안 투자는 능동적으로 구조적 트렌드를 포착하여 아시아 시장 리더에 투자하는 테마섹의 방식을 보여준다.

 **메이투안 투자를 통해 배우는 테마섹의 교훈**

싱가포르 테마섹의 메이투안 투자 사례는 능동적인 국부펀드의 운용 방식과 구조적 트렌드 투자에 대한 교훈을 준다.

1. **능동적 국부펀드의 차별화된 접근법** - 테마섹은 시장 지수를 수동적으로 따르기보다 자체적인 분석과 확신을 바탕으로 특정 기업에 투자한다. 이러한 능동적 접근은 시장 평균과 차별화된 성과를 낼 수 있는 기회를 제공한다.
2. **구조적 트렌드를 읽는 장기적 시각** - 장기적인 관점에서 사회 및 산업을 변화시키는 구조적 트렌드를 파악하고, 이러한 트렌드의 수혜를 받는 기업에 투자하는 것이 중요하다. 디지털화, 도시화, 소비 형태 변화 등 메가 트렌드를 선제적으로 파악하는 능력이 투자 성공의 열쇠이다.
3. **지역 특화 전략의 효과** - 특정 지역아시아의 성장 잠재력에 주목

하고, 해당 지역의 핵심 기업에 집중 투자하는 전략이 유효할 수 있다. 지역의 문화적, 규제적 특성을 이해하고 지역 시장을 깊이 파악하는 것이 경쟁 우위가 될 수 있다.

4. **플랫폼과 네트워크 효과의 가치** - 플랫폼 기업과 네트워크 효과의 가치를 알아보는 것이 중요하다. 사용자들을 연결하고 참여자를 끌어들이는 플랫폼은 강력한 시장 지배력을 구축하고 높은 진입 장벽을 형성한다.

5. **기업 성장 단계별 투자의 유연성** - 공개 및 비공개 시장을 넘나들며 기업 성장 단계별 투자 기회를 포착하는 유연함이 필요하다. 초기 단계부터 성숙 단계까지 기업의 전체 생애주기에 걸쳐 투자할 수 있는 역량은 복합적인 가치 창출을 가능하게 한다.

 **싱가포르 테마섹 스타일의 현대 글로벌 포트폴리오**

싱가포르 테마섹의 투자 철학과 접근 방식을 현대 시장에 적용한다면 다음과 같은 포트폴리오 구성을 고려할 수 있다.

● **아시아 디지털 소비 및 플랫폼 기업 (40%)**

- Meituan^{HKG-3690} - 중국 지역 생활 서비스 플랫폼의 절대 강자
- Pinduoduo^{PDD} - 중국 소셜 커머스 및 저가 플랫폼 혁신 선두주자
- Grab Holdings^{GRAB} - 동남아시아 모빌리티, 배달, 디지털 금융 플랫폼

● **기술/헬스케어 부문 (30%)**

- Alibaba ᴮᴬᴮᴬ - 전자상거래, 클라우드, 핀테크를 아우르는 중국 테크 리더
- BioNTech ᴮᴺᵀˣ - mRNA 기반 바이오텍
- BeiGene ᴮᴳᴺᴱ - 중국 신약 개발 선도 바이오텍 기업

● **지속 가능성 및 인프라 투자 (30%)**

- Tata Power ᵀᴬᵀᴬᴾᴼᵂᴱᴿ – 인도의 대표적 재생에너지 기업. 풍력, 태양광, 배전까지 통합 솔루션
- Adani Green Energy ᴬᴰᴬᴺᴵᴳᴿᴱᴱᴺ·ᴺˢ - 인도 재생에너지 부문 급성장 기업

싱가포르 테마섹의 현대적 포트폴리오 접근법은 "아시아와 세계의 구조적 트렌드를 선도하는 유망 기업에 능동적으로 투자하여, 장기적인 가치와 지속 가능한 성장을 동시에 추구한다"로 요약할 수 있다.

국민연금과
월마트

★★★★★
★★★★★

**국민 노후를 위한
글로벌 우량 자산 투자자**

국민연금공단National Pension Service, 줄여서 국민연금은 대한민국 국민의 노령, 장애, 유족에 대한 연금 급여를 지급하기 위해 운영되는 한국의 공적 연기금이다. 국민연금 기금은 대한민국 국민의 보험료 납부 및 운용 수익으로 조성되며 그 규모가 1,227조 원25년 6월 기준을 훌쩍 넘어서 세계 3대 연기금 중 하나이자 아시아에서는 가장 큰 연기금이다. 국민연금 기금 운용의 최우선 목표는 장기적으로 기금의 재정 안정을 유지하고 가입자에게 안정적인 급여를 지급하는 것이다. 이를 위해 국내외 주식, 채권, 대체 투자부동산, 인프라, 사모 펀드 등 자산에 광범위하게 분산 투자한다. 직접 운용과 외부 위탁 운용을 병행하며 투자 기업에 대한 주주 활동 및 책임 투자에도 적극적으로 참여한다.

국민연금의 투자 철학은 '대한민국 국민의 안정적인 노후를 위해, 장기적인 관점에서 기금 자산을 국내외 다양한 자산에 분산 투자하여 꾸준하고 안정적인 수익을 창출하는 것'에 집중한다. 시장의 변동성을 관리하며 장기적인 자본 증식을 추구한다.

국민연금의 투자 철학

국민연금의 투자 철학은 안정성과 장기적인 가치 보존에 초점을 맞추고 있다. 주요 원칙들은 다음과 같다.

- **장기적 안정성** - 국민들에게 연금 급여를 지급해야 하는 막대한 미래 의무를 가지고 있어 현재 자산의 안정적인 성장과 원금 보존이 필수적이다.
- **글로벌 분산 투자** - 한국 국내 자산뿐만 아니라 해외 자산 비중을 꾸준히 늘리며 투자 포트폴리오를 전 세계로 확장하며 이를 통해 특정 지역이나 시장의 위험에 대한 노출을 줄인다.
- **자산 다각화** - 주식, 채권과 같은 전통 자산 외에도 부동산, 인프라, 사모 펀드 등 다양한 대체 투자 자산에 투자하여 포트폴리오의 수익원과 위험 분산 효과를 높인다.
- **초장기 투자 관점** - 국민 전체의 노후 자금을 운용하므로 극도로 장기적인 관점에서 투자 결정을 내리며 단기적인 시장 등락에 일희일비하지 않는다.

- **책임 투자** - 투자 대상 기업의 ESG환경, 사회, 지배구조 요소를 고려하고, 기업의 의사결정에 주주로서 목소리를 내는 등 책임 있는 투자자로서 역할도 수행한다.

월마트Walmart, 글로벌 소비 시장의 안정적 대표주

월마트는 미국에 본사를 둔 세계 최대 규모의 소매 유통 기업이다. 미국 내 압도적인 시장 점유율을 바탕으로 전 세계 수많은 국가에서 대형 마트, 할인점, 창고형 매장 등을 운영한다. 온라인 전자상거래 사업도 확장하며 온/오프라인 유통 채널을 통합하고 있다. 저렴한 가격과 광범위한 상품 구색, 효율적인 공급망 관리를 통해 경쟁 우위를 유지하며 수억 명의 소비자들이 매일 이용하는 필수적인 유통 채널 역할을 한다. 경기 변동에 상대적으로 덜 민감한 '필수 소비재' 유통 비중이 높아 안정적인 수익 구조를 가진 기업으로 평가받는다. 오랜 기간 꾸준히 배당금을 지급하고 늘려온 '배당 귀족' 중 하나이다.

국민연금의 포트폴리오를 보면 월마트 주식은 해외 주식 포트폴리오에서 중요한 비중을 차지하는 대형 우량주 중 하나이다. 국민연금이 월마트에 투자한 것은 이 기업이 가진 '장기적인 안정성과 글로벌 소비 시장에서의 지배력'이 국민연금의 운용 목표와 일치했기 때문이다. 월마트는 국민연금이 추구하는 장기적인 안정성과 글로벌 소비 시장 노출을 제공할 수 있는 '단 하나의 기업'이라고 볼 수 있다.

 **왜 월마트였나? 국민연금의 투자 논리**

국민연금이 월마트WMT를 그들의 대표적인 투자 종목으로 삼은 배경에는 국민연금의 '장기적인 의무 이행'이라는 목표와 월마트가 가진 '안정적인 글로벌 소비 시장 대표성'이 있었다.

- **안정적인 필수 소비재 사업** - 월마트는 경기가 좋든 나쁘든 소비자들이 꾸준히 구매하는 필수 소비재 유통에 강점을 가진다. 이러한 사업 특성은 경제 불황 시에도 비교적 안정적인 실적 방어력을 제공한다. 국민연금은 미래의 연금 지급 의무를 안정적으로 이행해야 하므로 월마트와 같은 안정적인 수익 구조를 가진 기업이 매력적이었다.
- **글로벌 분산 투자 효과** - 월마트는 미국뿐만 아니라 전 세계 여러 국가에서 사업을 운영한다. 국민연금은 국내 자산 외에 해외 자산 비중을 높이며 포트폴리오를 전 세계로 확장하고 있다. 월마트 투자는 글로벌 소비 시장 전반에 대한 노출을 확보하는 중요한 수단이 되었다.
- **산업 내 리더십과 규모의 경제** - 월마트는 전 세계 소매 유통 산업에서 압도적인 규모와 시장 지배력을 가진 리더이다. 이러한 규모와 지배력은 효율적인 공급망 관리와 구매력으로 이어져 경쟁 우위를 제공한다. 국민연금은 규모가 크고 해당 산업에서 확고한 위치를 가진 우량 기업을 선호한다.
- **안정적인 배당 수익** - 월마트는 오랜 기간 꾸준히 배당금을 지

급하고 늘려온 '배당 귀족' 기업이다. 국민연금은 장기 투자자로서 안정적인 배당 수익을 중요하게 여긴다. 월마트의 꾸준한 배당금 지급 능력과 주주 친화적인 정책은 국민연금의 장기적인 수익 목표에 기여한다.

● **국민 노후 자산의 안정적 운용** - 국민연금의 모든 투자는 대한민국 국민의 노후를 위해 이루어진다. 월마트처럼 전 세계적으로 안정적인 사업을 영위하며 꾸준히 수익을 내는 기업에 투자하는 것은 국민연금이 추구하는 '국민 노후 자산의 장기적이고 안정적인 증식'이라는 목표와 완벽하게 부합한다.

월마트 투자를 통해 배우는 국민연금의 교훈

국민연금의 월마트 투자 사례는 한국의 공적 연기금 운용 방식과 장기 우량 자산 투자에 대한 중요한 교훈을 준다.

1. **국가 자산의 장기적 보존** - 국민연금은 국가의 부를 장기적으로 보존하는 것을 최우선 목표로 삼는다. 이를 위해 위험이 높은 투자보다는 안정적이고 예측 가능한 투자를 선호한다.
2. **광범위한 글로벌 분산의 중요성** - 특정 국가나 산업에 집중하기보다 전 세계 다양한 자산에 자금을 배분하는 것이 장기적인 위험 관리의 핵심이다. 월마트는 글로벌 소비 시장에 대한 광범위한 노출을 제공한다.

3. **방어적 산업의 안정성 가치** - 필수 소비재와 같은 방어적인 산업의 '블루칩' 기업은 포트폴리오의 안정성을 높이는 데 중요한 역할을 할 수 있다. 경기 변동에 덜 민감한 기업은 위기 시에도 비교적 잘 버텨낸다.

4. **기업 퀄리티와 배당의 중요성** - 규모가 크고 해당 산업에서 확고한 시장 지위, 꾸준한 이익, 신뢰할 수 있는 배당을 가진 기업은 장기 투자자에게 매력적이다. 이러한 '퀄리티'는 불확실성 속에서도 기업 가치를 지키는 힘이 된다.

5. **책임 투자와 주주 활동** - 공적 연기금은 투자 결정 시 책임 투자 ESG 등 요소 또한 고려하며 대규모 주주로서 기업 지배구조에 영향력을 행사한다. 국민연금은 월마트와 같은 글로벌 기업의 책임 경영에도 목소리를 낼 수 있는 위치에 있다.

국민연금 스타일의 현대 글로벌 포트폴리오

국민연금의 투자 철학과 접근 방식을 현대 시장에 적용한다면 다음과 같은 포트폴리오 구성을 고려할 수 있다.

● **필수 소비재/리테일 부문 (35%)**
- Walmart^{WMT} - 글로벌 소비 시장 안정성 대표주, 필수 소비재 유통 강자
- Costco^{COST} - 대형 창고형 유통 기업, 안정적 소비 수요 기반
- Procter & Gamble^{PG} - 생활필수품 글로벌 리더, 꾸준한 현금 흐름과 배당

● **헬스케어 부문 (25%)**

- Johnson & Johnson^{JNJ} - 헬스케어·제약 분야 글로벌 리더, 고정 수요 기반
- UnitedHealth Group^{UNH} - 미국 최대 헬스케어 서비스 기업, 장기 성장성

● **기술/인프라 부문 (40%)**

- Microsoft^{MSFT} - 안정성과 성장성 동시 보유한 글로벌 IT 리더
- Amazon^{AMZN} - AWS 기반 안정적 성장과 글로벌 소비 인프라 구축
- Crown Castle Inc.^{CCI} - 미국 내 5G·셀타워 인프라 집중, 반복 수익 구조의 대표 인프라 리츠

국민연금의 현대적 포트폴리오 접근법은 "국민의 노후를 위해, 장기적인 관점에서 글로벌 우량 자산필수 소비재, 헬스케어, 인프라 등에 분산 투자하여 안정성과 수익성을 함께 추구한다"로 요약할 수 있다.

캘퍼스 CalPERS 와
버크셔 해서웨이 Berkshire Hathaway, BRK.B

**미국 최대 연기금의
초장기 가치 투자**

캘퍼스CalPERS는 미국 캘리포니아 공무원 연금 시스템California Public Employees' Retirement System의 약칭으로 미국에서 가장 큰 규모의 공적 연기금이자 세계적으로도 손꼽히는 대형 투자 기관이다. 1932년 설립되어 수십 년간 캘리포니아주 공무원 및 퇴직자들의 연금 자산을 운용해왔다. 수천억 달러에 달하는 자산을 운용하며 투자 결정 하나하나가 시장에 영향을 미친다. 캘퍼스의 가장 중요한 목표는 장기적으로 기금의 안정적인 수익률을 확보하여 미래의 연금 지급 의무를 이행하는 것이다. 이를 위해 극도로 장기적인 투자 관점과 광범위한 자산 및 지역 분산을 핵심 전략으로 삼는다. 공개 시장 주식/채권, 사모 펀드, 부동산, 인프라 등 다양한 자산 클래스에 투자하며 투자 기업에 대한 주주 의결권 행사 등 책임 투자 활동에도 적극적으로 참여한다.

캘퍼스의 투자 철학은 '미래의 연금 지급 의무를 안정적으로 이행하기 위해, 장기적인 관점에서 자산을 광범위하게 분산하고 책임 있는 투자를 실행하는 것'에 집중한다. 단기적인 시장 변동에 흔들리지 않고 수십 년 후의 목표를 바라본다.

캘퍼스의 투자 철학

캘퍼스의 투자 철학은 장기적인 가치 창출과 안정적인 자산 운용에 초점을 맞추고 있다. 주요 원칙들은 다음과 같다.

- **장기적 의무 이행** - 기금 운용의 최우선 목표는 현재 가입자와 미래 퇴직자에게 약속된 연금을 안정적으로 지급할 수 있도록 충분한 자산을 확보하는 것이며 이는 장기적인 관점에서 예측 가능한 수익과 위험 관리를 요구한다.
- **광범위한 분산 투자** - 특정 자산이나 지역에 대한 위험 노출을 최소화하기 위해 전 세계 다양한 자산 클래스주식, 채권, 대체 투자와 여러 국가 및 지역에 자산을 배분한다.
- **자산 다각화** - 유동성이 풍부한 공개 시장 주식과 채권뿐 아니라, 사모 펀드, 부동산, 인프라 등 장기적인 성격의 비공개 시장 자산에도 투자하여 포트폴리오를 다각화한다.
- **책임 투자** - 투자 대상 기업의 장기적인 가치와 지속 가능성을

위해 기업 지배구조 개선, 환경/사회/지배구조ESG 이슈 해결 등을 요구하며 주주로서 적극적으로 목소리를 낸다. '캘퍼스 효과CalPERS effect'라는 용어가 생길 정도로 기업 지배구조 개선 활동에 큰 영향을 미쳤다.

 **버크셔 해서웨이, 투자의 궁극적 모델**

버크셔 해서웨이는 워렌 버핏이 이끄는 투자 및 지주 회사이다. 수십 개의 다양한 사업 회사보험, 철도, 에너지, 제조, 소매 등를 소유하고 있으며 상장 주식 포트폴리오를 통해 애플, 뱅크오브아메리카, 코카콜라 등 여러 대형 우량 기업들의 주식을 대규모로 보유하고 있다. 버크셔 해서웨이 자체도 압도적인 규모와 복잡하게 분산된 사업 구조 그리고 워렌 버핏이라는 경이적인 자본 배분 능력으로 인해 그 자체로 하나의 거대한 투자 펀드처럼 여겨지기도 한다. 동시에 장기적인 관점에서 주주 가치를 꾸준히 높여온 역사적인 기록을 가지고 있다.

캘퍼스가 버크셔 해서웨이BRK.B를 자신의 대표적인 투자 종목으로 삼은 배경에는 캘퍼스의 '미래 연금 지급 의무 이행'이라는 목표와 버크셔 해서웨이가 가진 '시간을 견디는 가치'가 있었다. 버크셔 해서웨이는 캘퍼스가 추구하는 장기적인 안정성과 가치 상승을 제공할 수 있는 '단 하나의 기업'으로 평가받았다.

왜 버크셔 해서웨이였나? 캘퍼스의 투자 논리

캘퍼스가 버크셔 해서웨이를 그들의 대표적인 투자 종목으로 삼은 배경에는 다음과 같은 투자 논리가 있었다.

- **장기적인 가치 보존 및 성장** - 버크셔 해서웨이는 수십 년간 워렌 버핏의 뛰어난 자본 배분 능력 아래 꾸준히 기업 가치를 성장시켜왔다. 다양한 사업 포트폴리오와 우량 기업 투자 조합을 통해 어떤 경제 환경에서도 비교적 안정적으로 자산을 보존하고 장기적인 성장을 추구하는 능력을 보여주었다. 캘퍼스는 수십 년 후의 연금 지급 의무를 이행해야 하므로 이렇게 시간을 견디며 꾸준히 가치를 증식하는 버크셔 해서웨이의 특성이 매우 매력적이었다. 버크셔는 장기 의무를 가진 연기금의 이상적인 투자 대상이었다.

- **다양한 사업 포트폴리오를 통한 분산 효과** - 버크셔 해서웨이 자체가 보험, 철도, 에너지, 제조, 소매 등 매우 다양한 산업을 아우르는 내재적으로 분산된 기업이다. 또한 수많은 우량 기업 주식을 보유한 거대한 투자 지주 회사이기도 하다. 캘퍼스는 버크셔 해서웨이에 투자함으로써 한 기업 투자만으로도 광범위한 산업과 자산에 간접적으로 분산 투자하는 효과를 얻을 수 있었다. 이는 캘퍼스의 광범위한 분산 투자 원칙과 부합한다.

- **퀄리티와 안정성** - 버크셔 해서웨이가 소유하거나 투자하는 기업들은 대부분 해당 산업에서 확고한 시장 지위와 안정적인

현금 흐름을 가진 고품질 기업들이다. 워렌 버핏이라는 신뢰할 수 있는 리더십 또한 버크셔 해서웨이의 중요한 퀄리티 요소이다. 캘퍼스는 재무적으로 안정적이고 경영진을 신뢰할 수 있는 기업을 선호하며 버크셔 해서웨이가 이러한 기준을 충족했다.

- **주주 친화적인 자본 배분** - 버크셔 해서웨이는 벌어들이는 이익을 배당보다는 자사주 매입이나 수익성 높은 사업 재투자 등을 통해 주주 가치를 높이는 방식으로 자본을 배분한다. 캘퍼스는 장기 투자자로서 이러한 효율적인 자본 배분 방식을 높이 평가했다.

- **공적 연기금의 규모에 적합한 투자** - 버크셔 해서웨이는 시가총액이 매우 크고 거래량이 많아서 캘퍼스와 같은 거대한 연기금이 유의미한 규모의 투자를 실행하고 관리하는 데 적합한 자산이다.

캘퍼스- '잠자는 거인'을 깨운 주주 행동주의

캘퍼스(CalPERS)는 미국에서 가장 큰 규모의 공적 연기금이자 금융 시장의 '잠자는 거인'으로 불리기도 했다. 엄청난 자산 규모에도 불구하고 과거에는 투자 대상 기업의 경영에 대해 크게 목소리를 내지 않는 '소극적인 주주'에 가까웠기 때문이다. 그러나 2000년대 초반, 일련의 대규모 기업 회계 부정 및 파산 사건들은 캘퍼스를 근본적으로 변화시켰다.

가장 큰 충격을 준 사건 중 하나는 엔론(Enron)의 파산(2001년)이었다. 캘퍼스는 엔론에 대규모로 투자하고 있었으나, 엔론의 회계 부정과 부실한 지배구조로 인해 투자금을 거의 모두 잃는 막대한 손실을 입었다. 엔론 외에도 월드컴(WorldCom) 등 다른 기업들의 스캔들 또한 캘퍼스에게 큰 재정적 손실을 안겨주었다.

이러한 쓰라린 경험을 통해 캘퍼스는 중요한 교훈을 얻었다. 단순히 시장 지수를 추종하며 '잠자는 주주'로 남아 있는 것만으로는 기금의 장기적인 안정성을 보장할 수 없다는 것이다. 기업의 부실한 지배구조와 불투명한 경영은 투자 수익을 갉아먹고 투자 자본을 영구적으로 손실시킬 수 있는 치명적인 위험임을 깨달았다.

엔론 사태 이후, 캘퍼스는 '깨어있는 주주', '행동하는 주주'로 변모하기로 결정했다. 자신들의 막대한 자산 규모를 활용하여 투자 대상 기업의 지배구조 개선, 투명성 강화, 경영진 책임성 확보를 적극적으로 요구하기 시작했다. 이사회 독립성, 경영진 보상 체계 개혁, 주주 권리 강화 등을 핵심적인 행동주의 의제로 삼았다.

결론적으로 엔론과 같은 과거의 고통스러운 투자 실패 경험이 캘퍼스를 미국 기업 지배구조 개선을 이끄는 강력한 주주 행동주의자로 만든 계기가 되었다. '잠자는 거인'을 깨운 뼈아픈 교훈은 캘퍼스를 미국 기업계에서 가장 영향력 있는 기관투자자 중 하나로 만들었다. 그들의 활동은 투자 자본 보존을 위해 지배구조가 왜 중요한지를 보여주는 살아있는 증거가 된다.

 **버크셔 해서웨이 투자를 통해 배우는 캘퍼스의 교훈**

캘퍼스의 버크셔 해서웨이 투자 사례는 공적 연기금의 운용 방식과 장기 우량 자산 투자에 대한 중요한 교훈을 준다.

1. 장기적 연금 의무와 투자 시간관 - 공적 연기금은 미래의 약속연

금 지급을 이행하기 위해 장기적인 관점에서 안정성과 수익성을 동시에 추구해야 한다. 버크셔 해서웨이의 장기적 가치 성장 모델은 이러한 초장기 관점과 일치한다.

2. **분산 투자의 다양한 형태** - 광범위한 분산 투자는 위험 관리의 가장 기본적인 원칙이며 버크셔 해서웨이처럼 그 자체로 분산된 기업에 투자하는 것도 효과적인 포트폴리오 구성 방법이다. 한 주식을 통해 다양한 산업과 자산에 간접 노출을 얻는 효율성이 있다.

3. **리더십과 자본 배분의 중요성** - 시간을 견디며 꾸준히 가치를 증식하는 '워렌 버핏'과 같은 뛰어난 리더십을 가진 기업은 장기 투자자에게 특별한 가치를 제공한다. 캘퍼스는 투자 대상 기업의 경영진 퀄리티를 중요한 요소로 고려한다.

4. **다각화된 사업 모델의 안정성** - 재무적으로 건전하고 다각화된 사업 포트폴리오를 가진 기업은 불확실한 경제 환경에서도 비교적 안정적인 성과를 보인다. 버크셔의 다양한 사업과 투자 포트폴리오는 경기 사이클에 대한 방어력을 제공한다.

5. **주주 권리와 기업 지배구조** - 공적 연기금은 투자 결정 시 책임투자ESG 등 요소 또한 고려하며 대규모 주주로서 기업 지배구조에 영향력을 행사한다. 캘퍼스의 적극적인 주주 활동은 기업 가치 향상에 기여할 수 있다.

캘퍼스 스타일의 현대 글로벌 포트폴리오

캘퍼스의 투자 철학과 접근 방식을 현대 시장에 적용한다면 다음과 같은 포트폴리오 구성을 고려할 수 있다.

● 복합 사업/지주회사 부문 (30%)

- Berkshire Hathaway$^{BRK.B}$ - 장기 가치 성장, 산업 다각화, 안정성
- Alphabet^{GOOGL} - 기술 분야 다각화, 장기 혁신 역량

● 전통 산업 리더 부문 (30%)

- Johnson & Johnson^{JNJ} - 헬스케어 산업의 안정성과 성장성
- HCA Healthcare^{HCA} - 미국 민간 병원 부문의 대표주자
- JPMorgan Chase^{JPM} - 금융 산업 리더, 위기 관리 역량

● 기술/소비재 대형주 부문 (25%)

- Microsoft^{MSFT} - 글로벌 IT 리더, 안정성과 장기 성장성 동시 보유
- Procter & Gamble^{PG} - 글로벌 필수 소비재 강자, 지속적인 현금 흐름
- Apple^{AAPL} - 기술 생태계 구축, 강력한 브랜드 충성도

● 인프라/에너지 부문 (15%)

- Crown Castle Inc.^{CCI} - 미국 내 5G·셀타워 인프라 집중
- NextEra Energy^{NEE} - 재생 에너지 분야 세계적 리더
- American Tower^{AMT} - 글로벌 통신 인프라 리더

캘퍼스의 현대적 포트폴리오 접근법은 "장기 연금 지급 의무를 이행하기 위해, 광범위한 글로벌 분산과 책임 투자를 기반으로 안

정성과 성장성을 동시에 갖춘 우량 자산에 투자한다"로 요약할 수 있다.

글로벌 국부펀드와 연기금의 투자 철학

세계 각국의 국부펀드와 연기금들은 각기 다른 목표와 철학을 가지고 수조 달러 규모의 자산을 운용하며 글로벌 자본 시장에서 막대한 영향력을 행사하고 있다. 이들의 투자 전략과 대표적인 투자 사례를 통해 현대 글로벌 투자의 흐름을 읽어볼 수 있다.

- **싱가포르 GIC의 장기적 글로벌 리더 투자**

싱가포르 투자청(GIC)은 1981년 설립된 싱가포르의 국부펀드로, 수천억 달러 규모의 자산을 운용하며 노르웨이 국부펀드와 함께 세계에서 가장 영향력 있는 장기 투자 기관 중 하나로 꼽힌다. GIC의 투자 철학은 장기적인 관점에서 전 세계 유망 자산에 광범위하게 분산 투자하여 안정적이고 지속 가능한 수익을 추구하는 것에 집중한다.

GIC는 극도로 장기적인 관점을 가지고 10년, 20년 이상의 투자 성과를 중시한다. 기술 혁신, 인구 통계학적 변화, 도시화, 기후 변화 등 장기적으로 세계 경제를 변화시킬 메가 트렌드를 식별하고, 이러한 흐름의 수혜를 받을 산업과 기업에 투자한다. 특히 해당 산업에서 1위 또는 압도적인 경쟁력을 가진 글로벌 리더 기업에 투자하는 경향이 있다.

GIC의 대표적인 투자 사례는 알파벳(Alphabet, GOOGL)이다. GIC의 공개 포트폴리오에서 알파벳은 항상 가장 큰 비중을 차지하는 종목 중 하나이다. 알파벳은 인터넷 검색, 온라인 광고, 클라우드 컴퓨팅 등 여러 분야에서 압도적인 시장 지배력을 가진 글로벌 기술 리더이며 AI, 클라우드 등 최첨단 기술 개발을 주도하고 있다. GIC는 알파벳 투자를 통해 기술 발전이라는 장기적인 성장 동력에 대한 노출을 확보한다.

한국 시장에서도 GIC와 테마섹은 매우 활발한 투자 활동을 벌여왔다. 특히 바이오 기업 셀트리온은 두 펀드 모두에게 매우 성공적인 투자 사례로 꼽힌다. 테마섹은 2010년부터 2013년까지 셀트리온에 단계적으로 투자하여 상당한 수익을 거둔 것으로 추정된다. 2021년에는 카카오 엔터테인먼트에 대규모 투자를 단행하며 콘텐츠 및 플랫폼 산업에 대한 관심을 보여주었다.

• 사우디 PIF의 미래 산업 전략적 베팅

사우디아라비아의 공공 투자 기금(PIF)은 전 세계에서 가장 빠르게 성장하고 공격적인 투자 성향을 보이는 국부펀드이다. 1971년 설립되었으나 비전 2030 발표(2016년) 이후 운용 자산 규모가 기하급수적으로 증가하며 전 세계 자산 시장에서 '큰 손'으로 부상했다.

PIF의 투자 철학은 사우디 경제 다변화라는 국가적 목표 달성을 위해 국내외 유망 미래 산업 및 자산에 대규모 자본을 전략적으로 배분하는 것에 집중한다. 투자 결정의 최우선 기준은 사우디 경제의 석유 의존도를 낮추고 관광, 기술, 엔터테인먼트, 재생 에너지 등 새로운 산업을 육성하려는 비전 2030 목표와의 연계성이다.

PIF의 상징적인 투자 사례는 2016년 우버 테크놀로지스(Uber)에 대한 35억 달러 투자이다. 이는 당시 비상장 기업에 대한 가장 큰 규모의 투자 중 하나로, 사우디의 석유 의존적인 경제를 벗어나 미래 산업을 육성하려는 강력한 실행 의지를 전 세계에 보여준 신호탄이었다. 우버는 미래 모빌리티, 기술, 디지털 경제를 대표하는 글로벌 플랫폼 기업으로, 비전 2030이 육성하려는 핵심 산업 분야와 완벽하게 일치했다.

이후 PIF는 테슬라, 아마존, 마이크로소프트, 메타, 알파벳 등 세계적인 기술 기업들의 주식에 대규모로 투자하며 포트폴리오를 구축했다. 특히 게임 및 e-스포츠와 같은 뉴 이코노미 분야에 막대한 자금을 투입했다. 한국에서도 카카오 엔터테인먼트에 대규모 투자를 단행하며 콘텐츠 및 플랫폼 산업에 대한 관심을 보였다.

• 카타르 QIA의 글로벌 우량 자산 확보

카타르 투자청(QIA)은 2005년 설립된 카타르의 국부펀드로, 운용 자산 규모가 5,200억 달러를 넘어서며 전 세계 주요 자산 시장에서 상당한 영향력을 행사한다. QIA의 투자 방식은 에너지 자원을 통해 축적된 부를 미래 세대를 위해 장기적으로 보존하고 성장시키고자, 전 세계 주요 자산 및 글로벌 선두 기업에 대한 대규모 전략적 투자를 실행하는 것을 중심으로 한다.

QIA는 장기 국가 자산의 보존과 성장에 중점을 두며 전통적인 글로벌 산업과 세계적인 선두 기업에 집중적으로 자본을 배분한다. 특히 유럽과 북미 시장의 핵심 기업과 자산에 대규모 투자를 실행하며 기업의 의사결정에 영향을 미칠 수 있는 상당한 규모의 지분을 확보하는 방식을 선호한다.

QIA의 대표적인 투자 사례는 독일의 폭스바겐 AG(VOW3.DE)이다. 폭스바겐은 세계적인 자동차 제조 그룹으로 다양한 브랜드를 산하에 두고 있으며 QIA는 이 기업의 주요 투자자 중 하나로 상당한 지분을 보유하고 있다. 자동차 산업은 글로벌 경제의 중요한 축을 이루는 핵심 산업이며 폭스바겐은 이 산업에서 독보적인 규모와 기술력을 가진 선두 주자이다.

카타르는 또한 미술품 수집과 문화 기관 구축에도 막대한 자본을 투자하며 국제적인 영향력을 키워왔다. 카타르 뮤지엄 회장인 알 마이샤 공주의 리더십 아래, 카타르는 지난 10여 년간 세계에서 가장 큰 미술품 구매자 중 하나가 되었다. 이러한 미술품 투자는 국가의 이미지를 제고하고 문화 외교를 펼치는 전략적인 투자이다.

- **쿠웨이트 KIA의 보수적 장기 투자**

쿠웨이트 투자청(KIA)은 1953년 설립된 세계에서 가장 오래된 국부펀드다. 70년이 넘는 긴 운용 역사를 통해 다양한 시장 사이클을 경험했으며 이러한 경험이 보수적이고 신중한 투자 접근 방식의 근간이 되었다. KIA는 급격한 수익 추구보다는 원금 보존과 안정적인 장기 수익에 중점을 둔다.

KIA의 투자 철학은 안정성과 자산 보존을 최우선으로 하며 전 세계 다양한 국가, 지역, 자산 클래스에 광범위하게 자금을 배분한다. 해당 산업에서 확고한 시장 지위, 강력한 브랜드, 오랜 역사, 안정적인 재무 상태를 갖춘 대규모 우량 기업에 투자하는 것을 선호한다.

KIA의 대표적인 투자 사례는 네슬레(NESN.SW)이다. 네슬레는 1866년 설립되어 150년이 넘는 역사를 자랑하는 세계 최대 규모의 식품 기업으로, 경기가 좋든 나쁘든 꾸준한 수요가 발생하는 필수 소비재라는 사업 특성 덕분에 뛰어난 안정성과 예측 가능한 수익성을 가진다. 또한 60년 이상 연속으로 배당금을 지급하고 늘려온 배당 귀족이기도 하다.

KIA는 1990년 이라크 침공 당시 국가 위기를 견딘 역사적 경험을 가지고 있다. 이라크의 기습적인 침공으로 쿠웨이트 정부가 망명 정부가 되었을 때 KIA가 수십 년간 축적하고 해외에 분산 투자했던 자산들이 망명 정부 운영 자금과 국토 해방을 위한 군사적, 외교적 노력을 지원하는 결정적인 역할을 했다. 이는 국부펀드가 단순한 투자 기관을 넘어 국가 위기 시 '부의 방주' 역할을 수행할 수 있음을 보여준 사례이다.

- **중국 CIC와 일본 GPIF, 캐나다 CPPIB의 차별화된 접근**

중국 투자공사(CIC)는 2007년 설립된 중국의 국부펀드로, 중국의 장기적인 경제 발전과 글로벌 전략을 지원하는 투자 활동을 수행한다. CIC는 국가의 전략적 목표와 연계된 투자를 중시하며, 글로벌 공급망의 핵심 지점에 있는 기업에 주목한다. 대표적인 투자 사례로는 대만의 TSMC가 있다. TSMC는 세계 최첨단 반도체 제조 기술을 보유한 글로벌 파운드리 1위 기업으로, 중국의 기술 자립 목표와 관련된 전략적 중요성을 가진다.

일본 GPIF(Government Pension Investment Fund)는 세계 최대 규모의 연기금으로, 일본 국민의 후생연금과 국민연금 기금을 운용한다. GPIF는 시장을 이기려 하기보다 시장 전체의 성장을 공유하는 것을 목표로 하며, MSCI 월드 지수와 같은 글로벌 시장 지수를 추종하는 패시브 운용을 중심으로 한다. 아마존은 GPIF 포트폴리오에서 가장 큰 비중을 차지하는 종목 중 하나인데, 이는 개별 기업 분석의 결과가 아니라 아마존이 글로벌 시가총액에서 차지하는 압도적인 비중 때문이다.

캐나다 연기금 투자위원회(CPPIB)는 약 5500억 달러 이상의 자산을 운용하는 세계 최대 연기금 중 하나로, 패시브 전략만으로는 장기 연금 의무를 충족하기 어렵다고 판단하여 액티브 운용으로 시장 평균 이상의 수익을 추구한다. CPPIB는 존슨앤존슨(JNJ)과 같은 다각화된 헬스케어 기업에 꾸준히 투자해왔으며 인구 고령화라는 장기 메가트렌드를 포착하여 헬스케어 섹터에 대한 전략적 투자를 지속하고 있다.

이들 글로벌 국부펀드와 연기금들은 각자 차별화된 전략을 구사한다. 하지만 모두 장기적 관점에서 국가와 국민의 미래를 위한 자산 증식이라는 공통 목표를 추구한다.

CHAPTER 2

글로벌
자산운용사

40 | JP모건과 JPM

41 | 골드만삭스와 골드만삭스 그룹

42 | 블랙록과 마이크로소프트

43 | 피델리티와 넷플릭스

JP모건과 JPM

금융 시스템의 중심에 서 있는 투자자

JP모건 체이스JPMorgan Chase는 미국에서 자산 규모가 가장 큰 은행이자 전 세계 금융 시장을 주도하는 명실상부한 글로벌 종합 금융 서비스 그룹이다. 1800년대부터 이어져 온 유서 깊은 역사와 전통을 자랑하며 투자 은행, 상업 은행, 자산 관리, 소비자 금융 등 금융 산업의 거의 모든 영역에서 선두적인 위치를 차지하고 있다. 2005년부터 이 그룹을 이끌고 있는 제이미 다이먼Jamie Dimon CEO는 금융 위기를 성공적으로 헤쳐나가고 꾸준히 수익을 창출하며 금융 안정성과 효율성의 상징으로 여겨진다. 그의 강력한 리더십 아래 JP모건은 전 세계 수많은 기업, 정부, 기관 및 개인에게 금융 서비스를 제공하며 글로벌 자본의 흐름을 촉진하는 핵심적인 역할을 수행한다.

JP모건 체이스의 투자 철학은 '금융 산업의 모든 핵심 영역을 아우르며 글로벌 자본 시장의 원활한 작동과 기업 및 소비자의 금융 니즈를 충족시키는 종합적인 금융 솔루션을 제공하는 것'에 집중한다. 그들은 금융 시스템의 안정성과 효율성을 추구한다.

JP모건의 투자 철학

JP모건의 핵심 업무 철학은 금융 서비스의 통합적 제공과 글로벌 영향력에 초점을 맞추고 있다. 주요 원칙들은 다음과 같다.

- **종합 금융 서비스 제공** - 개인 대상의 예금, 대출, 신용카드 서비스부터 대기업 대상의 자금 조달IPO, 채권 발행, M&A 자문, 자산 운용, 트레이딩에 이르기까지 금융 산업의 광범위한 영역을 커버한다. 이러한 다양한 사업 부문은 특정 시장의 침체기에도 다른 부문에서 수익을 만회하게 하여 그룹 전체의 안정성을 높이며 각 부문은 유기적으로 연결되어 시너지를 창출한다.
- **글로벌 네트워크 운영** - 전 세계 주요 금융 중심지에서 운영되며 막대한 자본력과 인프라를 바탕으로 글로벌 기업들의 자금 조달 및 투자 활동을 지원하고 국제 금융 시장의 트렌드를 이끈다. 그 규모 자체로 금융 시장에서 큰 영향력을 행사하며 전 세계에서 가장 많은 금융 전문가들이 일하는 금융 회사 중 하나이다.

- **위기 관리 및 회복 탄력성** - 제이미 다이먼 CEO를 필두로 유능한 경영진을 갖추고 있으며 2008년 금융 위기와 같은 시장 충격 속에서도 비교적 빠르게 회복한 뛰어난 위기 관리 능력과 회복 탄력성을 입증했다.
- **금융 인프라 역할** - 기업들의 자금 조달, 자산 거래 시장 제공, 국가 간 자금 이동 원활화 등 글로벌 금융 시스템의 필수적인 인프라 역할을 수행하며 자본 시장의 원활한 작동을 가능하게 하는 중추이다.
- **디지털 혁신 추구** - 핀테크 발전과 경쟁 심화에 대응하기 위해 기술 개발과 디지털 전환에도 막대한 자금을 투자한다.

JPM, 금융 시스템의 축소판

JP모건 체이스 & Co.JPM는 나스닥 또는 뉴욕 증권거래소에 상장된 지주 회사로서 그 아래 JP모건 체이스의 모든 사업 부문이 포함된다. 투자자들은 JPM 주식을 매수함으로써 글로벌 금융 서비스 산업 전반에 걸쳐 분산된 사업을 영위하는 JP모건 체이스라는 거대 그룹에 투자하는 효과를 얻는다. 시가총액 또한 매우 커서 전 세계 금융 기업 중 최상위권을 차지하며 주요 주가 지수의 핵심 구성 요소이다. JPM이라는 상장된 회사는 글로벌 금융 시스템의 다양한 기능을 한 몸에 구현하고 있으며 이 기업의 주가와 실적은 전 세계 경제 상황, 금융 시장의 활동성 그리고 다양한 금융 부문의 성과를 반영한다.

 **왜 JPM이었나? JP모건의 투자 논리**

JP모건 체이스가 JPM을 대표 종목으로 삼은 배경에는 JPM이라는 기업이 '글로벌 종합 금융 그룹'으로서 가진 다면적인 특징이 있었다. JPM은 글로벌 금융 시스템의 거의 모든 측면을 대표한다.

- **금융 시스템의 축약판** - JPM은 개인 금융, 투자 은행, 자산 관리 등 금융 시스템의 거의 모든 핵심 기능을 한 회사 안에서 제공한다. JPM에 투자하는 것은 마치 미니 금융 시스템 전체에 투자하는 것과 같다. 각 사업 부문의 성과가 합쳐져 JPM의 전체 가치를 형성한다. 따라서 JPM 투자는 금융 산업 전체에 대한 광범위한 노출을 제공한다.

- **규모와 리더십의 상징** - JPM은 규모 면에서 미국 최대 은행이며 여러 사업 부문에서 글로벌 리더십을 가지고 있다. 금융 산업의 '큰 손'이자 '최강자'로서 JPM의 존재는 금융 시장의 안정성과 활력에 중요한 역할을 한다. JPM 투자는 금융 산업의 규모와 지배력에 대한 투자이다.

- **다양한 사업 포트폴리오를 통한 안정성** - 다양한 사업 부문 간의 위험 분산 효과는 JP모건 체이스의 중요한 강점이다. 특정 부문에서 손실이 발생해도 다른 부문의 이익으로 상쇄할 수 있어 전체 그룹의 안정성을 높인다. 금융 위기를 거치며 입증된 뛰어난 리스크 관리 시스템 또한 JPM의 가치를 높인다.

- **경제 사이클의 다양한 측면 반영** - JP모건 체이스의 다양한 사업

부문은 경제 사이클의 다른 측면과 연관된다. 소비자 금융은 가계 경제를, 투자 은행은 기업 활동과 자본 시장을, 상업 은행은 기업 대출을 반영한다. JPM 투자는 이러한 다양한 경제 활동의 집합체로서 거시 경제 변화에 따라 복합적인 영향을 받는 기업이다.

- **주요 사업 영역과 시장 영향력** - 투자 은행 부문CIB은 기업들의 자금 조달IPO, 채권 발행과 M&A 자문에서 세계적인 선두 주자이다. 수많은 유명 기업의 기업 공개IPO를 주관하며 기업이 자본 시장에 진입하는 데 결정적인 역할을 했다. 자산 운용 부문은 기관 및 개인 투자자들의 자산을 운용하며 다양한 투자 전략을 통해 수조 달러를 관리한다. 트레이딩 활동은 글로벌 자본 시장에서 다양한 자산을 대규모로 거래하며 시장 유동성을 공급한다. JPM이라는 기업은 이러한 주요 사업 영역을 통해 글로벌 자본 시장의 원활한 작동에 직접적인 영향을 미친다.

 **JPM 투자를 통해 배우는 JP모건의 교훈**

JP모건 체이스의 JPM 투자 사례는 글로벌 종합 금융 그룹의 역할과 투자 관점에 대한 중요한 교훈을 준다.

1. 금융 시스템의 복합성 - 현대 금융 시장은 투자 은행, 상업 은행, 자산 운용 등 다양한 부문이 복합적으로 연결되어 작동하며 JP

모건과 같은 기업은 이 모든 기능을 한 몸에 수행한다. 이러한 통합적 접근이 현대 금융의 핵심이다.

2. **사업 다각화와 안정성** - 다양한 사업 부문을 통한 분산은 금융 기관의 안정성과 회복 탄력성을 높이는 핵심 요소이다. 각 부문의 수익 사이클이 상쇄되며 전체 그룹의 안정성을 향상시킨다.

3. **규모의 경제와 시장 영향력** - 규모와 리더십은 금융 서비스 산업에서 중요한 경쟁 우위가 된다. 특히 글로벌 자본 시장에서 영향력을 행사하는 데 필수적이며 대규모 금융 거래를 효율적으로 처리할 수 있는 능력을 제공한다.

4. **자본 시장 중개자의 역할** - 기업 공개IPO 주관은 투자 은행의 핵심 역할이자, 기업이 자본 시장에 자금을 조달하고 성장하는 데 결정적인 영향을 미친다. JP모건은 이러한 자본 시장 중개자로서 경제 성장의 촉매 역할을 한다.

5. **리더십의 결정적 중요성** - 뛰어난 리더십제이미 다이먼과 위기 관리 능력은 금융 기관의 생존과 장기적인 성공에 필수적이다. 2008년 금융위기를 성공적으로 극복한 JP모건의 사례는 리더십의 중요성을 극명하게 보여준다.

JP모건 스타일의 현대 글로벌 포트폴리오

JP모건 체이스의 투자 철학과 접근 방식을 현대 시장에 적용한다면 다음과 같은 포트폴리오 구성을 고려할 수 있다.

● 종합 금융 서비스 그룹 (40%)

- JPMorgan Chase ^{JPM} - 미국 최대 은행, 글로벌 금융 시스템의 축소판
- Bank of America ^{BAC} - 미국 대형 소매 및 투자 은행
- Goldman Sachs ^{GS} - 글로벌 투자 은행 및 자산 운용 리더

● 글로벌 결제 및 핀테크 부문 (25%)

- Visa ^{V} - 글로벌 결제 네트워크 리더
- PayPal ^{PYPL} - 디지털 결제 플랫폼 선두주자
- Block ^{SQ} - 소상공인 결제 및 금융 서비스 혁신 기업

● 자산 운용 및 보험 부문 (20%)

- BlackRock ^{BLK} - 세계 최대 자산운용사
- Berkshire Hathaway $^{BRK.B}$ - 보험 및 다양한 사업 포트폴리오를 가진 투자 지주사
- Charles Schwab ^{SCHW} - 대형 금융 서비스 및 자산관리 기업

● 디지털 금융 및 블록체인 부문 (15%)

- Coinbase ^{COIN} - 암호화폐 거래소 및 디지털 자산 인프라
- Mastercard ^{MA} - 결제 네트워크 및 블록체인 결제 기술 투자
- Robinhood ^{HOOD} - 혁신적 투자 앱 및 디지털 투자 플랫폼

JP모건 체이스의 현대적 포트폴리오 접근법은 "금융 시스템의 핵심에 투자하고, 규모와 리더십을 통해 글로벌 자본 흐름에 영향력을 행사하며 디지털 혁신과 효율적인 위험 관리를 통해 지속적인 성장을 추구한다"로 요약할 수 있다.

골드만삭스 Goldman Sachs 와
골드만삭스그룹 Goldman Sachs Group, GS

★★★★★
★★★★★

**글로벌
자본 시장의 문지기**

골드만삭스는 1869년 설립된 이래 세계 금융 시장에서 가장 영향력 있고 명망 높은 투자 은행 중 하나로 자리매김했다. 기업의 자금 조달IPO, 채권 발행, 인수합병M&A 자문, 자산 관리, 트레이딩 등 글로벌 자본 시장의 핵심적인 역할을 수행한다. 월스트리트의 상징과도 같은 존재이며 최고의 인재들이 모여 금융 혁신과 복잡한 거래를 주도하는 회사로 알려져 있다. 현재 이 그룹을 이끌고 있는 데이비드 솔로몬David Solomon CEO와 전임자들은 금융 위기 등 격변기 속에서 회사를 이끌며 금융계 내외에 큰 영향력을 행사했다. 골드만삭스의 이름은 곧 '투자 은행 업무'의 대명사처럼 여겨지기도 한다.

골드만삭스의 비즈니스 철학은 '최고의 인재와 기술을 바탕으로 글로벌 자본 시장의 기회를 포착하고, 기업 및 정부 고객에게 최상의 금융 솔루션을 제공하며 시장을 선도하는 것'에 집중한다. 그들은 시장의 변화를 예측하고 주도하려 한다.

 **골드만삭스의 투자 철학**

골드만삭스의 핵심 비즈니스 철학은 시장 리더십과 엘리트 문화에 초점을 맞추고 있다. 주요 원칙들은 다음과 같다.

- **투자 은행 프랜차이즈** - 투자 은행IB 분야의 압도적인 지배력을 가지며 기업의 자금 조달 및 M&A 자문 분야에서 세계 최고 수준의 역량을 발휘한다. 글로벌 자본 시장에서 '딜 메이커Deal Maker'로서의 위상이 확고하다.
- **트레이딩 및 시장 조성** - 외환, 금리, 주식 등 다양한 자산 시장에서 대규모 트레이딩 활동을 수행하며 시장의 유동성을 공급하고 가격 발견 과정에 참여한다.
- **자산 운용** - 자산 운용 부문은 기관 및 개인 투자자에게 다양한 투자 전략을 운용하는 서비스를 제공한다.
- **글로벌 네트워크** - 전 세계 주요 금융 중심지에 지점을 두고 글로벌 네트워크를 통해 자본 시장을 연결한다.
- **엘리트 조직 문화** - 금융 산업 최고의 인재들이 모이는 성과 중심의 문화를 가지고 있다.

골드만삭스 그룹Goldman Sachs Group, GS, 자본 시장의 심장

골드만삭스 그룹은 뉴욕 증권거래소에 상장된 지주 회사로서 그 아래 골드만삭스의 모든 사업 부문이 포함된다. 투자자들은 GS 주식을 매수함으로써 글로벌 투자 은행 업무, 트레이딩, 자산 운용 등 다양한 금융 서비스 사업을 영위하는 골드만삭스라는 거대 그룹 전체에 투자하는 효과를 얻는다. 시가총액 또한 매우 커서 전 세계 금융 기업 중 최상위권을 차지하며 주요 주가 지수의 핵심 구성 요소이다. 골드만삭스 그룹GS이라는 상장된 회사는 글로벌 자본 시장의 핵심 기능과 트렌드를 구현하고 있으며 이 기업의 주가와 실적은 전 세계 기업 활동, 자금 조달 시장의 활력 그리고 금융 시장의 변동성을 복합적으로 반영한다.

왜 GS였나? 골드만삭스의 투자 논리

골드만삭스가 GS를 대표 종목으로 삼은 배경에는 GS라는 기업이 '글로벌 자본 시장의 중추'로서 가진 다면적인 특징이 있다.

- **자본 시장의 문지기**IPO 주관 등 - 골드만삭스는 기업들이 자본을 조달하기 위해 주식 시장이나 채권 시장에 나올 때 상장을 돕고IPO 주관, 주식/채권을 판매하는 핵심적인 역할을 수행한다. 수많은 유망 기업들이 골드만삭스를 통해 자본 시장에 데뷔했

다. 이는 골드만삭스가 어떤 기업들이 자본 시장의 주요 플레이어가 되는지를 결정하는 데 관여하고, 시장에 새로운 기업들을 '공급'하는 역할을 한다는 것을 보여준다. 예를 들어 과거 마이크로소프트, 구글 등 주요 기술 기업들의 IPO에 참여하며 시장 데뷔를 도왔다.

- **시장 유동성 및 가격 발견** - 트레이딩 활동을 통해 자산 가격의 효율적인 발견을 돕고 시장에 유동성을 공급한다. 이는 투자자들이 원하는 가격에 자산을 사고팔 수 있도록 하는 필수적인 기능이다. GS 투자는 자본 시장의 원활한 작동에 대한 투자이다.

- **글로벌 거래의 중추** - 골드만삭스는 전 세계 대규모 M&A 거래를 자문하고 성사시킨다. 이는 글로벌 기업 활동과 자본 재배치의 핵심적인 부분을 담당한다는 것을 의미한다. GS 투자는 이러한 글로벌 기업 거래의 동향과 성공에 대한 노출을 제공한다.

- **금융 산업 인재와 문화의 상징** - 골드만삭스는 금융 산업 최고의 인재들이 모이는 곳으로 알려져 있으며 그 문화와 인재들은 금융 산업의 혁신과 트렌드를 이끌어간다. GS 투자는 금융 산업 내 '사람'과 '문화'라는 무형 자산의 가치를 반영하기도 한다.

- **다양한 금융 부문 경험** - 투자 은행, 트레이딩, 자산 운용 등 다양한 부문을 경험할 수 있다. 이는 금융 산업의 여러 측면을 이해하는 데 도움이 된다.

 **GS 투자를 통해 배우는 골드만삭스의 교훈**

골드만삭스의 GS 투자 사례는 글로벌 투자 은행의 역할과 자본 시장의 작동 방식에 대한 중요한 교훈을 준다.

1. **자본 시장 접근의 중요성** - 투자 은행IB은 기업의 성장과 자금 조달 그리고 기업 공개에 결정적인 역할을 한다. 어떤 기업들이 자본 시장에 나오고 어떤 거래가 성사되는지를 주도하는 과정에서 자본 분배의 효율성에 직접적인 영향을 미친다.

2. **시장 유동성의 핵심 역할** - 트레이딩과 시장 조성 활동은 자본 시장의 유동성을 높이고 효율적인 가격 발견을 돕는 필수 기능이다. 이러한 활동이 없다면 시장은 비효율적이 되고 투자자들은 적정 가격에 자산을 매매하기 어려워진다.

3. **금융 서비스의 통합적 가치** - 다양한 금융 서비스 부문을 통해 위험을 분산하고 고객에게 종합 솔루션을 제공하는 것이 대형 금융 그룹의 강점이다. 이러한 통합적 접근은 시장 변동성에 대한 내성을 높이고 지속적인 성장을 가능하게 한다.

4. **인재와 문화의 경쟁력** - 글로벌 네트워크와 인재는 투자 은행의 중요한 경쟁 우위가 된다. 복잡한 금융 거래와 혁신을 이끄는 것은 결국 사람과 조직문화이며 이는 금융 산업에서 지속적인 성공의 핵심 요소이다.

5. **기업 가치 형성의 복합성** - 기업 가치는 단순히 사업 성과뿐 아니라 자본 시장 접근성 및 거래 역학에 의해서도 영향을 받으

며 투자 은행은 이 과정에 깊이 관여한다. 이는 기업 가치 평가에 있어 다차원적인 이해가 필요함을 보여준다.

골드만삭스 스타일의 현대 글로벌 포트폴리오

골드만삭스의 투자 철학과 접근 방식을 현대 시장에 적용한다면 다음과 같은 포트폴리오 구성을 고려할 수 있다.

● **글로벌 투자 은행 및 자본 시장 리더 (35%)**
- Goldman Sachs Group^{GS} - 글로벌 자본 시장의 문지기, 투자 은행 리더
- Morgan Stanley^{MS} - 자산관리와 투자은행 균형 잡힌 리더십
- Charles Schwab^{SCHW} - 개인 투자자 중심 자산 관리 및 거래 플랫폼

● **글로벌 금융 기술 혁신 기업 (30%)**
- S&P Global^{SPGI} - 금융 데이터 및 분석 서비스 글로벌 리더
- Blackstone^{BX} - 대체투자 분야의 선두주자, 부동산 및 사모펀드 통합
- Intercontinental Exchange^{ICE} - 글로벌 금융 거래소 및 데이터 인프라

● **신흥 금융 플랫폼 및 핀테크 (20%)**
- Block^{SQ} - 소상공인 및 개인 결제 디지털 혁신 선도
- Fiserv^{FI} - 기업 대상 결제 인프라·금융 IT 솔루션 제공

● **아시아 성장 금융 시장 (15%)**
- Hong Kong Exchanges^{HKEX} - 중국과 글로벌 자본 시장의 연결고리
- DBS Group$^{D05.SI}$ - 싱가포르 중심 아시아 디지털 뱅킹 리더

골드만삭스의 현대적 포트폴리오 접근법은 "글로벌 자본 시장의 핵심 기능을 주도하고, 금융 혁신과 신흥 시장의 성장을 포착하며 최고의 금융 인재와 기술을 활용하여 복잡한 금융 솔루션을 제공한다"로 요약할 수 있다.

블랙록 BlackRock 과
마이크로소프트 Microsoft, MSFT

세계 최대 자산운용사의
패시브 투자 철학

블랙록은 래리 핑크Larry Fink가 공동 설립한 전 세계에서 가장 큰 자산 운용사이다. 운용 자산 규모가 수십조 달러에 달하며 이는 웬만한 국가의 국내총생산GDP을 능가하는 수준이다. 블랙록은 상장지수펀드ETF 시장의 선두 주자iShares 브랜드이자 인덱스 펀드 운용 분야에서 압도적인 지위를 차지하며 '패시브 투자'의 대명사로 불린다. 그들은 개인 투자자부터 대형 기관까지 다양한 고객에게 광범위한 자산 시장에 쉽고 저렴하게 투자할 수 있는 솔루션을 제공한다. 블랙록은 또한 알라딘Aladdin이라는 강력한 기술 플랫폼을 통해 리스크 관리와 포트폴리오 운용의 효율성을 극대화하며 거대한 자산 규모를 바탕으로 기업 지배구조 개선 및 ESG환경, 사회, 지배구조 이슈에 대해 목소리를 내는 영향력 있는 주주이기도 하다.

블랙록의 투자 철학은 '최첨단 기술과 광범위한 시장 접근성을 활용하여, 다양한 고객에게 저렴한 비용으로 시장 전체의 수익률을 제공하는 것'에 집중한다. 그들은 특정 종목을 '선택'하기보다 시장 전체를 '소유'하는 것을 목표로 한다.

 **블랙록의 투자 철학**

블랙록의 핵심 운용 철학은 패시브 투자와 기술 기반 접근법에 초점을 맞추고 있다. 주요 원칙들은 다음과 같다.

- **패시브 운용 중심** - 운용 자산의 대부분을 S&P 500, MSCI 월드 등 주요 시장 지수를 추종하는 인덱스 펀드와 ETF로 운용하며 개별 자산에 대한 심층 분석이나 매크로 예측보다는 해당 지수에 편입된 자산들을 시가총액 비중대로 기계적으로 매수한다. 이는 낮은 운용 보수로 시장 평균 수익률을 효율적으로 확보하는 방식이다.
- **규모의 경제** - 운용 자산 규모가 워낙 크기 때문에 블랙록의 투자 결정혹은 지수 추종에 따른 매매은 시장 전반에 영향을 미칠 수 있으며 자산 운용 산업에서 '규모의 경제'를 가장 잘 보여주는 사례이다.
- **기술 플랫폼 활용** - 리스크 관리, 포트폴리오 재조정, 거래 실행 등 대규모 자산 운용에 필요한 모든 과정을 지원하는 알라딘

플랫폼은 블랙록의 핵심 경쟁력으로 기술력을 통해 운용 효율성과 리스크 통제 능력을 극대화한다.
- **책임 있는 주주 활동** - 거대한 주주로서 투자 대상 기업들의 ESG 경영 개선을 요구하고 주주총회에서 의결권을 적극 행사하며 시장의 건전한 발전을 추구하는 역할도 수행하려 한다.
- **시장 유동성 공급** - 자회사 등을 통해 ETF의 원활한 거래를 지원하고 시장에 유동성을 공급하는 등 금융 시장의 구조적인 측면에도 관여한다.

마이크로소프트, 시장의 정점

마이크로소프트Microsoft, MSFT는 빌 게이츠가 공동 설립한 역사적인 소프트웨어 회사에서 출발하여 현재는 운영체제, 생산성 소프트웨어, 클라우드 컴퓨팅Azure, 게임Xbox, 인공지능AI 등 다양한 기술 영역에서 혁신을 이끌며 글로벌 시장을 지배하는 기업이다. 꾸준한 성장과 수익성을 바탕으로 현재 전 세계 상장 기업 중 시가총액이 가장 큰 기업 중 하나이다. 이러한 압도적인 규모 덕분에 S&P 500, MSCI 월드 등 전 세계 주요 주가 지수에서 항상 최상위권 비중을 차지하는 핵심 구성 요소이다.

세계 최대 자산 운용사인 블랙록의 포트폴리오, 특히 그들이 운용하는 수많은 인덱스 펀드와 ETF에서 마이크로소프트는 항상 가장 큰 비중을 차지하는 몇몇 종목 중 하나이다. 하지만 이는 블랙록의 펀드 매니저나 애널리스트들이 마이크로소프트의 사업 전망이나 기술 발전 속도를 개별적으로 깊이 분석하여 '매수해야 할 최고의 기업'이라고 판단한 결과가 아닙니다. 그 이유는 오직 하나, 마이크로소프트의 시가총액이 전 세계 주식 시장에서 차지하는 비중이 압도적으로 크기 때문이다.

 **왜 마이크로소프트였나? 블랙록의 투자 논리**

블랙록이 마이크로소프트를 그들의 대표적인 투자 종목으로 삼은 배경에는 다음과 같은 투자 논리가 있었다.

- **패시브 운용의 필연적 결과** - 블랙록은 수십조 달러에 달하는 자산을 글로벌 시장 지수를 추종하는 인덱스 펀드와 ETF로 운용한다. 마이크로소프트는 전 세계 상장 기업 중 시가총액이 가장 크므로 블랙록이 운용하는 거의 모든 글로벌 주식 인덱스 펀드에서 가장 큰 비중을 차지한다. 블랙록은 지수가 정한 비중대로 마이크로소프트 주식을 자동적으로 매수하는 것이다. 마이크로소프트는 '시장 전체를 소유하려는' 블랙록 전략에 따라 가장 크게 소유하게 된 '단 하나의 기업'이었다.
- **패시브 투자 철학의 상징** - 마이크로소프트 투자는 블랙록의 핵심인 패시브 투자 철학 그 자체를 보여준다. 블랙록은 개별 기업을 선별하는 액티브 투자로 시장을 이기려 하지 않고, 대

신 시장 전체의 움직임을 그대로 반영하여 시장 평균 수익률을 효율적으로 제공하려 한다. 마이크로소프트 투자는 이러한 '시장 전체에 투자한다'는 패시브 운용 방식이 구체적으로 어떤 기업 보유로 이어지는지를 가장 잘 보여주는 사례이다.

- **글로벌 기술 산업의 대표성 -** 마이크로소프트가 글로벌 지수 내에서 차지하는 큰 비중은 오늘날 세계 경제와 주식 시장에서 기술 산업이 차지하는 막대한 중요성을 반영한다. 마이크로소프트 투자는 특정 기술 기업에 대한 베팅이 아니라, 블랙록이 패시브 운용을 통해 포착하려는 글로벌 기술 섹터 전체 및 시장 전체의 성장을 대표한다.

- **대규모 운용에 적합한 유동성 -** 마이크로소프트처럼 거래량이 매우 많고 시가총액이 큰 기업은 블랙록이 필요한 규모만큼 주식을 매수하거나 매도하더라도 시장에 미치는 영향을 최소화할 수 있다. 이는 대규모 자금을 패시브 전략으로 효율적으로 운용하는 데 필수적인 특성이다.

- **책임 투자 활동의 대상 -** 블랙록은 마이크로소프트의 엄청난 규모 때문에 자연스럽게 마이크로소프트의 가장 큰 주주 중 하나가 된다. 이는 블랙록이 기업의 경영진과 이사회에 대해 주주로서 목소리를 내고 ESG 개선 등을 요구하는 책임 투자 및 스튜어드십 활동을 수행하는 기반이 된다. 블랙록의 영향력은 마이크로소프트 같은 거대 기업과의 소통 과정에서 나타난다.

블랙록 – 금융 거인의 그림자 정부 논란

블랙록은 운용 자산 규모면에서 전 세계에서 가장 큰 자산 운용사이다. 래리 핑크가 공동 설립한 이 회사는 약 10조 달러에 달하는 자산을 운용하며, 이는 전 세계 전체 GDP의 약 10%에 해당한다. 이러한 압도적인 규모는 블랙록에게 금융 시장과 기업들에 대한 막대한 영향력을 부여하며, 때로는 '그림자 정부(Shadow Government)'라는 비판적인 별명을 낳기도 한다.

'그림자 정부'라는 말이 나오는 이유는 블랙록의 독특한 위상과 역할 때문이다.

- **자산 규모가 부여하는 경제력** - 블랙록의 운용 자산 규모는 웬만한 국가의 경제 규모를 능가한다. 이러한 막대한 자산을 운용하며 시장 지수를 추종하는 블랙록의 투자 결정(혹은 기계적인 매매)은 개별 기업의 주가뿐 아니라 전체 시장의 유동성과 가격 형성에도 큰 영향을 미친다. 블랙록은 자금력만으로도 금융 시장에서 하나의 거대한 '힘'을 행사한다.

- **위기 시 정부 역할 대리 수행** - 블랙록은 금융 시장의 큰 위기 상황에서 미국 정부와 중앙은행(연준)의 핵심 조력자 역할을 수행했다. 2008년 금융 위기 당시, 리먼 브라더스 파산 등으로 발생한 부실 자산(ABS, MBS 등)의 평가 및 관리를 미국 정부로부터 위임받아 처리했다. 2020년 코로나19 팬데믹으로 시장이 얼어붙었을 때는 연준이 시작한 회사채 매입 프로그램의 집행을 블랙록이 대행했다. 이는 민간 기업인 블랙록이 국가적인 금융 시스템 위기 대응의 핵심적인 역할을 수행했음을 보여준다 이 과정에서 블랙록이 운용하는 ETF도 매입 대상에 포함되어 논란이 일기도 했다.

- **글로벌 기업에 대한 지배력 및 정책 영향력** - 블랙록은 전 세계 수많은 대기업들의 지분을 대규모로 보유한 주요 주주이다. 그들의 의결권 행사는 기업의 지배구조나 경영 전략에 영향을 미칠 수 있다. 래리 핑크 CEO가 매년 투자 대상 기업 CEO들에게 보내는 연례 서한은 글로벌 기업 경영의 가이드라인처럼 여겨질 정도로 큰 영향력을 가진다. ESG(환경, 사회, 지배구조) 경영 강조 등이 대표적이다.

- **인사 교류(회전문 비판)-** 블랙록과 미국 정부 및 금융 당국 간의 인사 교류가 활발하다. 전직 정부 고위 관료나 중앙은행 관계자들이 블랙록의 고위직으로 영입되거나, 블랙록 출신 인사가 다시 정부 직책을 맡는 사례가 반복된다. 블랙록 내부에는 아예 연준 업무를 전담하는 팀이 있었다는 보도도 있다. 이러한 '회전문(Revolving Door)' 현상은 블랙록이 정책 결정 과정이나 규제 동향에 대해 비공식적으로 큰 영향력을 행사할 수 있다는 비판을 낳는다.

비판론자들은 블랙록이 막대한 경제력, 정부 위기 대응 역할, 기업 지배력 그리고 정부와의 인사 교류 등을 통해 정부와 유사한 수준의 막대한 영향력을 행사하지만 일반 정부 기관과 달리 민주적인 절차나 대중의 직접적인 감시와 책임성에서는 벗어나 있다고 지적한다. "권한은 정부처럼, 책임은 민간처럼"이라는 비판이 나오는 이유이다.

결론적으로 '그림자 정부'라는 표현은 블랙록의 공식 명칭이나 역할은 아니지만, 그들의 압도적인 규모와 시장 및 정부 시스템 내에서의 독특한 역할을 보여주는 비판적인 시각을 담고 있다. 이는 블랙록이라는 금융 거인의 영향력이 어디까지 미치는지를 논할 때 중요한 화두가 된다.

마이크로소프트 투자를 통해 배우는 블랙록의 교훈

블랙록의 마이크로소프트 투자 사례는 세계 최대 자산 운용사의 패시브 운용 방식과 그 시장 내 역할에 대한 중요한 교훈을 준다.

1. **패시브 투자의 실천적 의미** - 패시브 투자는 개별 종목 선택이 아닌 시장 지수 추종을 통해 시장 전체의 수익률을 효율적으로 포

착하는 방식이다. 이는 투자 결정이 애널리스트의 주관적 판단이 아닌 지수 구성 규칙에 따라 기계적으로 이루어짐을 의미한다.

2. **시가총액의 결정적 역할** - 자산의 시가총액이 패시브 투자 포트폴리오의 핵심 구성 요소를 결정한다. 시장에서 규모가 가장 큰 기업들이 패시브 펀드에서 가장 큰 비중을 차지하며 이는 자연스럽게 대형 기술주에 대한 투자 집중으로 이어진다.

3. **패시브 자금 흐름의 시장 영향력** - 대규모 패시브 자금은 특정 기업의 주가에 영향을 미치며 이러한 자금의 흐름은 시장 역학 관계를 이해하는 데 중요하다. 지수에 새롭게 편입되거나 제외되는 종목은 대규모 자금 유입/유출을 경험하게 된다.

4. **주주 활동의 전략적 중요성** - 거대한 주주로서의 책임 투자 및 스튜어드십 활동은 기업의 지배구조 및 ESG 개선을 이끌어낼 수 있다. 블랙록과 같은 대형 자산운용사는 이를 통해 시장 규범과 기업 행동에 영향을 미친다.

5. **글로벌 경제 구조의 반영** - 기술 산업마이크로소프트로 대표되는이 현재 글로벌 경제와 주식 시장에서 차지하는 압도적인 중요성을 보여준다. 시장 전체에 투자하는 패시브 전략은 결과적으로 이러한 경제 구조 변화를 자연스럽게 포착한다.

블랙록 스타일의 현대 글로벌 포트폴리오

블랙록의 투자 철학과 접근 방식을 현대 시장에 적용한다면 다음과 같은 포트폴리오 구성을 고려할 수 있다.

● **글로벌 기술 리더 (40%)**

- Microsoft^{MSFT} - 클라우드, AI, 엔터프라이즈 소프트웨어 글로벌 리더
- Apple^{AAPL} - 소비자 기술 혁신의 상징, 하드웨어-소프트웨어 통합
- Nvidia^{NVDA} - AI 반도체 혁신 선도, 컴퓨팅 인프라 핵심

● **필수 소비재 및 헬스케어 (25%)**

- Procter & Gamble^{PG} - 생활필수품 글로벌 리더, 안정적 현금 흐름
- Johnson & Johnson^{JNJ} - 헬스케어, 소비재, 의료기기 통합 글로벌 리더
- UnitedHealth Group^{UNH} - 미국 헬스케어 서비스 시장 지배

● **금융 및 인프라 (20%)**

- JPMorgan Chase^{JPM} - 글로벌 종합 금융 그룹, 금융 시스템 중추
- Visa^{V} - 글로벌 결제 네트워크 리더, 디지털 상거래 인프라

● **글로벌 성장 및 혁신 (15%)**

- ASML^{ASML} - 반도체 장비 독점 공급자, 첨단 기술 인프라 필수 기업
- Oracle^{ORCL} - 엔터프라이즈 클라우드 & 데이터베이스 글로벌 리더

블랙록의 현대적 포트폴리오 접근법은 "시장 전체에 분산 투자하여 장기적인 경제 성장의 과실을 공유하고, 시가총액 기준으로 글로벌 리더 기업에 자연스럽게 투자하며 투자자 자산을 안정적으로 증식한다"로 요약할 수 있다.

피델리티 Fidelity 와 넷플릭스 Netflix, NFLX

액티브 투자의 거인, 혁신 기업을 찾아내는 리서치의 힘

피델리티는 운용 자산 규모 면에서 세계 최상위권에 속하는 거대한 자산 운용사이다. 1946년 설립되어 오랜 역사와 전통을 자랑하며 특히 시장 지수를 추종하는 패시브 투자보다는 기업 분석을 통해 시장을 능가하는 수익을 추구하는 '액티브 투자' 분야에서 막강한 영향력을 행사한다. 피델리티는 전 세계 다양한 산업과 자산에 투자하는 수많은 펀드를 운용하며 방대한 규모의 자체 리서치 조직과 펀드 매니저들을 보유하고 있다. 기술 발전과 금융 시장 변화에 적극적으로 대응하며 새로운 투자 트렌드를 선도하기도 한다. 피델리티의 이름은 곧 '액티브 투자'를 대표하는 브랜드 중 하나이다.

피델리티의 투자 철학은 '광범위하고 깊이 있는 기업 분석을 통해 시장에서 제대로 평가받지 못하거나 성장 잠재력이 뛰어난 개별 기업을 발굴하고, 이를 포트폴리오에 편입하여 시장 평균 이상의 수익을 달성하는 것'에 집중한다.

피델리티의 투자 철학

피델리티의 핵심 투자 원칙은 광범위한 기업 분석과 액티브 투자에 초점을 맞추고 있다. 주요 원칙들은 다음과 같다.

- **하향식 기업 분석** - 운용 규모는 크지만 패시브 투자와는 달리 철저히 하향식 기업 분석에 기반하여 투자 결정을 내린다.
- **강력한 리서치 조직** - 피델리티의 가장 큰 강점 중 하나는 전 세계 다양한 산업과 기업을 분석하는 수백 명의 애널리스트와 펀드 매니저로 구성된 거대한 리서치 조직이며 이들은 깊이 있는 자체 분석을 수행한다.
- **종목 선별 중심** - 리서치 결과를 바탕으로 해당 산업이나 섹터에서 성장 가능성이 높거나 저평가되어 있다고 판단되는 개별 기업 주식을 '선택'하며 시장 지수 추종이 아닌, 종목 선별 능력이 운용 성과의 핵심이 된다.
- **다양한 투자 스타일** - 성장주 펀드, 가치주 펀드, 특정 섹터 펀드 등 다양한 투자 스타일과 전략을 가진 수많은 액티브 펀드를 운용하며 고객의 다양한 투자 목표에 부합하는 상품을 제공한다.

● **성장 잠재력 중시** - 특히 피델리티의 성장주 펀드들은 혁신적인 기술을 개발하거나 새로운 시장을 개척하여 높은 성장 잠재력을 가진 기업에 대한 투자를 선호한다.

넷플릭스, 엔터테인먼트 산업의 혁신자

넷플릭스는 유료 구독 기반의 스트리밍 서비스를 통해 영화와 TV 프로그램을 제공하는 세계적인 엔터테인먼트 기업이다. 전통적인 미디어 산업을 인터넷 기반 스트리밍 모델로 파괴하고 시장의 리더로 부상했다. 초기에는 기존 콘텐츠의 라이선스에 의존했으나 이후 막대한 자체 제작 콘텐츠 오리지널 시리즈, 영화에 투자하며 경쟁 우위를 확보했다. 전 세계 수많은 국가로 서비스를 확장하며 글로벌 구독자를 확보했고 사용자 시청 기록을 분석하여 콘텐츠를 추천하는 알고리즘 기술로도 유명하다. 콘텐츠 제작 비용 증가, 경쟁 심화, 계정 공유 문제 등 도전에 직면하기도 했지만 스트리밍 산업의 아이콘으로 남아 있다.

피델리티는 그들이 운용하는 다양한 액티브 펀드, 특히 성장주 펀드들을 통해 넷플릭스 주식을 상당 기간 주요 보유 종목으로 담아왔다. 피델리티가 넷플릭스에 투자한 것은 단순히 시장에서 뜨거운 종목이기 때문이 아니다. 넷플릭스가 가진 '산업을 파괴하는 혁신성', '압도적인 시장 지위' 그리고 '장기적인 성장 잠재력'이 피델리티의 액티브 투자 기준에 부합했기 때문이다.

왜 넷플릭스였나? 피델리티의 투자 논리

피델리티가 넷플릭스를 그들의 대표적인 투자 종목으로 삼은 배경에는 다음과 같은 투자 논리가 있었다.

- **산업 파괴자 및 시장 리더** - 피델리티의 애널리스트들은 넷플릭스가 인터넷 스트리밍이라는 새로운 기술을 통해 기존 미디어 산업의 규칙을 근본적으로 바꾸고 전 세계적인 시장 리더가 된 점을 높이 평가했다. 혁신적인 비즈니스 모델로 새로운 시장을 창출하고 기존 플레이어들의 파이를 가져오는 능력은 액티브 성장 투자자가 찾는 핵심 특징이었다.
- **구독 모델의 성장 잠재력** - 넷플릭스의 구독 기반 사업 모델은 사용자가 늘어날수록 매출이 증가하고, 일정 규모 이상이 되면 높은 영업 레버리지매출 증가율보다 비용 증가율이 낮은를 통해 수익성이 급증할 잠재력을 가졌다. 피델리티는 넷플릭스의 글로벌 구독자 확대 가능성과 그에 따른 매출 및 이익 성장을 중요하게 분석했다.
- **콘텐츠와 기술력의 해자** - 넷플릭스가 막대한 투자를 통해 확보한 오리지널 콘텐츠 라이브러리와 사용자 시청 데이터를 분석하여 콘텐츠를 추천하는 알고리즘 기술은 경쟁사들이 쉽게 모방하기 어려운 강력한 경쟁 우위이자 해자였다. 피델리티는 이러한 콘텐츠와 기술력이 만들어내는 고객 유지 효과를 중요하게 보았다.

- **방대한 리서치의 결과** - 피델리티의 미디어, 기술, 소비자 섹터 애널리스트들은 넷플릭스의 사업 모델, 콘텐츠 전략, 경쟁 환경, 재무 상태 등을 깊이 있게 분석했을 것이다. 이들의 종합적인 리서치 결과가 넷플릭스 투자를 정당화하는 근거가 되었다. 이는 패시브 운용사지수 추종가 넷플릭스를 보유하는 이유시총 비중와 근본적으로 다르다.

- **글로벌 시장 확장 및 새로운 수익원 분석** - 넷플릭스가 미국 시장을 넘어 전 세계로 서비스를 성공적으로 확장하는 것은 기업의 글로벌 성장 잠재력을 보여주는 사례였다. 피델리티는 이러한 글로벌 확장 스토리가 기업 가치를 크게 높일 수 있다고 판단했으며 최근 광고 기반 요금제 등 새로운 수익원 모색 노력 또한 분석했다.

이처럼 넷플릭스는 피델리티가 광범위한 리서치 조직을 통해 '산업을 파괴하고 빠르게 성장하는 기업'을 발굴하고 '액티브하게' 투자하는 철학을 가장 잘 보여주는 '단 하나의 기업'이 되었다. 넷플릭스 투자는 피델리티의 액티브 운용 능력과 성장주 발굴 능력을 상징한다.

40달러 연체료가 5,000억 달러 회사를 탄생시켰다

오늘날 전 세계 수억 명이 이용하는 스트리밍 서비스 넷플릭스는 놀랍게도 단돈 40달러의 연체료에서 아이디어가 시작되었다. 1997년 초, 넷플릭스 공동 창업자인 리드 헤이스팅스(Reed Hastings)는 비디오 대여점 블록버스터에서 영화 「아폴로 13」을 빌렸다가 반납을 깜빡했다. 이로 인해 당시 기준으로 상당한 금액이었던 약 40달러의 연체료가 나왔다. 연체료를 내면서 깊은 불편함을 느꼈다. "왜 영화 하나 빌리는데 이렇게 스트레스를 받아야 하지?", "고객에게 불편함 없이 영화 보는 방법은 없을까?"라는 고민이 시작되었다.

이 고민 끝에 아이디어가 번뜩였다. 연체료가 없는 무제한 대여, 오프라인 대여점을 없애고 우편으로 DVD를 배달하며, 고객이 가게에 직접 가지 않아도 되는 시스템. 이러한 아이디어를 바탕으로 친구인 마크 랜돌프(Marc Randolph)와 함께 넷플릭스를 공동 창업했다. 슬로건은 "연체료는 고객의 적이다. 스트레스 없는 엔터테인먼트를 만들자"였다. 이 창업 스토리는 후에 '마케팅용 일화'로 밝혀졌으나 넷플릭스 혁신 철학의 상징으로 여겨진다.

넷플릭스는 창업 초기부터 어려움의 연속이었다. DVD 플레이어 보급률이 낮았고, 우편 배송 시스템 구축 및 고객 확보 비용이 너무 높았다. 2000년 닷컴버블 붕괴까지 겹치면서 넷플릭스는 자금난에 시달리며 벤처자금 고갈 위기에 처했다.

이때 리드 헤이스팅스는 회사를 살리기 위한 마지막 방법으로 경쟁 상대인 블록버스터에 넷플릭스 인수를 제안하기로 결심한다. 2000년, 넷플릭스 가치를 약 5천만 달러로 평가하고, 리드 헤이스팅스와 경영진은 직접 블록버스터 본사를 찾아가 CEO인 존 안티오코(John Antioco)에게 인수 제안을 했다. 그러나 블록버스터의 반응은 굴욕적이었다. 존 안티오코 CEO는 넷플릭스의 제안을 듣고 웃음을 터뜨리며 거절했다. 그는 넷플릭스의 우편 DVD 대여 모델을 "작은 틈새시장"으로 폄하했고, 블록버스터 경영진은 "스트리밍? 우편 대여? 그게 돈이 될 리가 없다"고 생각하며 변화를 거부했다. 블록버스터는 자신들의 거대한 오프라인 매장 네트워크가 주는 안정성에 안주했다.

결과는 역사가 증명했다. 변화를 거부했던 블록버스터는 온라인 스트리밍 시대에 적응하지 못하고 결국 2010년에 파산했다. 반면, 블록버스터에게 굴욕적으로 거절당했던 넷플릭스는 우편 대여를 넘어 스트리밍 서비스로 성공적으로 전환하며 글로벌 스트리밍 왕국을 세웠다.

2025년 6월 기준으로, 넷플릭스의 시가총액은 약 5,000억 달러에 달한다.

블록버스터가 5천만 달러 인수를 거절했던 대가가 결국 수천억 달러의 시장 가치를 놓친 것이 된 셈이다. 현재 전 세계에는 오리건주 벤드에 단 한 개 블록버스터 매장만 남아 있다.

 **넷플릭스 투자를 통해 배우는 피델리티의 교훈**

피델리티의 넷플릭스 투자 사례는 액티브 투자, 특히 성장주 발굴의 중요성에 대한 교훈을 준다.

- **액티브 투자의 본질** - 액티브 투자는 시장 평균 이상의 수익을 추구하는 전략으로 패시브 투자와 달리 개별 종목 선정 능력이 핵심이다. 피델리티는 이러한 철학을 바탕으로 넷플릭스와 같은 유망 기업을 발굴하여 시장을 뛰어넘는 수익률을 달성했다.
- **철저한 기업 분석** - 성공적인 액티브 투자를 위해서는 기업의 사업 모델, 경쟁 환경, 성장 잠재력에 대한 깊이 있는 분석이 필수적이다. 피델리티는 넷플릭스의 스트리밍 비즈니스 모델과 확장 전략을 심층적으로 분석하여 미디어 산업을 재편할 잠재력을 파악했다.
- **혁신 기업의 가치** - 산업을 파괴하고 새로운 시장을 창출하는 혁신 기업은 높은 투자 수익률을 안겨줄 잠재력이 있다. 넷플릭스는 DVD 대여에서 스트리밍 서비스로 전환하며 미디어

소비 방식을 변화시켰고, 자체 콘텐츠 제작으로 글로벌 엔터테인먼트 산업의 새 패러다임을 형성했다. 이런 혁신적 기업을 식별하는 안목이 액티브 투자자에게 중요하다.

● **성장 투자 기준** - 액티브 성장 투자자들은 높은 성장 잠재력, 견고한 시장 지위 그리고 경쟁사가 쉽게 넘을 수 없는 해자진입장벽를 중요시한다. 넷플릭스의 글로벌 구독자 기반, 데이터 분석 역량, 콘텐츠 라이브러리와 규모의 경제는 강력한 경쟁 우위로 작용했다. 이러한 요소들은 단기적 재무 지표만으론 파악하기 어려운 장기적 가치를 창출한다.

● **리서치 조직의 중요성** - 방대한 리서치 조직은 액티브 운용사의 중요한 경쟁 우위다. 피델리티는 글로벌 리서치 네트워크를 통해 다양한 산업과 기업을 심층 분석한다. 이를 통해 넷플릭스의 성장 잠재력을 조기에 발견하고, 단기적 수익성 감소에도 불구하고 장기적 가치 창출 가능성을 식별했다. 방대한 데이터 분석과 시장 컨센서스를 뛰어넘는 통찰력은 성공적인 액티브 투자의 핵심 요소이다.

피델리티 스타일의 현대 글로벌 포트폴리오

피델리티의 투자 철학과 접근 방식을 현대 시장에 적용한다면 다음과 같은 포트폴리오 구성을 고려할 수 있다.

● **기술 혁신 및 디지털 트랜스포메이션 (40%)**

- NVIDIA^{NVDA} - AI 반도체 및 컴퓨팅 분야의 절대 강자
- Shopify^{SHOP} - 전자상거래 플랫폼의 혁신 기업
- CrowdStrike^{CRWD} - 클라우드 기반 사이버보안 선도 기업

● **구독 모델 및 디지털 엔터테인먼트 (25%)**

- Netflix^{NFLX} - 글로벌 스트리밍 콘텐츠 플랫폼의 선두주자
- Spotify^{SPOT} - 음악 스트리밍 시장의 혁신적 리더
- Adobe^{ADBE} - 창작 소프트웨어 구독 모델의 성공적 전환 사례

● **헬스케어 혁신 (25%)**

- Eli Lilly^{LLY} - 비만 치료제 및 당뇨 분야의 혁신 제약사
- Intuitive Surgical^{ISRG} - 로봇 수술 시스템의 선도 기업
- CRISPR Therapeutics^{CRSP} - 유전자 편집 기술의 상용화 리더

● **차세대 소비재 (10%)**

- Lululemon^{LULU} - 프리미엄 애슬레저 의류 시장 개척자
- Chipotle^{CMG} - 프리미엄 패스트캐주얼 혁신, 디지털 전환 선도

피델리티의 현대적 포트폴리오 접근법은 "깊이 있는 리서치와 액티브 투자 전략을 통해, 각 산업의 혁신 리더를 발굴하고 장기적으로 성장 스토리에 베팅한다"로 요약할 수 있다.

글로벌 금융 시장의 핵심 주체들

현대 금융 시장은 거대한 생태계로, 그 중심에는 자본의 흐름을 조절하고 시장의 유동성을 제공하는 핵심 기관들이 있다. 이들은 단순히 투자 수익을 추구하는 것을 넘어 금융 시장 자체가 원활하게 작동할 수 있도록 하는 필수적인 인프라 역할을 담당한다.

◆ **투자은행의 거인들 - 시장 조성의 최전선**

- **모건스탠리(Morgan Stanley)** 는 전 세계 자본 시장의 핵심 축을 담당하는 대표적인 투자은행이다. 이들의 주요 사업은 세 가지 축으로 구성된다. 투자은행 부문에서는 기업의 IPO, 채권 발행, 인수합병 자문 등 기업금융 서비스를 제공하며 기관 투자자 서비스 부문에서는 주식, 채권, 파생상품의 트레이딩과 판매를 통해 시장 유동성을 공급한다. 자산관리 부문에서는 고액 자산가와 기관 투자자들의 자산을 위탁받아 운용한다.

  모건스탠리의 핵심 역할은 자본 시장의 작동을 돕고 기업과 투자자 사이를 연결하는 '시장 조성자'에 있다. 수많은 기업들이 성장을 위해 모건스탠리를 통해 자금을 조달하고, 전 세계 기관 투자자들이 이들의 거래 플랫폼을 통해 다양한 금융상품을 거래한다. 특히 복잡한 퀀트 트레이딩과 시장 조성 활동은 현대 금융 시장의 효율성을 높이는 데 필수적인 기능이다.

- **뱅크오브아메리카(Bank of America)** 는 미국 경제의 혈맥을 담당하는 거대 금융 기관이다. 소비자 금융 부문에서는 개인 고객을 대상으로 예금, 대출, 신용카드 서비스를 제공하며 막대한 고객 기반을 보유하고 있다. 글로벌 뱅킹 부문에서는 기업과 기관에 대출과 자금 관리 서비스를 제공하고, 메릴린치 인수 후 강화된 글로벌 시장 부문에서는 주식, 채권, 외환, 파생상품 트레이딩을 담당한다.

  뱅크오브아메리카의 핵심 가치는 미국 경제와 금융 시스템에 자금을 공급하고 관리하는 '은행'으로서의 필수적 기능에 있다. 거대한 예금 기반을 바탕으로 대출을 실행하고, 기업의 자금 조달을 돕고, 금융 시장에서 유동성을 공급하는 등 경제 시스템 전반에 걸쳐 없어서는 안 될 역할을 수행한다.

- **UBS(Union Bank of Switzerland)**는 글로벌 자산 관리의 선두주자로, 전 세계 부의 흐름을 관리하는 핵심 기관이다. 글로벌 자산 관리 부문이 UBS의 가장 큰 사업으로, 전 세계 고액 자산가와 기관 투자자들에게 금융 자문과 자산 관리 솔루션을 제공한다. 투자은행 부문에서는 기업 및 기관 고객에게 자금 조달, 인수합병 자문 등의 서비스를 제공하며 최근 크레디트 스위스 인수로 그 규모가 더욱 커졌다.

  UBS의 핵심 정체성은 전 세계 부를 관리하고 글로벌 자본 시장에서 종합적인 금융 서비스를 제공하는 것이다. 특히 글로벌 자산 관리 분야에서의 압도적인 규모와 전문성을 바탕으로 부를 축적하고 관리하는 금융 시스템에서 없어서는 안 될 기능을 담당한다.

◆ 새로운 시대의 자산 운용 거인들

- **스테이트 스트리트(State Street)**는 200년 이상의 역사를 가진 금융 인프라의 핵심 제공자다. 블랙록, 뱅가드와 함께 세계 3대 자산 운용사로 꼽히며 특히 ETF 시장의 개척자로서 SPDR라는 대표적인 ETF 브랜드를 보유하고 있다. SPDR S&P 500 ETF(SPY)는 세계 최초의 ETF이자 가장 큰 규모의 ETF 중 하나다.

  스테이트 스트리트의 핵심은 기관 투자자들을 위한 자산 서비스와 패시브 투자 상품 제공이다. 연기금, 국부펀드 등 거대 기관 투자자들의 자산을 안전하게 보관하고 관리하며 복잡한 펀드 행정 서비스를 대행하는 '금융 시장의 배관공' 역할을 수행한다. 이들은 ETF 시장의 유동성을 공급하고 거래를 원활하게 하여 금융 시장의 효율적 작동을 지원한다.

- **뱅가드(Vanguard)**는 1975년 손 보글(John Bogle)이 설립한 투사 혁녕의 선구자다. 당시 고비용과 불투명성이 만연했던 투자 업계에 '낮은 비용'과 '시장 지수 추종'이라는 혁명적 아이디어를 제시했다. 뱅가드의 가장 독특한 특징은 '투자자가 회사를 소유하는 구조'로, 외부 주주가 있는 영리 기업이 아니라 펀드에 투자한 투자자들이 회사를 소유한다.

  뱅가드는 세계 최초의 개인 투자자 대상 인덱스 펀드를 출시하며 패시브 투자 시대를 열었다. 존 보글의 "건초더미 속 바늘을 찾지 말고, 그냥 건초더미를 사라"는 철학은 오늘날 전 세계 수억 명 개인 투자자들의 기본 투자 전략이 되었다. 이들의 투자자 소유 구조는 회사의 이익이 운용 보수를 낮추는 형태로 투자자에게 돌아가도록 설계되어, 금융 업계에서 투자자 이익을 최우선으로 하는 강력한 정체성을 구축했다.

- **캐피털 그룹(Capital Group)**은 1931년 설립된 미국에서 가장 오래되고 규모가 큰 자산 운용사 중 하나로, 장기적 관점의 근본적 분석에 기반한 액티브 투자를 핵심 철학으로 삼는다. 이들의 가장 독특한 특징은 '멀티 매니저 시스템'으로, 하나의 펀드를 여러 명의 포트폴리오 매니저가 독립적으로 운용하여 다양한 관점에서 투자 아이디어를 발굴한다.

캐피털 그룹은 1950년대 자금 부족으로 어려움을 겪던 월트 디즈니에 초기 자금을 투자하여 디즈니랜드 건설을 지원했고, 2000년대 초반 어려운 시기의 애플에 대규모 투자를 단행하여 큰 성공을 거두었다. 이들의 '조용히 사서 크게 먹는' 스타일은 시간의 강점을 믿고 깊이 있는 분석을 통해 미래의 리더를 발굴하는 투자 철학을 보여준다.

◆ 기타 주요 글로벌 자산운용사들

- **인베스코(Invesco)**는 운용자산 1.6조 달러 규모의 글로벌 자산운용사로, ETF와 액티브 펀드 모두에서 강세를 보이며 특히 나스닥 추종 QQQ ETF로 유명하다.

- **슈로더(Schroders)**는 200년 이상의 역사를 가진 영국 기반의 글로벌 자산운용사로, 운용자산 9천억 달러 규모로 유럽과 아시아 시장에서 강력한 입지를 보유하고 있다.

- **아문디(Amundi)**는 프랑스 기반의 유럽 최대 자산운용사로 운용자산 2조 달러 규모를 자랑하며, 유럽 시장과 신흥국 투자에서 특화된 전문성을 갖추고 있다.

- **프랭클린 템플턴(Franklin Templeton)**은 채권 투자 전문성으로 유명한 운용자산 1.5조 달러 규모의 자산운용사로, 특히 신흥국 채권과 고수익 채권 분야에서 독보적인 지위를 확보하고 있다.

◆ **금융 생태계의 중추**

이들 금융 기관들은 각각 다른 역할을 담당하지만 모두 현대 자본 시장이 원활하게 작동할 수 있도록 하는 핵심 인프라다. 투자은행들은 기업과 투자자를 연결하고 시장 유동성을 제공하며 대형 은행들은 경제 전반에 자금을 공급하고, 자산 운용사들은 개인과 기관의 자산을 효율적으로 관리한다.

이들의 존재는 개별 투자자들에게도 중요한 의미를 가진다. 스테이트 스트리트와 뱅가드가 개척한 저비용 ETF는 일반 투자자들이 낮은 비용으로 시장 전체에 분산 투자할 수 있게 했고, 캐피털 그룹 같은 액티브 운용사는 전문적인 분석을 통해 우량 기업을 발굴해낸다. 대형 투자은행과 상업은행들은 이런 투자 활동이 원활하게 이루어질 수 있는 시장 인프라를 제공한다.

결국 이들 금융 기관들은 글로벌 자본주의 시스템의 혈관과 같은 역할을 하며 자본이 가장 효율적으로 배분될 수 있도록 하는 시장 메커니즘의 핵심을 담당하고 있다. 이들의 역할과 기능을 이해하는 것은 현대 금융 시장의 작동 원리를 파악하는 데 필수적이다.

CHAPTER 3

사모 & 성장 투자기관

44 | 세쿼이아 캐피탈과 에어비앤비
45 | 소프트뱅크 비전펀드와 Arm 홀딩스
46 | 베일리 길포드와 모더나
47 | 코튜 매니지먼트와 쇼피파이
48 | 베인 캐피털과 도미노 피자

세쿼이아 캐피탈Sequoia Capital과 에어비앤비Airbnb, ABNB

혁신의 씨앗을 심는 실리콘밸리의 전설적 투자자

세쿼이아 캐피탈은 1972년 돈 발렌타인Don Valentine이 설립한 이래, 실리콘밸리의 역사와 궤를 같이하며 수많은 혁신 기업들을 발굴하고 성장시킨 세계에서 가장 유명하고 성공적인 '초기 단계 벤처 캐피탈Early-stage VC' 회사이다. 애플, 구글, 시스코, 오라클, 페이팔, 스트라이프 등 시대를 대표하는 기술 기업들의 아주 초기 단계Seed 또는 Series A/B 라운드에 투자하여 기업이 거대한 성공으로 나아가는 여정을 함께 했다. 세쿼이아는 단순히 자금을 제공하는 것을 넘어 기업가들에게 전략, 운영, 인재 영입 등 성장에 필요한 모든 측면에서 멘토링과 지원을 제공하는 '파트너'로서의 역할을 수행한다.

세쿼이아 캐피탈의 투자 철학은 '미래를 재창조할 비전을 가진 뛰어난 창업 팀을 조기에 발굴하고, 그들이 거대한 시장을 만들어나가는 과정을 장기적인 파트너십을 통해 지원하여 가치를 극대화하는 것'에 핵심을 둔다. 그들은 '어떤 시장에 투자하는가'보다 '어떤 팀에 투자하는가'를 더욱 중요하게 여긴다.

세쿼이아의 투자 철학

세쿼이아의 핵심 투자 원칙은 혁신적인 기업가 정신과 파괴적 비전에 초점을 맞추고 있다. 주요 원칙들은 다음과 같다.

- **팀과 비전 중시** - 아이디어 단계나 초기 제품만 있을 때 가장 중요한 것은 아이디어를 현실로 만들고 수많은 어려움을 극복할 창업 팀의 역량, 열정 그리고 비전이며 세쿼이아는 사람을 보고 투자하는 것을 기본으로 삼는다.
- **파괴적 혁신 추구** - 기존 시장의 작은 개선이 아닌 아직 존재하지 않거나 새롭게 형성되는 거대한 시장을 창출하거나 기존 산업을 근본적으로 파괴할 잠재력을 가진 아이디어와 기업에 투자한다.
- **플랫폼과 네트워크 효과** - 사용자나 공급자 등 다양한 참여자가 모여 가치를 더하고, 참여자가 늘어날수록 플랫폼의 가치가 기하급수적으로 커지는 플랫폼 비즈니스 모델과 네트워크 효과를 가진 기업을 선호한다.
- **위험 관리와 포트폴리오 접근** - 초기 단계 투자는 실패 확률이

높지만 세쿼이아는 소수의 성공이 전체 수익률을 압도하는 VC 투자 특성을 이해하고 실패 위험을 관리하며 성공 확률이 높은 팀/아이디어에 집중한다.

● **장기적 파트너십과 투자금 회수 전략 -** 투자 기업의 초기 단계부터 IPO 또는 매각에 이르기까지 수년 때로는 십수 년에 걸쳐 자금 지원, 전략 수립, 인재 연결 등 다방면으로 기업 성장을 지원하는 파트너 역할을 수행하며 성공적인 IPO 등 투자금 회수를 최종 목표로 한다.

에어비앤비Airbnb, 여행 산업의 파괴적 혁신가

에어비앤비는 사람들이 자신의 여유 공간방 하나, 집 전체이나 독특한 숙소 또는 특별한 체험을 여행자에게 빌려주고 수익을 얻을 수 있도록 연결해주는 온라인 마켓플레이스 및 플랫폼이다. 전통적인 호텔 산업이 제공하지 못하는 '현지 경험'과 '다양한 숙박 옵션'을 제공하며 폭발적으로 성장했고 숙박 공유라는 새로운 시장을 창출하며 여행 산업의 판도를 바꾸었다. 호스트숙소/체험 제공자와 게스트여행자를 연결하는 강력한 양방향 네트워크 효과는 에어비앤비 성장의 핵심 동력이었다. 전 세계 거의 모든 국가에서 서비스를 제공하는 글로벌 기업이다. 2020년 12월 나스닥 시장에 성공적으로 상장IPO했다.

세쿼이아 캐피탈은 에어비앤비의 아주 초기 단계인 2009년 4월

시드 라운드부터 투자에 참여했다. 당시 에어비앤비는 '남는 방을 빌려준다'는 다소 생소한 아이디어로 기존 VC들의 회의적인 시각에 부딪히기도 했다. 하지만 세쿼이아는 에어비앤비 창업 팀브라이언 체스키, 조 게비아, 네이선 블레차르치크이 가진 비전과 실행력 그리고 숙박 산업을 근본적으로 바꿀 플랫폼으로서의 잠재력을 알아보았다. 에어비앤비가 추구하는 '파괴적인 비전'과 '강력한 플랫폼 잠재력'이 자신들의 투자 기준에 부합한다고 판단했다.

왜 에어비앤비였나? 세쿼이아의 투자 논리

세쿼이아가 에어비앤비ABNB를 그의 대표적인 투자 종목 중 하나로 삼은 배경에는 다음과 같은 투자 논리가 있었다.

- **파괴적 비전의 가치** - 에어비앤비 창업 팀이 가진 '파괴적인 비전'과 '플랫폼 모델'의 강력한 잠재력에 대한 세쿼이아의 선구적인 통찰력이 있었다. 그들이 제시한 '사람들이 남는 공간을 여행자에게 빌려준다'는 아이디어가 단순히 새로운 서비스를 넘어 전통적인 호텔 산업을 근본적으로 흔들고 새로운 숙박 경험을 제공할 '파괴적인 비전'임을 알아보았다. 초기에는 터무니없어 보이던 이 아이디어가 거대한 시장을 창출할 잠재력을 보았다.
- **강력한 네트워크 효과** - 에어비앤비의 핵심은 호스트와 게스트

사이의 강력한 양방향 네트워크 효과이다. 호스트가 많을수록 게스트에게 더 다양한 선택지를 제공하고 게스트가 많을수록 호스트는 더 많은 수익 기회를 얻는다. 이러한 양방향 네트워크 효과는 플랫폼이 커질수록 경쟁 우위가 더욱 강화되는 강력한 해자를 만든다. 세쿼이아는 플랫폼 비즈니스의 확장성과 지배력에 투자한다.

- **호스트 중심 서비스 모델** - 에어비앤비는 호스트들이 직접 숙박 공간과 서비스를 제공하는 분산형 모델이다. 이는 에어비앤비가 직접 부동산을 소유하거나 운영하는 데 드는 막대한 비용을 절감하고 호스트 커뮤니티 스스로가 플랫폼의 가치를 지속적으로 높이게 만든다.

- **강력한 창업 팀** - 세쿼이아는 에어비앤비 창업 팀이 가진 아이디어를 현실로 만들고 스케일업할 능력을 높이 평가했다. 투자 유치 실패, 규제 문제 등 수많은 어려움 속에서도 끈기를 잃지 않고 문제를 해결해나가는 팀의 역량이 에어비앤아 성공의 가장 중요한 요소라고 보았다.

- **파트너십과 성장 지원** - 세쿼이아는 에어비앤비의 단순한 재정적 투자자를 넘어 성장 단계별 필요한 모든 지원전략 조언, 인재 연결, 후속 투자 유치을 제공하는 '파트너' 역할을 수행했다. 에어비앤비가 규제 문제나 운영적 도전을 겪을 때 세쿼이아의 경험과 네트워크가 중요한 도움을 제공했다.

이러한 투자 논리를 바탕으로 에어비앤비는 세쿼이아 캐피탈이

'파괴적인 비전을 가진 뛰어난 창업 팀을 발굴하고, 강력한 플랫폼 비즈니스로 키워내 성공적인 IPO로 결실을 맺는' 초기 벤처 캐피탈 투자 철학을 가장 잘 보여주는 '단 하나의 기업'이 되었다. 에어비앤비 스토리는 세쿼이아의 VC 투자 방식과 그 성과를 상징한다.

> **TIP**
>
> ### 애플, 구글, 엔비디아의 첫 번째 투자자
>
> 세쿼이아는 1972년 설립 이후,
> - 애플(Apple) 초기 투자
> - 구글(Google) 시리즈A 투자
> - 엔비디아(NVIDIA) 설립 초기 지원
>
> 이 기록은 세쿼이아 캐피탈이 실리콘밸리 역사상 가장 성공적인 초기 단계 벤처 투자사임을 명확히 보여준다. 세쿼이아는 미래 기술 산업의 판도를 바꿀 기업의 씨앗을 가장 먼저 심는 곳으로 명성이 높다.
>
> 세쿼이아는 이러한 미래의 글로벌 거인이 될 씨앗에 아주 일찍 투자하는 대담함을 보여왔다. 애플, 구글, 엔비디아는 훗날 각 분야에서 시대를 대표하는 수조 달러 가치의 '황금 기업'으로 성장했다. 세쿼이아는 20세기와 21세기의 주요 기술 기업들의 초기 투자자로 평가받고 있다. 그들은 '어떤 시장에 투자하는가'보다 '미래를 재창조할 비전을 가진 뛰어난 창업 팀'을 조기에 발굴하는 데 집중한다.
>
> 세쿼이아의 또 다른 독특한 철학은 '상장 후에도 주식을 쉽게 팔지 않는다'는 것이다. 대부분의 VC가 기업 공개(IPO) 이후 락업(Lock up, 매매 제한) 기간이 끝나면 투자금 회수를 위해 주식을 대량 매각하는 것이 일반적이다. 그러나 세쿼이아는 상장 기업 주식도 상당 기간 동안 팔지 않고 보유한다. 이는 단기적인 차익 실현보다는 기업의 장기 가치 상승을 함께 동반하겠다는 신념 때문이다.
>
> 세쿼이아는 투자한 회사의 주식을 스스로 믿지 못하면 투자하지 않는다는

내부 규칙이 있다. 이들은 상장 후에도 해당 기업의 장기 성장을 믿을 때만 투자하고 보유한다. 세쿼이아는 '우리는 주주가 아니라, 동반자다'라는 철학을 추구하며, 기업을 사고 파는 것을 넘어, 기업과 함께 키우는 것을 추구한다. 락업이 풀린 후에도 주식을 급히 매각하지 않고 해당 기업과 함께 성장하는 문화를 보여준다.

결론적으로 세쿼이아는 미래의 거인이 될 씨앗을 심고, 인내심과 파트너십으로 키우며 상장 후에도 쉽게 속아내지 않고 함께 성장하는 VC이다. 황금 기업들을 심고 함께 키워낸 그들의 투자 방식은 VC 투자의 정수를 보여준다.

 **에어비앤비 투자를 통해 배우는 세쿼이아의 교훈**

세쿼이아의 에어비앤비 투자 사례는 초기 단계 벤처 캐피탈 투자와 혁신 기업 발굴 및 성장의 중요성에 대한 깊은 교훈을 담고 있다.

1. **파괴적 비전과 뛰어난 팀** - 미래를 바꿀 '파괴적인 비전'과 그것을 실현할 '뛰어난 팀'을 알아보는 능력이 초기 VC 투자의 핵심이다. 세쿼이아는 에어비앤비의 '남는 공간을 공유하는' 간단하지만 혁신적인 아이디어와 디자인 배경을 가진 비전공자들로 구성된 창업 팀브라이언 체스키, 조 게비아, 네이션 블레차르치크의 문제 해결 능력과 실행력을 조기에 발견했다. 아이디어 자체보다 사람과 비전이 더 중요하다.

2. **플랫폼과 네트워크 효과의 힘** - 플랫폼 비즈니스와 네트워크 효과가 가진 강력한 힘에 주목해야 한다. 세쿼이아는 에어비앤비

플랫폼이 가진 강력한 양방향 네트워크 효과호스트와 게스트가 서로를 강화와 사용자 제작 콘텐츠UGC 기반 모델의 글로벌 확장성을 통찰했다. 사용자와 개발자가 함께 성장하는 플랫폼은 거대한 성공으로 이어질 수 있다.

3. **성장 파트너로서의 VC 역할 -** VC는 단순한 자금 지원자가 아닌 기업 성장의 '파트너'이다. 세쿼이아는 에어비앤비의 단순한 재정적 투자자를 넘어 규제 대응 전략, 글로벌 확장, 인재 확보 등 성장 과정의 모든 단계에서 전략적 파트너 역할을 수행했다. 초기 기업에게 필요한 전략, 운영, 네트워킹 등 다방면의 지원을 제공하는 VC가 기업 성공 확률을 높인다.

4. **장기 성장에 대한 인내심 -** 인내심을 가지고 기업의 장기 성장에 동행하는 것이 중요하다. 에어비앤비가 전통적인 호텔 산업을 근본적으로 변화시키는 글로벌 기업으로 성장하기까지는 수많은 어려움과 규제 장벽, 시장 도전이 있었다. 스타트업이 거대 기업이 되기까지는 오랜 시간이 걸리며 VC는 이러한 여정에 끝까지 함께하는 인내심이 필요하다.

5. **IPO의 의미와 가치 -** 성공적인 IPO는 초기 투자자의 결실이자 기업의 새로운 시작을 알리는 중요한 이벤트이다. 에어비앤비의 IPO는 세쿼이아의 초기 투자에 대한 큰 수익을 실현했을 뿐만 아니라 기업이 다음 단계로 도약할 수 있는 기반을 마련해 주었다. VC에게 있어 IPO는 투자 사이클의 완성이자 성공적인 투자금 회수의 중요한 수단이다.

세쿼이아 스타일의 현대 글로벌 포트폴리오

세쿼이아의 투자 철학과 접근 방식을 현대 시장에 적용한다면 다음과 같은 포트폴리오 구성을 고려할 수 있다.

● **파괴적 혁신과 플랫폼 확장성 (40%)**
- Airbnb[ABNB] - 전통적 호텔 산업을 혁신하고, 숙박 공유라는 새로운 글로벌 시장을 창출한 플랫폼 기업
- OpenAI[비상장] - 생성형 AI 혁명의 선두주자로 차세대 인공지능 시대를 이끄는 기업
- DoorDash[DASH] - 음식 배달 플랫폼 시장을 재편하며 로컬 물류 네트워크를 구축한 온디맨드 서비스 기업

● **차세대 기술 인프라와 AI 생태계 (30%)**
- NVIDIA[NVDA] - 세쿼이아가 초기에 투자한 AI 연산의 핵심 인프라 기업
- Anthropic[비상장] - AI 안전성 연구를 선도하는 차세대 인공지능 기업
- Snowflake[SNOW] - 클라우드 데이터 웨어하우스 분야의 혁신 기업

● **글로벌 확장과 디지털 혁신 (30%)**
- Nubank[NU] - 라틴아메리카 금융 시장을 디지털화하며 신흥 시장 핀테크를 이끄는 선두 주자
- Zoom[ZM] - 원격 커뮤니케이션 혁신으로 글로벌 업무 방식을 변화시킨 기업
- Block[SQ] - 결제 인프라 혁신을 통해 디지털 경제를 이끄는 핀테크 리더

세쿼이아의 현대적 포트폴리오 접근법은 "미래를 재창조할 파괴적 비전과 강력한 팀을 조기에 발굴하여, 장기적 파트너십을 통해 글로벌 혁신 기업으로 키워낸다"로 요약할 수 있다.

소프트뱅크 비전펀드 SoftBank Vision Fund 와 Arm 홀딩스 ARM

미래 기술 혁명의 근간에 베팅하는 대담한 투자자

소프트뱅크 비전펀드는 손정의 회장이 이끄는 일본의 거대 기술 투자 기업 소프트뱅크 그룹이 설립한 세계 최대 규모의 기술 전문 투자 펀드이다. 2017년 1,000억 달러 규모의 1호 펀드 Vision Fund 1를 시작으로 기술 산업의 혁신을 이끌 기업들에 막대한 자금을 투자해 왔다. 전통적인 벤처 캐피탈 VC 투자와는 달리, 주로 성장 단계에 있는 비상장 기술 기업에 대규모 자금을 투자하여 기업의 성장을 가속화하고 해당 분야에서 글로벌 리더가 되도록 지원하는 성장 지분 투자 성격이 강하다. 손정의 회장의 '정보 혁명'에 대한 강력한 비전 아래 인공지능, 로봇공학, 자율주행 등 미래 기술 트렌드를 이끌 기업들에 공격적으로 베팅하는 것으로 유명하다.

소프트뱅크 비전펀드의 투자 철학은 '미래 기술 트렌드의 흐름을 파악하고, 해당 분야에서 승자가 될 기업에 역사상 유례없는 규모의 자본을 투입하여 성장을 지원하고 가치를 극대화하는 것'에 집중한다. 그들은 '우승팀에 베팅하고 그들이 더 크게 이기도록 돕는다'는 접근 방식을 취한다.

소프트뱅크 비전펀드SVF의 투자 철학

소프트뱅크 비전펀드의 핵심 투자 원칙은 미래 기술에 대한 대담한 베팅과 대규모 성장 투자에 초점을 맞추고 있다. 주요 원칙들은 다음과 같다.

- **손정의의 미래 비전 중심** - 투자 결정은 손정의 회장이 그리는 '정보 혁명'이라는 거대한 미래 비전과 연결되며 인공지능 등 미래 기술이 가져올 세상을 예측하고 그러한 미래를 구축할 핵심 기업들을 발굴하는 데 집중한다.
- **후기 단계 대규모 투자** - 초기 단계 VC 투자보다 기업 가치가 상당 수준 오른 성장 단계 기업에 투자하며 기업이 글로벌 리더로 성장하는 데 필요한 막대한 자금을 공급한다. 이는 전통 VC와 사모 펀드 투자의 중간 성격이다.
- **파괴적 기술과 플랫폼 중시** - 기존 산업을 재편하거나 새로운 시장을 창출할 파괴적 기술 및 플랫폼을 선호하며 AI, IoT 등 미래 기술 근간이 되는 기업에 투자한다.

- **과감한 대규모 베팅** - 투자 실패 위험이 높더라도 성공 시 기업 가치가 기하급수적으로 상승할 잠재력을 가진 기업에 과감하게 베팅한다.
- **가치 현실화 추구** - 비상장 기업 투자의 최종 목표는 기업 공개 IPO 또는 매각을 통한 수익 실현이다.

Arm 홀딩스, 디지털 혁명의 설계자

Arm 홀딩스 ARM는 영국에 본사를 둔 반도체 설계설계 자산, IP 전문 기업이다. 직접 반도체를 제조하지 않고 스마트폰, 태블릿, 웨어러블 기기, 자동차, 서버 등에 사용되는 CPU중앙처리장치 등 핵심 반도체 설계 기술아키텍처을 개발하여 전 세계 반도체 제조사들에게 라이선스를 판매하는 사업 모델을 가지고 있다. Arm의 기술은 전 세계 거의 모든 스마트폰의 AP애플리케이션 프로세서에 사용되면서 모바일 혁명의 근간을 이루었다. 최근에는 인공지능AI, 데이터 센터, 자율주행 등 새로운 고성장 시장으로 Arm 기반 칩의 사용이 확대되고 있다.

소프트뱅크 그룹은 2016년, 당시 Arm의 기업 가치보다 40% 높은 310억 달러라는 거액을 투자하여 Arm 홀딩스를 100% 인수했다. 이는 소프트뱅크 그룹의 가장 큰 인수 거래 중 하나였다. 이후 Arm은 소프트뱅크 그룹 산하로 편입되었고 비전펀드 1호 또한 Arm 지분 일부를 보유하게 되었다. 손정의 회장은 Arm의 기술이

다가올 '사물 인터넷IoT' 시대를 넘어 인공지능 시대의 핵심이 될 것이라고 강조하며 인수를 결정했다. 그리고 2023년 9월, Arm 홀딩스는 나스닥 시장에 성공적으로 상장IPO했다. 이는 2023년 전 세계에서 가장 큰 IPO 중 하나였다.

 **왜 Arm 홀딩스였나? 소프트뱅크 비전펀드의 투자 논리**

소프트뱅크 비전펀드가 Arm 홀딩스를 핵심 투자 자산으로 삼은 배경에는 다음과 같은 투자 논리가 있었다.

- **미래 기술 혁명의 근간** - 손정의 회장은 다가올 인공지능, 사물 인터넷 시대에 Arm의 설계 기술이 모바일 시대처럼 핵심적인 역할을 할 것이라고 보았다. Arm의 아키텍처는 저전력 고성능 칩 설계의 표준이 되었으며 이는 수십억 개의 IoT 기기부터 AI 연산을 위한 데이터 센터 칩까지 폭넓게 사용될 잠재력이 있었다. Arm은 '정보 혁명'이라는 거대한 미래 비전의 근간이 되는 '기초 기술'을 제공하는 기업이었다.
- **강력한 플랫폼 및 라이선스 모델** - Arm은 직접 반도체를 제조하지 않고 설계를 라이선스한다. 이는 자본 효율적이면서도 칩 출하량이 늘어날수록 확장성이 뛰어나다. 또한, Arm의 아키텍처를 기반으로 거대한 소프트웨어 및 개발자 생태계가 형성되어 있어 강력한 플랫폼 및 네트워크 효과를 가진다. 이러

한 비즈니스 모델은 벤처 및 성장 투자자들이 선호하는 형태이다.

- **글로벌 지배력과 해자** - Arm은 CPU 아키텍처 라이선스 시장에서 압도적인 점유율을 차지하며 독보적인 지위를 구축했다. 수많은 반도체 기업들이 Arm의 기술을 사용해야만 경쟁력 있는 칩을 만들 수 있으며 이는 강력한 기술적 해자가 된다.
- **성공적인 상장 사례** - 소프트뱅크 그룹이 Arm을 비상장으로 인수한 후 비전펀드는 Arm의 성장을 지원하며 기업 가치를 높였다. 그리고 2023년 IPO를 통해 Arm의 높아진 가치를 공개 시장에서 인정받고 일부 투자금을 회수하는 데 성공했다. 이는 비상장 기술 기업에 투자하고 성장을 지원한 후 IPO를 통해 수익을 실현하는 벤처 캐피탈/성장 지분 투자의 전형적인 사이클을 보여주는 성공적인 사례였다.
- **손정의 회장의 고高신뢰 베팅** - 2016년 Arm 인수는 당시 시장에서는 고평가 논란이 있었던 대담한 결정이었다. 이는 손정의 회장이 Arm의 기술과 잠재력에 얼마나 강한 확신을 가졌는지를 보여주는 사례이며 비전펀드가 추구하는 '믿는 기업에 크게 베팅'하는 스타일과 일치한다.

이러한 투자 논리를 바탕으로 Arm 홀딩스는 소프트뱅크 비전펀드가 '미래 기술 혁명의 근간이 되는 핵심 기업을 발굴하고, 대규모 투자를 통해 성장을 지원한 후, 성공적인 IPO를 통해 가치를 현실화한' 투자 철학이 구현된 '단 하나의 기업'이 되었다.

Arm 홀딩스 투자를 통해 배우는 소프트뱅크 비전펀드의 교훈

소프트뱅크 비전펀드의 Arm 홀딩스 투자 사례는 거대 벤처/성장 투자와 기술 투자에 대한 중요한 교훈을 준다.

1. **근간 기술의 중요성** - 미래 기술 혁명을 이끌 '근간 기술'을 알아보는 시각이 중요하다. 소프트뱅크 비전펀드는 완성된 제품보다 그것을 가능하게 하는 핵심 부품인 ARM의 저전력 고성능 CPU 설계에 투자했다. 이는 IoT, AI, 자율주행 등 미래 기술 혁명의 기반이 되는 기술로 핵심 부품이나 기술의 잠재력에 투자하는 것이 큰 수익으로 이어질 수 있다.

2. **플랫폼과 라이선스 모델의 가치** - 플랫폼 및 라이선스 모델은 확장성이 뛰어나고 강력한 해자를 구축할 수 있는 매력적인 비즈니스 모델이다. ARM은 반도체를 직접 제조하지 않고 설계만 라이선스하는 자본 효율적인 비즈니스 모델을 갖추어 반도체 산업의 폭발적 성장을 상당한 추가 비용 없이 누릴 수 있게 해준다. 이런 모델은 기술적 해자와 소프트웨어 생태계 구축을 통해 경쟁사의 진입을 어렵게 만든다.

3. **투자 회수의 중요성** - 벤처 캐피탈/성장 지분 투자의 최종 목표는 '투자 회수'이다. 소프트뱅크 비전펀드는 ARM의 IPO를 통해 일부 투자금을 회수하면서도 90% 이상의 지분을 유지함으로써 회사의 통제권과 미래 가치 상승 가능성을 모두 확보했

다. 비상장 기업 투자는 IPO나 매각을 통해 투자금을 회수하는 과정까지 염두에 두어야 한다.

4. **대규모 자본의 힘** - 대규모 자본은 기업의 성장을 가속화하고 경쟁 환경을 재편하는 데 강력한 도구가 될 수 있다. 소프트뱅크 비전펀드의 막대한 투자 규모는 ARM이 연구개발과 시장 확장에 과감히 투자할 수 있는 기반을 마련해 주었으며 이는 기업의 성장 속도와 경쟁력을 높이는 데 기여했다.

5. **창업가의 비전과 통찰력** - 창업가손정의 회장의 비전과 기술에 대한 깊은 이해가 투자 결정에 중요한 영향을 미친다. 손정의 회장은 ARM이 미래 기술 혁명의 핵심이 될 것이라는 비전을 가지고 대담한 투자를 실행했다. 이러한 창업가적 통찰력과 기술 트렌드에 대한 이해는 혁신 기업에 대한 성공적인 투자의 기반이 된다.

소프트뱅크 비전펀드 스타일의 현대 글로벌 포트폴리오

소프트뱅크 비전펀드의 투자 철학과 접근 방식을 현대 시장에 적용한다면 다음과 같은 포트폴리오 구성을 고려할 수 있다.

● **미래 기술 인프라 구축 기업 (40%)**
- Arm Holdings^{ARM} - 모바일, IoT, AI 시대의 핵심 반도체 설계 플랫폼
- NVIDIA^{NVDA} - AI 가속화 및 GPU 컴퓨팅 시장의 절대 강자

- Uber^{UBER} - 글로벌 차량 공유 혁신 플랫폼 기업

● **파괴적 플랫폼과 글로벌 확장성 (30%)**

- Coupang^{CPNG} - 한국 이커머스 시장 혁신 및 라스트마일 물류 플랫폼
- DoorDash^{DASH} - 미국 내 음식 배달 시장을 재편한 온디맨드 플랫폼
- ByteDance^{비상장} - 글로벌 소셜 미디어 및 콘텐츠 플랫폼 혁신 주자

● **AI 혁신 및 클라우드 인프라 (30%)**

- Snowflake^{SNOW} - 클라우드 데이터 웨어하우스 혁신 기업
- Anthropic^{비상장} - 차세대 AI 안전성 연구 및 적용 기업
- UiPath^{PATH} - 기업용 자동화 및 AI 기반 프로세스 혁신 기업

소프트뱅크 비전펀드의 미래 기술 포트폴리오 접근법은 "미래를 재창조할 핵심 기술과 플랫폼에 대규모 자본을 집중 투입하여 기술 혁명의 승자를 키우고 가치를 극대화한다"로 요약할 수 있다.

베일리 길포드 Baillie Gifford 와 모더나 Moderna, MRNA

**미래 의학의 선구자를
발굴한 세대를 초월한 투자자**

베일리 길포드는 스코틀랜드 에든버러에 기반을 둔 독특한 자산 운용사이다. 그들은 금융 시장의 단기적인 변동이나 예측에 얽매이지 않고 '세상을 변화시킬 잠재력을 가진 기업'에 대한 극도의 장기 투자를 추구하는 것으로 유명하다. 운용하는 펀드들은 특정 시장 지수를 벤치마크로 삼기보다 자신들이 믿는 소수의 기업에 대한 고高 신뢰 투자를 실행한다. 베일리 길포드는 최소 5년에서 10년, 길게는 수십 년에 걸쳐 투자 기업과 함께 성장하는 장기 투자 자본을 제공하며 혁신적인 기술이나 파괴적인 비즈니스 모델을 가진 기업들을 조기에 발굴하는 데 강점을 보인다. 시장의 조롱이나 비관론 속에서도 기업의 장기 비전을 믿고 기다리는 뚝심 있는 투자자로 알려져 있다.

베일리 길포드의 투자 철학은 '미래를 재창조할 기업을 찾아내고, 그 기업이 가진 잠재력이 현실화되어 가치가 기하급수적으로 증가할 때까지 수십 년에 걸쳐 인내하며 동행하는 것'에 집중한다. 그들은 '성장은 가치를 창출하는 가장 강력한 동력'이라고 믿는다.

베일리 길포드의 투자 철학

베일리 길포드의 핵심 투자 원칙은 장기적인 성장 잠재력과 혁신 기업 발굴에 초점을 맞추고 있다. 주요 원칙들은 다음과 같다.

- **극도의 장기 투자** - 투자 기간을 최소 5년에서 10년으로 설정하며 가능한 한 오랫동안 기업과 함께 성장하는 것을 목표로 삼는 극도의 장기 투자를 실행한다.
- **미래 글로벌 리더 발굴** - 현재의 기업 규모나 수익성보다는 향후 수십 년 후 해당 산업 또는 세상을 이끌어갈 글로벌 리더가 될 잠재력을 가진 기업을 찾는다.
- **혁신 기업 집중** - 새로운 기술, 새로운 비즈니스 모델을 통해 기존 산업을 파괴하거나 완전히 새로운 시장을 창출할 수 있는 혁신적인 기업을 선호한다.
- **인내심과 고신뢰 투자** - 기업의 가치가 시장에서 제대로 인정받지 못하거나 수익을 내기까지 오랜 시간이 걸리더라도 기업의 장기 비전에 대한 강한 확신을 가지고 기다리는 인내심과 고

신뢰 투자를 실행한다.
- **글로벌 시각** - 특정 지역에 국한되지 않고 전 세계를 대상으로 미래 성장 잠재력이 큰 기업을 발굴한다.

모더나Moderna, 미래 의학의 선구자

모더나는 2010년 설립된 비교적 젊은 바이오테크 기업으로 유전 정보 전달체인 메신저 RNAmRNA를 활용하여 질병을 예방하거나 치료하는 새로운 방식의 의약품 개발에 집중한다. 기존의 백신이나 치료제와는 근본적으로 다른 접근 방식을 사용하는 '플랫폼 기술 기업'이다. mRNA 기술은 인체에 특정 단백질을 만들도록 지시하여 면역 반응을 유도하거나 질병을 치료하는 방식이며 잠재적으로 감염병 백신뿐 아니라 암 치료제, 희귀 질환 치료제 등 매우 광범위한 분야에 적용될 수 있다. 모더나는 코로나19 팬데믹 상황에서 mRNA 기반 백신스파이크백스을 성공적으로 개발하고 상용화하면서 전 세계적인 주목을 받았다. 백신 성공은 mRNA 플랫폼 기술의 유효성을 극적으로 증명하는 계기가 되었다.

베일리 길포드는 모더나가 상장되기 전부터 이 기업의 mRNA 기술 잠재력에 주목했고 모더나가 상장한 이후에도 꾸준히 지분을 늘려 주요 주주가 되었다. 코로나19 백신 개발 이전, 모더나의 주가는 지금처럼 높지 않았고 mRNA 기술에 대한 회의론도 존재했다. 하지만 베일리 길포드는 모더나가 가진 'mRNA 플랫폼' 기술의 장기적인 혁명적 잠재력을 믿고 인내심을 가지고 투자했다. 모더나는 베일리 길포드가 추구하는 '미래를 변화시킬 과학 기술 기업'의 대표 주자였다.

왜 모더나였나? 베일리 길포드의 투자 논리

베일리 길포드가 모더나mRNA를 그의 대표적인 투자 종목으로 삼은 배경에는 다음과 같은 투자 논리가 있었다.

- **미래 의학을 변화시킬 플랫폼 기술** - 모더나가 가진 mRNA 플랫폼 기술의 '파괴적 잠재력'과 '장기적인 성장 가능성'에 대한 깊은 확신이 있었다. mRNA 플랫폼 기술은 다양한 질병에 빠르게 적용될 수 있어 파이프라인 확장 및 신약 개발 속도 측면에서 기존 제약사보다 훨씬 유리할 수 있다. 베일리 길포드는 모더나가 mRNA 플랫폼을 통해 백신뿐 아니라 다양한 치료제 시장에서 성공을 거두며 기하급수적인 매출 및 가치 성장을 달성할 잠재력이 있다고 모델링했다. 코로나19 백신 성공은 그 잠재력이 현실화될 수 있음을 증명했다.

- **미래 글로벌 리더로의 잠재력** - 베일리 길포드는 모더나가 mRNA 기술을 통해 향후 10년, 20년 안에 글로벌 제약 산업의 핵심 플레이어 또는 리더가 될 수 있다고 보았다. 현재의 규모보다는 미래의 모습에 베팅했으며 모더나가 가진 과학적 역

량과 플랫폼 확장성이 이를 가능하게 할 것이라고 믿었다.

- **인내심과 장기적 확신** - mRNA 기술은 코로나19 백신 성공 이전까지는 검증되지 않은 새로운 기술이었고 모더나는 수익을 내지 못하는 바이오테크 기업이었다. 베일리 길포드는 이러한 불확실성과 시장의 회의론 속에서도 모더나의 장기 잠재력을 믿고 인내심을 가지고 투자했다. 이는 얼마나 기업의 비전과 잠재력을 중요하게 보고 장기적인 관점을 유지하는지를 보여준다. 코로나19 백신 성공은 그 인내가 보상받는 계기가 되었다.

- **비전과 실행 능력** - 모더나는 mRNA 플랫폼 기술에 대한 명확한 과학적 비전을 가지고 있었고 코로나19 백신 개발 과정에서 빠른 임상 진행 및 생산 능력 확보 등 뛰어난 실행 능력을 보여주었다. 베일리 길포드는 기업의 비전만큼이나 그것을 현실로 만들 수 있는 팀의 역량을 중요하게 본다.

이러한 투자 논리를 바탕으로 모더나는 베일리 길포드가 '미래 의학을 변화시킬 잠재력을 가진 과학 기반 플랫폼 기업에 인내심을 가지고 장기 투자하여 가치를 현실화한다'는 투자 철학을 가장 잘 보여주는 '단 하나의 기업'이 되었다.

 **모더나 투자를 통해 배우는 베일리 길포드의 교훈**

베일리 길포드의 모더나 투자 사례는 장기 혁신 성장 투자와 과학

기술 발굴의 중요성에 대한 깊은 교훈을 담고 있다.

1. **파괴적 기술의 식별** - 미래 산업을 근본적으로 변화시킬 '파괴적 기술'을 알아보는 시각이 중요하다. 베일리 길포드는 모더나가 개발한 mRNA 기술이 기존 의약품 개발 방식을 근본적으로 바꿀 수 있는 혁신임을 조기에 파악했다. 기존 산업의 틀을 깨는 기술 기업에 투자 기회가 있다.
2. **플랫폼 기술의 잠재력** - '플랫폼 기술'은 다양한 응용 가능성을 가지며 기하급수적인 성장을 이끌 잠재력이 크다. mRNA 기술은 감염병 백신을 넘어 암, 희귀 질환, 심혈관 질환 등 다양한 치료 영역으로 확장 가능한 플랫폼이다. 핵심 기술 플랫폼을 가진 기업에 주목해야 한다.
3. **미래 성장 잠재력 중시** - 현재의 규모나 수익성보다는 미래의 '성장 잠재력'과 '미래 리더'가 될 가능성을 보고 투자하는 장기적인 관점이 필요하다. 모더나는 코로나19 백신 성공 이전까지 수익을 내지 못했지만 베일리 길포드는 모더나가 가진 과학적 역량과 플랫폼 확장성을 통해 미래 글로벌 제약 산업의 주요 플레이어가 될 것이라 확신했다.
4. **인내심과 고신뢰 투자** - 인내심과 고高신뢰가 필수적이다. 베일리 길포드는 모더나의 기술에 대한 시장의 회의론 속에서도 장기 비전을 믿고 인내심을 가지고 투자를 이어갔다. 불확실하고 회의적인 시각 속에서도 기업의 비전과 잠재력을 믿고 수년, 수십 년을 기다리는 인내가 필요하다.

5. **R&D 역량과 실행력 평가** - 과학 기반 기업의 'R&D 역량'과 '실행 능력'을 평가하는 것이 중요하다. 모더나는 혁신적인 mRNA 플랫폼을 개발했을 뿐만 아니라 이를 실제 제품으로 빠르게 구현하는 실행력을 보여주었다. 혁신 아이디어를 현실로 만드는 팀의 역량은 성공의 핵심이다.

베일리 길포드 스타일의 현대 글로벌 포트폴리오

베일리 길포드의 투자 철학과 접근 방식을 현대 시장에 적용한다면 다음과 같은 포트폴리오 구성을 고려할 수 있다.

● **미래 의학 혁신 기업 (40%)**

- Moderna^{MRNA} - mRNA 기반 차세대 의약품 플랫폼 기업
- CRISPR Therapeutics^{CRSP} - 유전자 편집 기술을 활용한 혁신적 치료법 개발
- Illumina^{ILMN} - 유전체 분석 장비 및 서비스 글로벌 리더

● **기술 혁신 및 플랫폼 비즈니스 (30%)**

- Datadog^{DDOG} - 클라우드 기반 모니터링 및 보안 솔루션 리더
- Shopify^{SHOP} - 전자상거래 솔루션 플랫폼의 글로벌 리더
- AppLovin^{APP} - 모바일 광고 플랫폼 및 게임 퍼블리싱 성장주

● **신흥 시장 및 글로벌 혁신 기업 (30%)**

- Sea Limited^{SE} - 글로벌 시장에서 게임·핀테크 부문 확장 지속

- MercadoLibre^MELI - 라틴아메리카 전자상거래 및 핀테크 플랫폼
- NIO^NIO - 중국의 전기차 및 배터리 기술 혁신 기업

베일리 길포드의 현대적 포트폴리오 접근법은 "세상을 바꿀 혁신 기업을 발굴해, 인내와 확신으로 수십 년 동안 성장의 복리를 함께 만들어간다"로 요약할 수 있다.

베일리 길포드의 포트폴리오 엿보기
- 인내심 있는 자본의 선택들

베일리 길포드는 단기 시장 예측보다는 '세상을 변화시킬 기업'에 대한 극도의 장기 투자를 추구하는 독특한 운용사이다. 그들이 운용하는 자금은 혁신 기업들이 가진 잠재력이 현실화될 때까지 수년, 수십 년을 기다린다. 연간 약 800개의 기업을 검토하지만, 그중 약 10~12개 기업에만 투자할 정도로 신중한 접근을 한다.

◆ **주목할 만한 주요 투자 사례들**

- **테슬라(Tesla, TSLA)** - 2013년 주당 약 6달러(분할 고려 시 약 0.4달러)에 투자를 시작했다. 테슬라 주가가 2024년 약 488달러까지 상승하며 초기 투자금 대비 약 1,220배라는 놀라운 수익률을 기록했다.

- **모더나(Moderna, MRNA)** - 2018년 IPO 당시 주당 약 23달러에 투자했다. 코로나19 백신 개발 성공과 함께 2021년 8월 약 485달러까지 상승하여 약 3년 만에 약 21배의 수익을 거뒀다.

- **알리바바(Alibaba, BABA)** - 2012년 비상장 상태부터 초기 투자를 진행했다. 중국 전자상거래 시장의 폭발적 성장을 예측하고 상장 후 성공적으로 수익을 실현한 대표적 사례다.

- **스페이스X(SpaceX)** - 일론 머스크의 우주 탐사 기업에 2021년 이전부터 비상장 투자했다. 최근 기업 가치가 약 3,500억 달러로 평가되며 보유 지분 가치가 단기간에 40~45% 증가했다.

- **에픽게임즈(Epic Games)** - 2020년 6월 기업가치 약 170억 달러 시점에 투자했다. 이후 기업가치가 2021년 4월 약 287억 달러로 상승하며 상당한 수익을 실현했다.

◆ **최근 포트폴리오 현황(2025년 1분기 기준)**

2025년 1분기 기준 약 1,146억 달러의 자산을 265개 종목에 운용했으며 상위 10개 종목 비중이 약 44.37%로 집중도가 더욱 높아졌다. 전 분기 대비 포트폴리오 가치가 약 1,300억 달러에서 1,150억 달러로 감소했다.

- **상위 보유 종목(2025년 3월 31일 기준)** - 메르카도리브레(MELI, 6.44%), 아마존(AMZN, 5.78%), 스포티파이(SPOT, 5.20%), 쇼피파이(SHOP, 4.66%), 시 리미티드(SE, 4.50%)가 상위 5대 종목을 차지했다.

- **최근 매매 동향(2025년 1분기)** - PDD 홀딩스, 누 홀딩스(Nu Holdings), 앱러빈(AppLovin), 데이터도그(DataDog) 등의 비중을 크게 늘린 반면, 메르카도리브레, 아마존, 스포티파이, 테슬라 등 기존 대형 보유 종목들의 비중을 일부 축소했다.

- **주목할 만한 신규 투자** - 앱러빈(AppLovin)을 2024년 3분기에 새로 투자한 후 주가가 713% 급등하며 47억 달러 매출을 기록했다. 베일리 길포드의 뛰어난 조기 발굴 안목을 보여주는 최신 사례다.

이러한 구체적인 투자 사례들과 포트폴리오 현황은 베일리 길포드의 투자 철학, 즉 '미래를 변화시킬 혁신 기업을 조기에 발굴하고, 인내심을 가지고 장기 동행하며, 확신하는 기업에 집중 투자한다'는 원칙이 어떻게 현실에서 구현되는지를 명확하게 보여준다.

코튜 매니지먼트 Coatue Management 와 쇼피파이 Shopify, SHOP

**기술 투자의 선구자,
디지털 시대의 필수 플랫폼을 발굴하다**

코튜 매니지먼트는 필립 라폰트Philippe Laffont가 1999년 설립한 기술 섹터에 특화된 헤지펀드이자 투자 회사이다. 코튜 매니지먼트는 전 세계 기술 기업 특히 인터넷, 소프트웨어, 통신, 미디어 분야에 대한 깊이 있는 분석과 투자를 전문으로 한다. 공개 시장에 상장된 기술 기업 투자뿐만 아니라, 성장 단계에 있는 비상장 기술 기업에 대한 투자사모 투자 성격도 활발히 진행하며 기술 기업의 다양한 성장 단계에 참여한다. 기술 산업 트렌드를 파악하고 해당 분야에서 리더가 될 잠재력을 가진 기업을 조기에 발굴하여 투자하는 것에 강점을 보인다. 공격적인 투자 성향과 기술 산업에 대한 전문성으로 금융 시장에서 영향력을 행사한다.

코튜 매니지먼트의 투자 철학은 '기술 산업의 구조적 변화와 트렌드를 파악하고 이러한 변화를 이끄는 시장 선두 기업 특히 확장 가능한 플랫폼 비즈니스 모델을 가진 기업에 집중 투자하는 것'에 핵심을 둔다. 그들은 기술 산업의 미래를 예측하고 베팅한다.

 **코튜 매니지먼트의 투자 철학**

- **기술 산업 전문성** - 투자 포커스가 명확하게 기술 섹터에 맞춰져 있다. 기술 트렌드, 산업 역학 관계, 경쟁 구도에 대한 깊이 있는 이해를 바탕으로 투자 결정을 내린다.
- **플랫폼 비즈니스 모델 선호** - 사용자, 개발자, 판매자 등 다양한 참여자들이 모여 네트워크 효과를 창출하는 확장 가능한 플랫폼 비즈니스 모델을 가진 기업을 매우 중요하게 평가한다. 플랫폼이 해당 분야의 지배적인 플레이어가 될 잠재력이 높다고 본다.
- **공개 및 비공개 시장 투자** - 상장 주식과 비상장 기업 투자를 병행하며 기업의 성장 과정 전체에서 투자 기회를 찾는다. 비상장 기업 투자 경험을 통해 공개 시장 기술 기업에 대한 이해도를 높이기도 한다.
- **시장 선두 기업 투자** - 해당 기술 분야에서 이미 상당한 시장 점유율을 확보했거나 앞으로 리더가 될 잠재력이 가장 높은 기업에 집중 투자한다. 선두 기업이 산업 성장의 가장 큰 수혜를 볼 것이라고 판단한다.

- **성장성 추구** - 매출 및 사용자 성장률, 시장 확대 잠재력 등 기업의 성장성에 높은 가치를 부여한다.

 **쇼피파이, 전자상거래 혁신을 돕는 플랫폼**

쇼피파이SHOP는 기업들 특히 중소기업SMB이 온라인에서 상품을 판매할 수 있도록 자신만의 온라인 스토어를 만들고 관리하는 데 필요한 모든 소프트웨어 도구와 서비스를 제공하는 클라우드 기반 플랫폼 기업이다. 온라인 스토어 구축, 결제 처리, 재고 관리, 배송, 마케팅, 고객 관계 관리 등 온라인 상거래 운영에 필요한 기능을 통합 제공한다. 아마존, 쿠팡과 같은 대형 마켓플레이스와 달리 쇼피파이는 기업들이 자신의 독립적인 브랜드를 구축하고 고객에게 직접 판매할 수 있도록 돕는다. 빠르게 성장하는 전자상거래 시장에서 기업들의 온라인 판매를 지원하는 핵심적인 '조력자'이자 '인프라' 역할을 수행한다. SaaSSoftware-as-a-Service 모델로 서비스 이용료와 거래 수수료를 통해 수익을 얻는다.

코튜 매니지먼트는 쇼피파이의 성장 잠재력과 플랫폼 비즈니스 모델에 주목하며 이 기업에 투자했다. 쇼피파이가 가진 전자상거래라는 거대 트렌드에서의 위치, 확장 가능한 플랫폼 구조 그리고 기업들의 디지털 전환 지원이라는 특징이 코튜 매니지먼트의 투자 철학과 완벽하게 일치했다.

AI에 가장 먼저 투자한 헤지펀드

코튜 매니지먼트는 기술 산업 변화를 읽고 유망 기업에 투자하는 것으로 유명한 헤지펀드이자 투자 회사이다. 코튜는 특히 미래 기술 트렌드의 변화를 조기에 포착하는 데 강점을 보인다.

그들의 가장 최근이자 주목받는 투자 영역은 바로 인공지능(AI) 혁명이었다. 코튜 매니지먼트는 2020년대 초부터 AI 관련 기업 투자에 대거 베팅하며 AI 붐에 가장 먼저 올라탄 운용사 중 하나로 평가받는다. 특히 생성형 AI 분야에 초기부터 공격적으로 자금을 집어넣었다. 오픈AI(OpenAI), 앤트로픽(Anthropic), 캐릭터닷AI(Character.AI)와 같은 기업들에 투자하며 AI 혁명의 선구자급 투자 플레이어로 자리매김했다.

코튜 매니지먼트의 비전은 AI에만 머무르지 않는다. 전 세계 디지털 경제의 핵심 기업들에도 광범위하게 투자해왔다. 쇼피파이와 같은 전자상거래 플랫폼, 바이낸스(Binance)와 같은 암호화폐 거래소 그리고 바이트댄스(ByteDance, 틱톡 운영사)와 같은 글로벌 소셜 미디어 플랫폼에 투자하며, '인터넷을 바꾸는 기업'을 조기에 알아보는 안목으로 유명해졌다.

코튜 매니지먼트의 포트폴리오는 기술 산업의 구조적 변화와 디지털 경제의 확산이라는 트렌드를 명확하게 보여준다. 이러한 변화를 이끄는 시장 선두 기업, 특히 확장 가능한 플랫폼 비즈니스 모델을 가진 기업에 집중 투자한다. AI 선구 기업부터 전자상거래, 암호화폐, 소셜 미디어까지 기술을 통해 세상을 변화시키는 기업에 과감하게 베팅하는 투자 스타일을 보여준다.

결론적으로 코튜 매니지먼트는 AI 붐을 비롯한 글로벌 기술 트렌드를 가장 빠르게 포착하고, 관련 시장 리더 기업에 대규모로 투자하는 투자사이다. 그들의 포트폴리오는 기술 혁신의 속도와 방향을 상징적으로 보여준다.

왜 쇼피파이였나? 코튜 매니지먼트의 투자 논리

코튜 매니지먼트가 쇼피파이SHOP를 그의 대표적인 투자 종목 중 하나로 삼은 배경에는 쇼피파이가 가진 '기술 플랫폼'으로서의 강력한 특징과 '전자상거래 성장'이라는 거대 트렌드에서의 위치를 알아보는 코튜 매니지먼트의 통찰력이 있었다.

- **전자상거래 시대의 필수 플랫폼** - 코튜 매니지먼트는 전자상거래 시장의 지속적인 성장을 중요한 구조적 트렌드로 본다. 쇼피파이는 이러한 전자상거래 시장에서 소비자와 판매자를 직접 연결하는 마켓플레이스 모델예- 아마존과는 다른 방식으로 기여한다. 기업들이 독립적인 온라인 판매 채널을 구축하고 운영할 수 있도록 돕는 '필수적인 플랫폼' 역할을 수행한다. 이는 코튜 매니지먼트가 찾는 '해당 산업의 핵심 인프라 또는 조력자' 기업의 특징이다.

- **강력한 소프트웨어 플랫폼과 네트워크 효과** - 쇼피파이는 판매자들이 온라인에서 성공적으로 판매할 수 있도록 돕는 포괄적인 소프트웨어 도구를 제공한다. 판매자들이 쇼피파이 플랫폼을 이용할수록 쇼피파이 생태계결제, 배송, 마케팅 앱 등 외부 개발자는 더욱 풍부해지고 이는 다시 판매자에게 더 많은 가치를 제공하는 플랫폼 기반 네트워크 효과를 창출한다. 코튜 매니지먼트는 플랫폼 기업의 네트워크 효과가 만들어내는 확장성과 시장 지배력을 높이 평가한다.

- **SaaS 모델의 매력** - 쇼피파이는 소프트웨어를 서비스 형태로 제공하고 구독료와 거래 수수료를 받는다. 이러한 SaaS 모델은 일단 고객(판매자)을 확보하면 꾸준한 반복 매출을 창출하며 사용자 수 증가에 따라 비용보다 매출이 더 빠르게 증가하는 높은 영업 레버리지를 가진다. 코튜 매니지먼트와 같은 기술 투자자들은 SaaS 기업의 예측 가능한 성장성과 높은 수익 잠재력을 선호한다.
- **기업들의 디지털 전환 지원** - 코로나19 팬데믹 이후 기업들의 온라인 판매 및 디지털 전환이 가속화되면서 쇼피파이는 직접적인 수혜를 입었다. 쇼피파이는 중소기업들의 디지털 전환을 가능하게 하는 핵심 기술 파트너로서 그 가치를 입증했다. 코튜 매니지먼트는 이러한 기업들의 디지털 전환 트렌드 속에서 쇼피파이가 수행하는 역할을 높이 평가했다.
- **글로벌 시장 리더** - 쇼피파이는 독립적인 온라인 스토어 구축 플랫폼 분야에서 글로벌 선두 주자 중 하나이다. 코튜 매니지먼트는 해당 기술 분야에서 확고한 시장 지위를 가진 기업에 투자하는 것을 선호한다.

이러한 투자 논리를 바탕으로 쇼피파이는 코튜 매니지먼트가 '기술 산업의 변화를 이끌고, 확장 가능한 플랫폼 모델을 가지며 전자상거래 성장이라는 거대 트렌드의 수혜를 받는 기업에 투자한다'는 철학을 가장 잘 보여주는 '단 하나의 기업'이 되었다. 쇼피파이 투자는 코튜의 기술 집중 투자와 플랫폼 비즈니스 발굴 능력을 상징한다.

쇼피파이 투자를 통해 배우는 코튜 매니지먼트의 교훈

투자 세계의 큰 그림에서 보면 코튜 매니지먼트에게 쇼피파이는 그들이 추구하는 '기술 플랫폼 투자' 철학이 담긴 '단 하나의 기업'이다.

1. **기술 트렌드 이해의 중요성** - 기술 산업의 트렌드를 읽는 능력이 중요하다. 코튜 매니지먼트는 전자상거래 시장의 급격한 성장과 디지털 전환이라는 거대한 기술 흐름 속에서 쇼피파이의 잠재력을 발견했다. 이처럼 거대 기술 변화 속에서 기회를 포착하는 안목이 성공적인 투자의 기반이 된다.

2. **플랫폼 비즈니스의 가치** - 플랫폼 비즈니스 모델이 가진 강력한 힘에 주목해야 한다. 쇼피파이는 판매자와 소비자, 앱 개발자들이 모여 가치를 창출하는 생태계를 구축했으며 이는 강력한 해자와 뛰어난 확장성으로 이어졌다. 사용자 기반이 커질수록 플랫폼의 가치도 기하급수적으로 증가하는 네트워크 효과를 창출한다.

3. **SaaS 모델의 매력** - SaaS(Software as a Service) 모델은 기술 기업 투자에서 매력적인 요소이다. 쇼피파이는 구독 기반 모델을 통해 예측 가능하고 반복적인 수익을 창출하며 고객 한명을 확보하는 비용 대비 그 고객이 가져다 주는 총 수익이 매우 높은 효율적인 비즈니스 구조를 갖추었다. 이러한 SaaS 모델은 안정적인 현금 흐름과 높은 수익 잠재력을 제공한다.

4. **핵심 인프라 제공자 역할** - 해당 산업의 핵심 인프라 또는 조력자 역할을 하는 기업에 주목해야 한다. 쇼피파이는 전자상거래 사업자들을 위한 필수 인프라를 제공하며 소비자에게 직접 노출되지 않더라도 산업 전반에 걸쳐 필수적인 가치를 제공하는 '숨겨진 챔피언' 역할을 했다. 최종 소비자 서비스 뒤에 숨겨진 필수 기술 공급자가 될 수 있다.

5. **투자 유연성** - 기술과 관련된 공개 및 비공개 시장을 모두 아우르며 기업의 성장 단계별 투자 기회를 찾는 유연성이 필요하다. 코튜 매니지먼트는 쇼피파이의 성장 단계에 맞춰 초기 비공개 투자부터 IPO 이후 공개 시장 투자까지 다양한 방식으로 투자를 이어갔다. 이러한 유연한 접근 방식은 기업의 성장 전 주기에 걸쳐 가치를 포착할 수 있게 해준다.

코튜 매니지먼트 스타일의 현대 글로벌 포트폴리오

코튜 매니지먼트의 투자 철학과 접근 방식을 현대 시장에 적용한다면 다음과 같은 포트폴리오 구성을 고려할 수 있다.

● **전자상거래·소프트웨어 플랫폼 리더 (40%)**
- Shopify^{SHOP} - 전자상거래를 위한 독립 온라인 스토어 구축 플랫폼, SaaS 기반
- Snowflake^{SNOW} - 클라우드 기반 데이터 웨어하우스 플랫폼, 확장성과

높은 성장성

- Databricks비상장 - 빅데이터 분석과 AI 모델 개발을 지원하는 유니파이드 데이터 플랫폼
- ByteDance비상장 - 틱톡TikTok으로 대표되는 글로벌 숏폼 영상 플랫폼 리더

● 미래 기술 및 디지털 서비스 (30%)

- DoorDashDASH - 음식 배달과 라스트마일 물류 플랫폼, 도시 생활 인프라화
- OpenAI비상장 - 생성형 AI 선도 기업, ChatGPT와 GPT 모델 개발사
- Anthropic비상장 - 안전하고 유용한 AI 구축에 집중하는 혁신 기업

● 차세대 금융 및 디지털 인프라 (30%)

- Sea LimitedSE - 글로벌 시장에서 게임·핀테크 부문 확장 지속
- Binance비상장 - 글로벌 암호화폐 거래소, 디지털 자산 시장의 핵심 인프라

코튜 매니지먼트의 현대적 포트폴리오 접근법은 "기술 산업의 구조적 변화를 주도할 플랫폼 기업에 집중 투자하여, 미래의 글로벌 리더를 조기에 발굴하고 성장의 과실을 장기적으로 공유한다"로 요약할 수 있다.

베인 캐피털 Bain Capital 과 도미노 피자 Domino's Pizza, DPZ

운영 혁신으로 일상 브랜드의 가치를 극대화한 PE의 대가

베인 캐피털은 1984년 미국의 경영 컨설턴트이자 정치인인 밋 롬니 Mitt Romney 등이 설립한 세계적인 사모 펀드 Private Equity, PE 운용사이다. 칼라일과 함께 글로벌 PE 산업을 이끄는 대표 주자 중 하나이며, 특히 경영 컨설팅 회사인 베인앤드컴퍼니 Bain & Company 에서 출발한 배경 덕분에 기업 운영 개선에 대한 깊은 전문성을 바탕으로 투자하는 것으로 유명하다. 베인 캐피털은 주로 성숙한 기업을 인수한 후 운영 효율성을 높이고 사업 전략을 재편하는 기업 매수바이아웃 투자에 집중한다. 단순히 자금만 투입하는 것이 아니라 경영진과 함께 기업 가치를 적극적으로 끌어올리는 것을 핵심 역량으로 삼는다.

베인 캐피털의 투자 철학은 '분석을 통해 숨겨진 잠재력이나 개선 가능성이 높은 기업을 발굴하고, 베인앤드컴퍼니의 컨설팅 역량과 운영 전문성을 투입하여 기업의 체질을 개선하고 가치를 극대화한 후 성공적으로 매각하거나 상장시키는 것'에 집중한다. 그들은 '기업을 분석하고 개선하여 키우는' 접근 방식을 취한다.

베인 캐피털의 투자 철학

- **컨설팅 기반의 운영 개선** - 투자 대상 기업의 운영 프로세스, 비용 구조, 공급망 관리 등을 심층 분석하고 효율화한다. 컨설팅 회사의 분석적 역량과 PE의 통제력을 결합하여 기업의 체질을 근본적으로 개선한다.
- **바이아웃 투자** - 기업 인수를 통해 경영 통제권을 확보하고 적극적으로 경영진 교체나 전략 변화를 추진한다. 부채 활용 재무 기법도 사용하지만 핵심은 운영 개선을 통한 가치 제고이다.
- **성장 잠재력 실현** - 인수 후 운영 효율화뿐 아니라 신규 시장 개척, 제품/서비스 혁신 지원 등 기업의 성장 잠재력을 현실로 만드는 노력을 병행한다.
- **성공적인 투자 회수 전략** - 가치가 충분히 높아진 기업을 매각하거나 상장시켜 투자금을 회수한다. 이는 PE 투자의 최종 목표이자 성공 여부를 가늠하는 기준이다.
- **산업 전문성** - 특정 산업에 대한 깊은 이해를 바탕으로 유망 인수 대상을 발굴하고 가치 제고 방안을 수립한다.

도미노 피자, 운영 개선의 대표적 사례

도미노 피자DPZ는 전 세계 수많은 국가에서 매장을 운영하는 가장 큰 피자 배달 및 포장 전문 체인 중 하나이다. 표준화된 메뉴와 빠른 배달 시스템을 강점으로 한다. 하지만 2000년대 초, 도미노 피자는 피자 맛에 대한 소비자 불만과 온라인 주문 및 배달 추적 시스템의 부족 등 운영 및 기술적인 문제로 인해 성장이 정체되고 경쟁사에 밀리는 모습을 보이기도 했다. 시장에서는 다소 뒤처진 이미지를 가지고 있었다.

바로 이러한 시기, 베인 캐피털이 도미노 피자의 잠재력을 보고 투자를 결정했다. 2003년 베인 캐피털은 도미노 피자를 인수하여 비상장화하고, 본격적인 운영 개선 및 혁신 작업에 착수했다. 베인 캐피털은 도미노 피자가 가진 강력한 브랜드와 글로벌 매장 네트워크라는 자산을 바탕으로, 그 약점이었던 운영 효율성과 기술 도입을 통해 가치를 높일 수 있다고 판단했다.

왜 도미노 피자였나? 베인 캐피털의 투자 논리

베인 캐피털이 도미노 피자DPZ를 그의 대표적인 투자 종목으로 삼은 배경에는 도미노 피자가 가진 잠재력과 베인 캐피털의 운영 개선 역량이 결합되어 성공적인 PE 투자 사례를 만들었기 때문이다.

- **운영 개선을 통한 가치 제고 가능성** - 베인 캐피털은 도미노 피자가 가진 피자 맛에 대한 부정적 인식, 부족한 기술 시스템 그리고 운영 비효율성을 파악했다. 그리고 자신들의 컨설팅 및 운영 전문성을 투입하여 이러한 약점을 개선한다면 기업 가치를 크게 높일 수 있다고 판단했다. 베인 캐피털은 도미노 피자를 '운영 개선을 통해 극적인 가치 제고가 가능한 기업'으로 보았다.

- **핵심 브랜드 자산** - 약점에도 불구하고 도미노 피자는 전 세계적인 강력한 브랜드 인지도와 방대한 매장 네트워크라는 핵심 자산을 가지고 있었다. 베인 캐피털은 이러한 자산을 기반으로 운영을 개선하면 폭발적인 성장이 가능하다고 보았다.

- **구체적인 운영 개선 실행** - 베인 캐피털은 투자 후 도미노 피자의 피자 레시피를 근본적으로 개선하고 솔직한 광고 캠페인에 - "우리의 피자 맛없다"을 펼쳐 소비자 인식을 바꾸려 노력했다. 또한 온라인 주문 시스템, 배달 추적 시스템 등 기술 투자를 대대적으로 단행하여 주문 및 배달 효율성을 혁신했다. 이러한 구체적인 운영 및 기술 개선이 가치 제고의 핵심이었다.

- **성공적인 IPO** 투자 회수 - 운영 개선을 통해 실적과 브랜드 이미지가 크게 개선된 후, 베인 캐피털은 2004년 도미노 피자를 성공적으로 상장IPO시켰다. 가치가 충분히 높아진 도미노 피자를 성공적으로 상장시킴으로써 베인 캐피털은 투자금을 회수하고 막대한 수익을 실현했다. 부즈 앨런 해밀턴의 IPO와 유사하게 이는 베인 캐피털의 투자 역량이 결실을 맺은 대표적인 '투자 회수' 사례였다. 이는 사모 펀드 투자의 최종 목표

를 보여준다.

참고로 도미노 피자는 상장 후에도 운영 효율성 및 기술 투자를 지속하며 주가가 크게 상승하여 베인 캐피털 투자 후에도 지속적으로 가치를 창출한 성공적인 기업이 되었다.

 **도미노 피자 투자를 통해 배우는 베인 캐피털의 교훈**

PE 투자의 정수를 살펴보면 도미노 피자는 베인 캐피털이 '운영 개선 가능성이 높은 기업을 발굴하고, 컨설팅 기반의 운영 전문성을 투입하여 가치를 높인 후 성공적으로 상장시키는' 사모 펀드 투자 철학이 완벽하게 구현된 '단 하나의 기업'이 되었다.

1. **전략적/운영적 파트너 역할** - 사모 펀드는 단순히 재무적 투자자가 아니라, 기업의 운영을 근본적으로 개선하는 '전략적/운영적 파트너' 역할을 수행한다. 베인 캐피털은 도미노 피자에 단순히 자금을 투자하는 데 그치지 않고, 직접적인 경영 개입을 통해 제품 품질, 배달 시스템, 고객 경험 등 핵심 운영 영역을 혁신했다. 기업 체질 개선을 위한 직접적인 경영 개입이 PE 투자의 핵심이다.

2. **브랜드 부활과 혁신** - 소비자 브랜드 기업도 운영 효율성 개선, 기술 도입, 제품 혁신 등을 통해 다시 성장하고 가치를 높일 수

있다. 베인 캐피털은 침체되어 있던 도미노 피자의 제품 품질을 근본적으로 개선하고, 온라인 주문 시스템과 배달 추적 기술 등을 도입하여 브랜드를 부활시켰다. 침체된 브랜드라도 운영 개선을 통해 소비자의 신뢰를 회복하고 시장에서 다시 성장할 수 있다.

3. **컨설팅과 투자의 시너지** - 컨설팅 역량과 PE 투자의 결합은 기업 가치 제고에 강력한 시너지를 낼 수 있다. 베인 캐피털은 베인 컨설팅에서 파생된 회사로, 분석적 접근 방식과 실행 중심의 운영 개선 노하우를 바탕으로 도미노 피자의 성장을 이끌었다. 분석 능력과 실행 능력을 모두 갖춘 PE 하우스가 기업 가치 제고에 성공할 확률이 높다.

4. **상장을 통한 가치 실현** - 성공적인 상장IPO은 사모 펀드 투자의 주요 목표이자 성과 지표이며 이는 비상장 상태에서의 가치 제고 노력의 결실이다. 베인 캐피털은 도미노 피자의 성공적인 IPO를 통해 투자 수익을 실현했으며 이는 운영 개선과 브랜드 혁신 노력이 시장에서 인정받았음을 의미한다. 상장은 기업 성장과 PE 투자 성공의 증거가 된다.

5. **소비재 기업의 PE 가치** - 대중에게 친숙한 브랜드도 PE 투자 대상이 될 수 있으며 성공적인 운영 개선을 통해 브랜드 가치를 더욱 높일 수 있다. 베인 캐피털은 도미노 피자라는 대중적 소비재 기업을 적극적인 가치 제고 대상으로 선택하여 성공적인 투자 사례를 만들었다. 친숙한 소비재 기업도 PE의 전문 운영 역량과 결합하면 큰 가치 상승을 이룰 수 있다.

베인 캐피털 스타일의 현대 글로벌 포트폴리오

베인 캐피털의 투자 철학과 접근 방식을 현대 시장에 적용한다면 다음과 같은 포트폴리오 구성을 고려할 수 있다.

● **디지털 인프라 및 운영 혁신 (40%)**

- KIOXIA Holdings^{비상장} - 글로벌 2위 Flash NAND 메모리 공급업체, AI 시대 핵심 반도체
- Staples^{SPLS} - 오피스 용품 소매에서 B2B 서비스로 비즈니스 모델 전환 성공
- Warner Music Group^{WMG} - 글로벌 음악 엔터테인먼트 및 스트리밍 플랫폼 리더

● **소비자 브랜드 가치 극대화 (30%)**

- Canada Goose^{GOOS} - 프리미엄 아웃도어 의류로 글로벌 럭셔리 브랜드 구축
- Restaurant Brands International^{QSR} - 버거킹, 팀홀튼스 등 글로벌 QSR 브랜드 포트폴리오
- Burlington Stores^{BURL} - 할인 소매업체의 운영 최적화와 매장 확장 전략

● **헬스케어 및 생명과학 혁신 (30%)**

- Genpact^{G} - 비즈니스 프로세스 관리 및 디지털 혁신 서비스 글로벌 리더
- HCA Healthcare^{HCA} - 미국 최대 영리 병원 체인 운영업체
- Molina Healthcare^{MOH} - 정부 후원 의료보험 프로그램 전문 관리업체

베인 캐피털의 현대적 포트폴리오 접근법은 "베인 캐피털은 컨설팅 기반의 운영 혁신을 통해 기업의 숨겨진 가치를 끌어올리고, 성공적인 상장이나 매각을 통해 장기적 투자 수익을 창출한다"로 요약할 수 있다.

시장의 숨은 거인
– 서스쿼해나 Susquehanna

서스쿼해나Susquehanna International Group, SIG는 전 세계 주요 금융 시장에서 활동하는 가장 크고 영향력 있는 트레이딩 회사이자 시장 조성자Market Maker 중 하나이다. 그들은 금융 시장의 미세한 가격 비효율성이나 복잡한 거래 기회를 포착하기 위해 첨단 기술과 수학적 모델에 기반한 퀀트 트레이딩, 옵션 등 파생 상품 거래를 주력으로 삼는다. 수많은 자산의 매수-매도 호가 사이에서 유동성을 공급하며 발생하는 작은 이익을 대규모 거래량으로 쌓아 올리는 시장 조성 활동 또한 핵심이다.

서스쿼해나는 단순히 트레이딩만 하는 것이 아니다. 이들은 벤처 캐피탈VC 및 사모 투자 부문도 활발히 운영하며 유망 기술 스타트업에 투자한다. 특히 바이트댄스틱톡 운영사와 같은 유니콘 기업의 초기 투자자로서 큰 성공을 거둔 사례는 그들의 투자 역량을 보여준다. 또한 엔비디아, 테슬라와 같이 변동성이 큰 주식들을 통한 활발한 거래 및 옵션 운용을 통해서도 상당한 수익을 올린다.

이처럼 서스쿼해나는 성공적인 벤처 투자 경험을 가지고 있지만, 그들의 핵심 정체성은 특정 기업의 장기적인 가치 분석보다는 '트레이딩' 및 '시장 조성'에 있다. 그들의 자금은 수많은 종목과 자산에 걸쳐 복잡하고 빠른 속도로 움직인다.

시장을 뒤흔든 호랑이
– 타이거 글로벌 Tiger Global

타이거 글로벌Tiger Global Management은 줄리안 로버트슨의 전설적인 타이거 매니지먼트 출신인 체이스 콜먼Chase Coleman이 설립한 투자 회사이다. 이들은 전 세계 기술 및 인터넷 분야에 집중 투자하는 것으로 명성을 쌓았다. 타이거 글로벌의 독특한 점은 비상장 기업 투자와 상장 주식 투자를 모두 활발하게 병행한다는 것이다.

유망한 기술 기업을 비상장 단계에서 발굴하여 대규모 자금을 투자하고, 이 기업들이 상장한 후에도 주식 시장에서 계속 투자하거나 거래하는 이중 시장 전략을 구사한다. 에어비앤비Airbnb, 서비스나우ServiceNow, 클라우드플레어Cloudflare, 메이투안Meituan 등이 대표적인 성공 사례다. 인공지능, 소프트웨어 서비스, 핀테크, 전자상거래 등 빠르게 성장하는 기술 분야에서 글로벌 리더가 될 잠재력을 가진 기업들을 주로 찾으며 의사결정이 빠르고 확신이 선 기업에는 대규모 자금을 집중 투입하는 것으로 알려져 있다.

타이거 글로벌은 비상장 및 상장 시장을 넘나들며 기술 기업의 성장 트렌드에 올라타는 전략을 추구한다. 그들의 핵심 정체성은 특정 기업의 장기적 가치 분석보다는 빠른 성장과 기술 혁신에 베팅하는 것에 있다. 비상장 투자 유치, 상장 주식 매수/매도 등 다양한 형태로 자금이 빠르게 순환하며, 기업의 성장 단계 전반에 걸친 종합적 투자 접근을 추구한다.

CHAPTER 4

퀀트 &
헤지펀드

49 | 브리지워터 어소시에이츠와 프록터 앤 갬블

50 | 서드 포인트와 델 테크놀로지스

51 | 포인트72와 팔로알토 네트웍스

52 | 엘리엇 매니지먼트와 현대자동차 그룹

브리지워터 어소시에이츠
Bridgewater Associates 와
프록터 앤 갬블 Procter & Gamble, PG

거시 경제 흐름을 읽는 거인, 안정적 자산으로 균형을 추구하다

브리지워터 어소시에이츠는 레이 달리오 Ray Dalio가 1975년 설립한 세계에서 가장 큰 규모의 헤지펀드이다. 브리지워터의 핵심 정체성은 수학적 모델과 데이터 분석을 통해 거시 경제의 작동 방식을 이해하고, 이에 기반하여 전 세계 다양한 자산에 자금을 배분하는 '거시 투자'에 있다. 인간적인 직관이나 감정에 의존하기보다 '원칙'이라는 이름의 명확한 알고리즘과 시스템에 따라 투자 결정을 내리는 것으로 유명하다. 레이 달리오가 고안한 '경제 작동 원리 Economic Machine'와 '부채 사이클' 분석 틀은 시장을 이해하는 브리지워터의 근간이다. 어떤 경제 환경에서도 안정적인 수익을 추구하는 '올 웨더 포트폴리오 All Weather Portfolio'는 브리지워터의 대표적인 자산 배분 철학을 보여준다.

브리지워터 어소시에이츠의 투자 철학은 '거시 경제 환경 변화를 예측하고, 어떤 환경이 오더라도 포트폴리오가 견딜 수 있도록 다양한 자산 클래스에 위험을 분산시키는 체계적인 자산 배분 전략'에 집중한다. 그들은 시장을 이기려 하기보다 미래를 예측하기 어렵다는 겸손함 아래 위험 관리와 분산 투자를 통해 꾸준한 수익을 추구한다.

브리지워터 어소시에이츠의 투자 철학

- **거시 경제 분석 및 모델링** - 경제가 어떻게 작동하고 금리, 인플레이션, 부채 등이 자산 가격에 어떻게 영향을 미치는지를 데이터와 알고리즘으로 분석한다. 인플레이션, 디플레이션, 성장, 침체 등 다양한 경제 환경을 정의하고 예측 모델을 개발한다.

- **자산 배분 및 위험 분산**올 웨더 포트폴리오 - 어떤 거시 환경이 도래하든 안정적인 성과를 내기 위해 주식, 채권, 원자재, 금 등 다양한 자산 클래스를 조합하여 포트폴리오를 구성한다. 각 자산이 특정 경제 환경에서 어떻게 반응하는지를 분석하여 위험 기여도에 따라 자산을 배분한다.

- **체계적 운용** - 투자 아이디어 도출부터 분석, 실행, 위험 관리까지 모든 과정이 알고리즘과 시스템에 의해 자동화되고 체계적으로 운용된다.

● **글로벌 시각** - 특정 국가나 지역에 국한되지 않고 전 세계 다양한 자산 시장에서 기회를 찾고 자산을 배분한다.

프록터 앤 갬블, 필수 소비재의 대표주

프록터 앤 갬블은 세제타이드, 기저귀팸퍼스, 면도기질레트, 치약크레스트 등 다양한 생활 필수품 및 개인 위생 용품 브랜드를 가진 세계 최대 필수 소비재 기업이다. 오랜 역사와 함께 강력한 브랜드를 다수 보유하고 있으며 전 세계 수많은 국가에서 사업을 운영한다. 경기가 좋든 나쁘든 소비자들이 꾸준히 구매해야 하는 '필수재'를 판매하므로 경기 변동에 상대적으로 덜 민감한 방어적 특성을 가진다. 꾸준하고 예측 가능한 수익성과 현금 흐름을 바탕으로 오랜 기간 배당금을 지급하고 늘려온 '배당 귀족'이기도 하다.

브리지워터 어소시에이츠의 포트폴리오13F 공시를 보면 브리지워터는 수많은 개별 주식과 ETF를 보유하고 있으며 그중에는 프록터 앤 갬블과 같은 필수 소비재 기업들이 상당 비중 포함된다. 브리지워터가 프록터 앤 갬블에 투자한 것은 PG의 마케팅 전략이나 신제품 출시 계획을 개별적으로 분석한 결과가 아니다. 그 주된 이유는 브리지워터의 '올 웨더' 자산 배분 전략 내에서 필수 소비재 섹터PG로 대표되는가 특정 거시 환경에서 수행하는 역할 때문이었다.

브리지워터- 예측과 분산의 헤지펀드

브리지워터의 핵심 전략은 두 가지로 대표된다. 첫째, 퓨어 알파(Pure Alpha) 전략은 거시 경제 지표 분석을 통해 각국 통화, 채권, 주식, 상품 등 다양한 자산 시장의 방향을 예측하고 적극적으로 베팅하는 글로벌 매크로 투자 방식이다. 둘째, 올 웨더 포트폴리오(All Weather Portfolio) 전략은 미래를 예측하기 어렵다는 전제하에 주식, 채권, 상품, 금 등 다양한 자산 클래스에 위험을 분산시켜 어떤 경제 환경(성장, 침체, 인플레이션, 디플레이션)이 오더라도 안정적인 수익을 추구하는 자산 배분 방식이다. 특히 올 웨더 포트폴리오는 안정성 덕분에 개인 투자자들 사이에서도 인기가 많아졌다.

브리지워터의 명성이 전설이 된 결정적인 순간은 2008년 글로벌 금융 위기 때였다. 일반 헤지펀드가 평균 19% 손실을 기록하며 막대한 타격을 입었을 때, 브리지워터의 플래그십 펀드인 퓨어 알파는 오히려 9.5%의 수익을 올리며 빛났다. 이러한 성공은 레이 달리오가 사전에 부채 사이클의 붕괴 가능성을 정확히 예측하고, 이에 맞춰 자산을 배분하고 포지션을 취했기 때문에 가능했다. 브리지워터는 위기 예측력과 위험 관리 능력을 증명하며 금융계에서 독보적인 위상을 확보했다.

왜 프록터 앤 갬블이었나? 브리지워터의 투자 논리

브리지워터 어소시에이츠가 프록터 앤 갬블PG을 대표적인 투자 종목으로 삼은 배경에는 브리지워터의 '거시 경제 환경 변화에 대비한 위험 분산' 전략이 있었다. PG는 그 전략 내에서 특정 역할을 수행하는 자산 유형을 대표했다.

- **올 웨더 포트폴리오 전략의 일환** - 브리지워터의 '올 웨더 포트폴리오'는 어떤 경제 환경성장, 침체, 인플레이션, 디플레이션이 오더라도 안정적인 성과를 내는 것을 목표로 한다. 필수 소비재 기업 PG로 대표되는은 경제 침체기나 불확실성이 클 때 상대적으로 실직 방어력이 뛰어난 자산 유형이다. 브리지워터는 PG와 같은 필수 소비재 기업에 투자함으로써 포트폴리오가 경제 침체라는 특정 거시 환경에 대한 방어력을 갖추도록 했다. PG는 올 웨더 포트폴리오의 '경기 침체 대비' 구성 요소 중 하나였다.

- **안정적인 현금 흐름과 배당** - PG는 꾸준하고 예측 가능한 현금 흐름을 창출하며 안정적인 배당금을 지급한다. 이러한 안정성은 전체 포트폴리오의 현금 흐름을 개선하고 불확실한 시기에 포트폴리오의 변동성을 낮추는 데 기여한다. PG는 브리지워터의 광범위한 포트폴리오 내에서 안정성과 현금 흐름 제공이라는 역할을 수행했다.

- **체계적인 모델 기반 선정** - 브리지워터의 투자 결정은 데이터와 알고리즘에 기반한 체계적인 모델에 의해 내려진다. 프록터 앤 갬블은 그 사업 특성필수 소비재과 재무 데이터안정적인 실적가 브리지워터의 모델이 특정 거시 환경에서 '매수' 또는 '보유' 신호로 인식하는 조건에 부합했을 가능성이 높다. PG는 모델이 포착한 거시적 신호에 따라 포트폴리오에 편입된 '결과물'이었다.

- **글로벌 소비자 시장 노출** - PG는 전 세계에서 사업을 운영하며 다양한 국가의 소비자들에게 제품을 판매한다. 브리지워터가

글로벌 거시 경제를 분석하고 자산을 배분하는 만큼 PG 투자는 전 세계 소비자 시장이라는 중요한 경제 섹터에 대한 노출을 확보하는 수단이 되었다.

- **대형 우량주의 유동성** - 브리지워터처럼 막대한 자금을 운용하는 기관은 유동성이 풍부한 대형 우량주를 선호한다. PG는 시가총액이 크고 거래량이 많아 대규모 자금 운용에 적합한 자산이다.

이런 투자 관점에서 보면 프록터 앤 갬블은 브리지워터 어소시에이츠가 '거시 경제 환경 변화에 대비하여 위험을 분산시키고 안정성을 확보하려는 자산 배분 전략'을 구현하는 '단 하나의 기업'이 되었다. PG 투자는 브리지워터의 올 웨더 포트폴리오에서 필수 소비재 섹터가 수행하는 역할을 상징한다.

 프록터 앤 갬블 투자를 통해 배우는 브리지워터의 교훈

거시 투자의 정수를 들여다보면 브리지워터에게 프록터 앤 갬블은 그들이 추구하는 '올 웨더' 전략, 즉 어떤 거시 환경에도 견딜 수 있는 포트폴리오를 구축하는 방식이 담긴 '단 하나의 기업'이다.

1. **균형적 포트폴리오 구축** - 미래를 예측하기 어렵다는 겸손함 아래, 어떤 경제 환경에서도 견딜 수 있는 포트폴리오를 구축하

는 것이 중요하다. 브리지워터는 P&G와 같은 안정적 기업을 포함한 '전천후' 자산 배분 전략을 통해 다양한 경제 시나리오에 대비한다. 불확실한 세상에서는 모든 환경에 대비한 균형적 자산 배분이 핵심이다.

2. **자산 반응 패턴 이해** - 다양한 자산 클래스주식, 채권, 상품 등와 그 속에서도 특정 섹터필수 소비재가 거시 환경 변화에 어떻게 반응하는지 이해하고 이를 자산 배분에 활용해야 한다. 브리지워터는 P&G와 같은 필수 소비재 기업이 인플레이션, 디플레이션, 경기 확장과 수축 등 다양한 경제 환경에서 어떻게 반응하는지 분석하여 전략적 배분을 결정한다.

3. **방어적 자산의 역할** - 필수 소비재와 같은 방어적 자산은 포트폴리오의 변동성을 낮추고 경제 침체기에 방어력을 제공하는 중요한 역할을 할 수 있다. P&G는 경기 사이클과 관계없이 소비자들이 계속해서 구매하는 생필품을 생산하기 때문에 경기 침체기에도 상대적으로 안정적인 수익을 유지한다. 이러한 경기 방어주는 전체 포트폴리오의 안정성에 기여한다.

4. **체계적 투자 시스템** - 투자 결정 과정을 데이터와 알고리즘에 기반한 체계적인 시스템으로 구축하면 인간적인 편향을 줄이고 일관적인 전략 실행이 가능하다. 브리지워터는 P&G와 같은 기업에 대한 투자를 감정이 아닌 데이터 기반의 알고리즘적 접근 방식으로 결정한다. 체계적 접근법은 감정이 아닌 데이터에 기반한 투자를 가능하게 한다.

5. 대형 우량주의 유동성 가치 - 대규모 자금을 운용하는 기관은 유동성이 풍부하고 안정적인 대형 우량주를 선호하며 이러한 기업들은 자산 배분 전략 실행에 적합한 도구가 된다. P&G와 같은 대형 블루칩 기업은 브리지워터와 같은 대형 헤지펀드가 큰 포지션을 취하고 조정하기에 충분한 유동성을 제공한다. 대형주의 유동성은 대규모 자금 운용의 필수 요소다.

 브리지워터 스타일의 현대 글로벌 포트폴리오

브리지워터 어소시에이츠의 투자 철학과 접근 방식을 현대 시장에 적용한다면 다음과 같은 포트폴리오 구성을 고려할 수 있다.

● **거시 경제 변화에 대비한 위험 분산형 우량 자산 (40%)**
  - Procter & Gamble^{PG} - 필수 소비재 섹터를 대표하는 글로벌 브랜드, 경제 침체 방어 자산
  - SPDR Gold Trust^{GLD} - 인플레이션 헷지 및 안전자산 역할을 하는 금 ETF
  - Vanguard Total Bond Market ETF^{BND} - 다양한 미국 채권에 분산 투자하는 안전성 중심 자산

● **성장 환경을 위한 자산 (30%)**
  - SPDR S&P 500 ETF Trust^{SPY} - 미국 대형주 전반에 분산 투자하여 성장에 참여

- Alibaba Group^{BABA} - 신흥 시장 성장과 디지털 경제 확장에 노출
- iShares MSCI Emerging Markets ETF^{EEM} - 신흥 시장 전반에 투자하여 글로벌 성장에 대응

● **인플레이션 대비 자산 (30%)**

- iShares TIPS Bond ETF^{TIP} - 인플레이션 연동 채권을 통한 구매력 보전 수단
- Invesco DB Commodity Index Tracking Fund^{DBC} - 원자재 가격 상승에 따른 수익을 추구하는 ETF
- iShares Global Infrastructure ETF^{IGF} - 글로벌 인프라 기업에 투자하여 안정적인 수익 추구

브리지워터 어소시에이츠의 투자 접근법은 "브리지워터 어소시에이츠는 거시 경제 환경 변화에 대비하여, 체계적이고 분산된 글로벌 자산 배분 전략을 통해 어떤 상황에서도 균형 잡힌 수익을 추구한다"로 요약할 수 있다.

서드 포인트 Third Point 와
델 테크놀로지스 Dell Technologies, DELL

**이벤트 중심 행동주의로
기업 변화를 이끌어내는 가치 창출자**

서드 포인트는 다니엘 롭Daniel Loeb이 1995년 설립한 이벤트 중심 Event-Driven 투자와 행동주의 전략을 결합하는 유명 헤지펀드이다. 저평가된 기업을 발굴하는 가치 투자와 기업 분할, 합병, 구조조정 등 기업 이벤트에서 발생하는 기회를 포착하는 이벤트 중심 투자 그리고 기업 경영에 적극적으로 개입하여 가치를 제고하는 행동주의를 결합한다. 다니엘 롭은 때때로 타겟 기업 경영진에게 보내는 공개 서한을 통해 신랄하게 비판하는 것으로도 알려져 있으며 이는 언론의 주목을 받고 다른 주주들의 지지를 얻어내는 전술로 활용된다. 롱숏Long-Short 매수 - 공매도 전략을 포함한 다양한 투자 기법을 사용하며 전 세계 시장에서 활동한다.

서드 포인트의 투자 철학은 '엄격한 근본적 분석을 통해 자산의 내재가치와 시장 가격 간의 괴리를 포착하고, 기업의 주요 이벤트를 활용하거나 행동주의를 통해 이 괴리를 해소하며 이익을 얻는 것'에 집중한다. 그들은 이벤트 중심 투자와 행동주의를 가치 실현의 기회로 활용한다.

서드 포인트의 투자 철학

- **이벤트 중심 투자** - 기업 분사Spin-off, 합병M&A, 구조조정, 자산 매각 등 기업에 중대한 변화가 발생하거나 예상될 때 투자 기회를 찾는다. 이러한 이벤트가 자산 가치를 재평가하거나 시장의 비효율성을 야기한다고 본다.
- **가치 분석** - 이벤트와 결합될 때 가치가 제대로 평가받을 수 있는 기업을 발굴하기 위해 재무 상태, 사업 모델 등을 분석한다.
- **행동주의 전략** - 투자 대상 기업 경영진이나 이사회에 변화를 요구하고 필요시 이사회 진입, 공개 서한, 의결권 확보 경쟁 등 수단을 사용하여 기업이 주주 가치를 높이는 방향으로 의사결정을 내리도록 압력을 가한다. 이는 이벤트 발생 가능성을 높이거나 가치 실현을 가속화한다.
- **다양한 투자 기법** - 저평가된 자산을 매수하고 고평가된 자산을 공매도하는 롱숏 전략을 포함한 다양한 투자 기법을 사용하며 이벤트와 관련된 복잡한 법률, 재무, 산업적 측면을 깊이 있게 분석한다.

델 테크놀로지스, 복잡한 구조의 기술 거인

델 테크놀로지스DELL는 개인용 컴퓨터PC, 서버, 스토리지, 네트워크 장비 등 다양한 하드웨어와 IT 서비스를 제공하는 대형 기술 기업이다. 마이클 델Michael Dell이 창업한 후 공개 기업으로 성장했다가 2013년 마이클 델과 사모 펀드가 함께 비공개 기업으로 전환하는 독특한 역사를 가졌다. 이후 2018년에는 관계사였던 VMware의 주가에 연동되는 주식을 활용하여 다시 공개 기업으로 재상장하는 복잡한 과정을 거쳤다.

델 테크놀로지스는 상장 후에도 VMware 지분 상당 부분을 보유하고 있었으며 이 지분의 가치와 향방이 시장의 큰 관심사였다. 이러한 복잡한 기업 구조와 자산 구성은 이벤트 중심 및 행동주의 투자자들에게는 분석의 도전이자 기회가 되었다.

서드 포인트- 기업 해체부터 전략 변화까지

서드 포인트는 이벤트 중심 투자와 때로는 공격적인 행동주의 전략을 결합하는 헤지펀드이다. 설립자 다니엘 롭은 기업 경영진에 대한 신랄한 비판도 마다하지 않는 것으로 유명하다.

서드 포인트의 행동주의는 기업의 근본적인 구조와 전략을 바꾸는 데 초점을 맞춘다. 가장 대표적인 사례 중 하나는 2011~2012년의 야후(Yahoo!) 사건이다. 서드 포인트는 야후 지분을 매입하고, CEO의 이력 위조 문제를 폭로하며 이사회에 직접 진입했다. 그들은 야후의 핵심 자산(알리바바 지분 등) 매각과 사업 부문 정리를 요구하며, 결국 야후를 분할하고 다른 회사에 매각하는 과정을 이끌어냈다. 이는 행동주의 펀드가 기업의 '해체'를 주도한 상징적인 사례로 기록된다.

최근에는 전통적인 대기업에도 과감히 도전했다. 2020년대 초, 디즈니 지분을 확보하고 스트리밍 전략 개선 및 ESPN 분사 검토 등을 공개 요구하며 디즈니의 전략 재편에 영향을 주었다. 2020년 코로나 팬데믹 직후에는 소프트뱅크 지분을 매입하여 더 많은 주주환원(자사주 매입)을 요구했고, 손정의 회장이 이를 일부 수용하는 결과를 이끌어냈다. 이는 서드 포인트가 미디어 공룡부터 일본 최대 테크 대기업까지, 산업과 지역을 가리지 않고 영향력을 행사함을 보여주었다.

이러한 사례들은 서드 포인트가 기업의 주요 이벤트(지배구조 문제, 구조조정 등)를 포착하고, 때로는 공개적인 비판과 함께 이사회 진입 등 공격적인 행동주의 전술을 사용하여 기업의 전략적 방향과 구조를 강제로 변화시키는 스타일을 보여준다. 서드 포인트는 기업의 '체질'을 바꾸는 데 집중한다.

결론적으로 서드 포인트는 이벤트 기회를 포착하고 과감한 행동주의를 통해 기업의 구조와 전략을 재편하는 헤지펀드이다. 야후 해체부터 디즈니, 소프트뱅크 전략 변화까지, 그들의 활동은 행동주의의 파급력을 보여준다.

서드 포인트는 왜 델 테크놀로지스를 선택했는가?

서드 포인트가 델 테크놀로지스DELL를 대표적인 투자 종목으로 삼은 배경에는 델의 '복잡한 기업 구조', 'VMware 지분' 그리고 '분사 가능성'이라는 이벤트에 대한 서드 포인트의 통찰력이 있었다. 서드 포인트는 델이 가진 기업 가치가 시장에서 제대로 평가받지 못하고 있다고 판단했으며 델은 서드 포인트의 '복잡성 속 가치 + 이벤트 활용' 투자 기준에 부합하는 기업이었다.

- **복잡한 구조 속 '합산 가치**SOTP**' 기회** - 델은 PC, 서버, 스토리지 사업 외에 가치가 높은 VMware 지분을 보유하고 있었다. 서드 포인트는 델의 개별 사업 부문들과 보유 지분VMware의 가치를 합산SOTP 분석했을 때 델 테크놀로지스 주식의 시장 가격보다 훨씬 높다고 판단했을 수 있다. 비상장화, 재상장 등 복잡한 과정을 거치면서 시장이 델의 진정한 가치를 제대로 평가하지 못하는 비효율성이 발생했다고 보았다.

- **VMware 분사라는 핵심 이벤트** - 서드 포인트는 델이 보유한 VMware 지분을 분사하여 델 주주들에게 직접 배분해야 한다고 강력하게 주장했다. 그들은 VMware가 델의 복잡한 구조 안에 묶여 있기 때문에 가치를 제대로 인정받지 못하며, 분사할 경우 VMware 자체의 가치와 남은 델 사업 부문의 가치 합이 현재 델 주가보다 훨씬 높아질 것이라고 분석했다. VMware 분사는 서드 포인트가 가장 중요하게 본 '가치 실현 촉매'이자 '이벤트'였다.

- **행동주의를 통한 이벤트 실현 압박** - 서드 포인트는 델 지분을 확보한 후 공개 서한을 통해 델 경영진에게 VMware 분사를 포함한 기업 구조 개편을 강하게 요구했다. 그들은 델 경영진이 주주 가치 극대화에 나서지 않는다고 비판하며 행동주의적인 압박을 가했다. 이는 서드 포인트가 이벤트 발생 가능성을 높이기 위해 행동주의를 활용하는 방식을 보여준다.

- **기술 산업 내 이벤트 활용** - 델은 PC, 서버 등 하드웨어 중심의 기술 기업이지만 클라우드와 소프트웨어 분야의 VMware 지

분을 통해 다른 성장 동력도 가지고 있었다. 서드 포인트는 이러한 기술 산업 내에서의 기업 구조 개편이라는 이벤트를 통해 가치를 찾았다.

- **가치 분석과 이벤트의 결합** - 서드 포인트는 단순히 저평가된 자산을 찾는 가치 분석에 그치지 않았다. 분석을 통해 발견한 가치 괴리가 VMware 분사와 같은 구체적인 '이벤트'를 통해 해소될 가능성이 높다고 판단했을 때 투자했다. 가치 분석과 이벤트 분석을 결합하는 것이 서드 포인트의 핵심 역량이다.

결과적으로 델 테크놀로지스는 서드 포인트가 '복잡한 기업 구조와 주요 자산을 둘러싼 이벤트VMware 분사 속에서 저평가를 찾아내고, 행동주의를 통해 가치 실현을 이끌어내는' 투자 철학이 구현된 '단 하나의 기업'이 되었다. 델 투자는 서드 포인트의 이벤트 중심 행동주의를 상징한다. 델은 2021년 VMWare 분사를 완료했으며 이 결정에는 서드 포인트 등 행동주의 투자자들의 영향이 있었다는 평가가 많다.

 **델 테크놀로지스 투자를 통해 배우는 서드 포인트의 교훈**

행동주의 투자의 핵심을 살펴보면 서드 포인트에게 델 테크놀로지스는 그들이 추구하는 '이벤트 중심 행동주의' 철학이 담긴 투자 기업이다.

1. **기업 이벤트의 중요성** - 기업 분사, 합병, 구조조정 등 주요 '기업 이벤트'는 자산 가치를 재평가하고 주가에 큰 영향을 미칠 수 있으며 투자 기회가 될 수 있다. 서드 포인트는 델의 VMware 분사와 같은 주요 이벤트를 통해 기업의 잠재 가치가 현실화되는 과정에 투자했다. 주요 이벤트는 기업의 잠재 가치를 현실화하는 촉매제 역할을 한다.

2. **복잡한 기업 구조의 기회** - 복잡한 기업 구조는 분석을 어렵게 만들어 시장의 비효율성과 저평가를 야기할 수 있지만 철저한 분석 능력이 있는 투자자에게는 기회를 제공한다. 서드 포인트는 델의 복잡한 자본 구조와 지분 관계를 분석하여 시장이 간과한 가치를 발견했다. 복잡한 구조는 숨겨진 가치의 원천이자 투자 기회가 된다.

3. **개별 가치 합계 분석의 유용성** - 복합 기업이나 특정 자산을 보유한 기업의 각 부분을 따로 평가한 후 합계를 구하는 분석은 내재가치를 평가하는 데 유용하며 시장 가격과의 괴리에서 투자 아이디어를 얻을 수 있다. 서드 포인트는 델의 각 사업 부문과 VMware 지분을 개별적으로 가치 평가하여 전체 기업 가치가 시장 가격보다 높다고 판단했다. 부분의 합이 전체보다 클 때 가치 기회가 발생한다.

4. **행동주의의 촉매 역할** - 행동주의는 원하는 기업 이벤트를 발생시키거나 가치 실현을 가속화하는 '촉매' 역할을 할 수 있다. 서드 포인트는 적극적인 주주 활동을 통해 델이 VMware 분사와 같은 가치 창출 행동을 취하도록 영향력을 행사했다. 적

극적 주주 활동은 가치 실현의 속도와 확률을 높인다.

5. **공격적 소통의 효과** - 공개 서한 등 공격적인 소통 방식은 다른 주주들의 지지를 얻고 기업에 압력을 가하는 효과적인 수단이 될 수 있다. 서드 포인트는 델 경영진에 대한 공개적 비판과 주주들에게 보내는 메시지를 통해 변화의 필요성을 강조했다. 때로는 공격적 방식이 변화를 이끌어내는 효과적인 도구가 된다.

 **서드 포인트 스타일의 현대 글로벌 포트폴리오**

서드 포인트의 투자 철학과 접근 방식을 현대 시장에 적용한다면 다음과 같은 포트폴리오 구성을 고려할 수 있다.

- ● **기업 이벤트와 구조 개선을 통한 가치 실현 가능성이 높은 기업 (40%)**
  - Dell Technologies^{DELL} - VMware 분사 등 복잡한 자산 구조 해소를 통한 가치 재평가 기대
  - Disney^{DIS} - 콘텐츠·미디어 구조 개편과 스트리밍 사업 개선을 위한 행동주의 제안
  - Intel^{INTC} - 파운드리 사업 분사 및 자산 구조 최적화를 통한 기업 가치 상승 가능성
- ● **에너지 및 산업재 개혁 대상 (30%)**
  - Dow Inc.^{DOW} - 화학 사업 포트폴리오 최적화 및 지속가능성 전환 촉구

- Exxon Mobil^{XOM} - 탄소 배출 저감 전략 및 에너지 전환 프로세스 가속화
- Southwest Airlines^{LUV} - 비용 구조 개선 및 항공 네트워크 최적화 기회

● **금융 및 소비재 구조 개편 타겟 (30%)**

- JPMorgan Chase^{JPM} - 소매금융과 투자은행 부문 분리를 통한 가치 제고 가능성
- Colgate-Palmolive^{CL} - 브랜드 포트폴리오 재정비 및 비핵심 사업 매각 기회
- Constellation Brands^{STZ} - 주류 브랜드 포트폴리오 최적화 및 캐나다 대마초 사업 분사 검토

서드 포인트의 현대적 포트폴리오 접근법은 "서드 포인트는 복잡한 기업 구조 속 숨겨진 가치를 철저히 분석하고, 이벤트와 행동주의를 결합해 기업 변화를 유도함으로써 가치를 실현하는 데 집중한다"로 요약할 수 있다.

포인트72 Point72 와
팔로알토 네트웍스 Palo Alto Networks, PANW

★ ★ ★ ★ ★
★ ★ ★ ★ ★

**팀 기반 심층 리서치로
보안 산업의 미래를 발굴하다**

포인트72는 스티브 코헨Steve Cohen이 설립한 세계적인 다중 전략 헤지펀드이다. 과거 SAC 캐피털의 후신으로 정교한 리서치, 최첨단 기술 그리고 전문 분야별 투자 팀을 통해 다양한 시장에서 수익 기회를 포착하는 것으로 유명하다. 포인트72의 핵심 운용 방식은 거시 경제 분석, 이벤트 중심 투자 그리고 광범위한 '재량적 롱숏 주식 투자' 등 여러 독립적인 전략을 동시에 운용하는 것이다. 특히 기술, 헬스케어, 소비재 등 특정 산업에 특화된 리서치 팀이 심층적인 기업 분석을 수행하고 투자 결정을 내리는 팀 기반 접근 방식을 중요하게 여긴다. 이러한 분석에는 퀀트 분석 기법과 데이터 과학 도구도 폭넓게 활용된다.

　포인트72의 투자 철학은 '다양한 자산 시장과 전략 팀을 활용하여 시장 비효율성을 포착하고, 깊이 있는 산업 및 기업 분석을 통해 알파Alpha, 시장 초과 수익를 꾸준히 창출하는 것'에 집중한다. 그들은 리서치 우위와 기술력을 통해 시장을 앞서가려 한다.

투자 철학

- **다중 전략** - 주식 롱숏, 퀀트 전략 등 여러 독립적인 투자 전략을 동시에 운용하여 포트폴리오 수익원을 다각화하고 특정 시장 위험에 대한 노출을 조절한다.
- **팀 기반 리서치 및 재량적 투자** - 산업 및 섹터별 전문성을 가진 수많은 투자 팀이 자체 리서치와 판단으로 투자 결정을 내린다.
- **퀀트 및 데이터 과학 활용** - 재량적 투자 팀의 분석 역량을 강화한다.
- **리스크 관리** - 정교한 중앙 집중식 리스크 관리 시스템을 운영한다.
- **인재 육성** - 최고의 투자 인재를 발굴하고 육성하는 데 막대한 자원을 투자한다.

팔로알토 네트웍스, 사이버 보안의 선두주자

팔로알토 네트웍스PANW는 기업 및 조직의 네트워크, 클라우드 환경 그리고 운영 시스템을 사이버 위협으로부터 보호하는 사이버 보안 솔루션을 제공하는 기업이다. 차세대 방화벽으로 시작하여 클라우드 보안, 보안 운영 자동화 등으로 사업 영역을 확장하며 포괄적인 보안 플랫폼 전략을 추구하고 있다. 사이버 위협의 증가, 클라우드 전환 가속화 등 디지털화가 심화되면서 사이버 보안의 중요성이 그 어느 때보다 커지고 있으며 팔로알토 네트웍스는 빠르게 성장하는 시장에서 기술력과 시장 점유율을 바탕으로 선두적인 위치를 차지하고 있다.

스티브 코헨- 월가와 미술계의 거물

스티브 코헨은 포인트72를 통해 금융 시장에서 막대한 영향력을 행사하는 거물일 뿐만 아니라, 글로벌 미술계에서도 손꼽히는 '컬렉터'로 명성이 높다. 그의 미술품 컬렉션은 그 규모와 가치 면에서 세계 최고 수준이다.
그의 개인 컬렉션은 약 10억~20억 달러 상당에 달하는 것으로 알려져 있으며, '코헨 컬렉션(Cohen Collection)'이라 불리기도 한다. 그의 집과 별장에는 미술관 전시회에서나 볼 법한 고가의 작품들이 가득하며 일부 작품은 주요 미술관에 대여될 정도로 가치를 인정받는다.
코헨 컬렉션에는 파블로 피카소, 장 미셸 바스키아, 앤디 워홀 등 현대 미술, 스트리트 아트, 팝아트를 아우르는 전방위적인 수집이 돋보인다. 가장 유명한 소장품으로는 데이미언 허스트의 상어 설치 작품(약 1,200만 달러)과 2013년 매입한 피카소의 걸작 「Le Rêve (꿈)」(약 1억 5천 5백만 달러)이 있다.

스티브 코헨은 단순히 예술을 좋아하는 것을 넘어, 미술품을 '대체 투자 자산'으로도 활용한다. 그는 작품의 예술적 가치와 함께 가격 상승 가능성, 시장 희소성 등을 철저히 계산하며 투자 관점으로 미술품을 구매한다. 그의 막대한 구매력은 미술 시장의 특정 작가나 작품의 가격을 움직이기도 하며 MoMA 등 주요 미술관에 작품을 대여하거나 기부하며 미술계 영향력을 키웠다.

포인트72는 왜 팔로알토 네트웍스를 선택했는가?

포인트72가 팔로알토 네트웍스PANW를 대표적인 투자 종목으로 삼은 배경에는 포인트72의 기술 섹터 전문 팀이 수행한 심층 리서치 결과, 팔로알토 네트웍스가 가진 '성장하는 핵심 산업에서의 리더십'에 대한 확신이 있었다.

- **성장하는 핵심 기술 섹터 투자** - 포인트72의 기술 섹터 팀은 사이버 보안이 디지털화라는 거대한 흐름 속에서 지속적으로 성장할 수밖에 없는 필수 산업이라고 판단했으며 팔로알토 네트웍스는 이러한 성장하는 핵심 산업에서 활동하는 기업이었다.
- **섹터 내 리더십과 플랫폼 전략** - 팔로알토 네트웍스는 차세대 방화벽 시장을 개척하고 종합적인 보안 플랫폼 전략으로 나아가며 해당 섹터에서 확고한 리더십을 구축했다. 포인트72의 애널리스트들은 팔로알토 네트웍스의 기술 경쟁력, 제품 포트

폴리오, 시장 점유율 등을 분석하여 이 기업이 사이버 보안 시장 성장의 가장 큰 수혜자가 될 것이라고 판단했을 것이다.

- **심층 리서치 기반 투자** - 포인트72의 기술 팀은 팔로알토 네트웍스의 재무 상태, 경영진 능력, 경쟁 환경 등을 깊이 있게 분석했으며 단순한 뉴스나 유행이 아닌 철저한 근본적 분석을 통해 기업의 내재 가치와 성장 잠재력을 평가하고 투자 결정을 내렸다.

- **퀀트 도구의 보완** - 기술 팀은 자체적인 근본적 분석 외에도 퀀트 도구를 활용하여 팔로알토 네트웍스 주식과 관련된 통계적 신호나 시장 패턴을 분석했을 수 있으며 퀀트 분석이 인간 분석가의 판단을 보완하는 형태로 활용되었다.

- **알파 창출 잠재력** - 포인트72는 시장 평균을 넘어서는 알파 수익을 추구한다. 팔로알토 네트웍스와 같이 빠르게 성장하는 핵심 산업의 리더 기업은 성공적인 투자 시 높은 수익률을 안겨줄 잠재력이 있다. 포인트72는 팔로알토 네트웍스 투자를 통해 팀의 분석 능력이 알파로 이어질 기회를 보았다.

결과적으로 팔로알토 네트웍스는 포인트72가 '기술 섹터 전문 팀의 심층 리서치와 퀀트 분석을 결합하여 성장하는 핵심 산업의 리더 기업을 발굴하고 투자하는' 투자 철학이 구현된 '단 하나의 기업'이 되었다. 팔로알토 네트웍스 투자는 포인트72의 팀 기반 액티브 투자 방식을 상징한다.

팔로알토 네트웍스 투자를 통해 배우는 포인트72의 교훈

헤지펀드 투자의 정수를 들여다보면 포인트72에게 팔로알토 네트웍스는 그들이 추구하는 '리서치 기반 섹터 전문 투자' 철학이 담긴 기업이다.

1. **전문 분야별 팀 구조** - 대형 헤지펀드는 다양한 전문 분야별 투자 팀을 통해 운용된다. 포인트72는 테크놀로지, 사이버 보안 등 각 산업에 특화된 전문가 팀을 구성하여 팔로알토 네트웍스와 같은 기업을 분석했다. 각 팀은 자신이 전문으로 하는 산업 및 기업에 대한 깊은 분석을 수행하여 투자 우위를 확보한다.

2. **근본적 리서치의 중요성** - 심층적인 근본적 리서치는 여전히 액티브 투자의 핵심 경쟁력이다. 포인트72는 팔로알토 네트웍스의 사업 모델, 클라우드 보안 기술력, 기업 네트워크 보안 시장에서의 리더십 등을 철저히 분석하여 투자 결정을 내렸다. 기업의 사업 모델, 기술력, 시장 지위 등을 깊이 분석해야 유망 기업을 발굴할 수 있다.

3. **퀀트 분석의 보완적 역할** - 퀀트 분석 도구는 인간 분석가의 판단을 보완하고 투자 결정의 정확도를 높이는 데 유용하게 활용될 수 있다. 포인트72는 전통적인 펀더멘털 분석과 함께 빅데이터 분석, 인공지능 기반 예측 모델 등을 활용하여 팔로알토 네트웍스에 대한 투자 결정을 최적화했다. 인간의 직관과 기계의 분석력을 결합하는 것이 최적의 결과를 가져온다.

4. **성장 산업 리더의 가치 -** 성장하는 핵심 산업의 리더 기업은 높은 투자 수익률을 안겨줄 잠재력이 크다. 팔로알토 네트웍스는 디지털 전환과 클라우드 도입이 가속화되는 환경에서 필수적인 사이버 보안 산업의 선도 기업으로서 지속적인 성장을 보여주었다. 사이버 보안과 같이 필수적이고 성장하는 산업에 주목해야 한다.

5. **팀 기반 투자 의사결정 -** 팀 기반 접근 방식은 다양한 관점을 활용하고 집단 지성을 통해 더 나은 투자 결정을 내리는 데 기여할 수 있다. 포인트72는 분야별 전문가, 퀀트 애널리스트, 산업 컨설턴트 등 다양한 배경을 가진 인재들의 협업을 통해 팔로알토 네트웍스에 대한 종합적인 분석을 수행했다. 복잡한 시장에서는 다양한 전문가의 관점이 중요하다.

 **포인트72 스타일의 현대 글로벌 포트폴리오**

포인트72의 투자 철학과 접근 방식을 현대 시장에 적용한다면 다음과 같은 포트폴리오 구성을 고려할 수 있다.

● **성장하는 핵심 산업의 리더 기업 (40%)**
- Palo Alto Networks ^{PANW} - 글로벌 사이버 보안 시장의 선두 기업, 플랫폼 전략 확대
- Datadog ^{DDOG} - 클라우드 인프라 모니터링 및 보안 솔루션 리더

- CrowdStrike^{CRWD} - 엔드포인트 보안 분야의 혁신 기업

● **기술 인프라 및 클라우드 (30%)**

- ServiceNow^{NOW} - IT 워크플로우 자동화 플랫폼의 글로벌 리더
- Amazon^{AMZN} - 클라우드^{AWS}와 전자상거래 모두를 선도하는 빅테크 기업
- Microsoft^{MSFT} - 기업용 클라우드 및 AI 리더십을 바탕으로 지속 성장

● **헬스케어 및 소비자 기술 (30%)**

- Eli Lilly^{LLY} - 당뇨 및 비만 치료제 분야의 혁신 제약사
- UnitedHealth Group^{UNH} - 의료 보험 및 데이터 분석 기반 헬스케어 솔루션 제공
- Apple^{AAPL} - 소비자 기술 생태계의 강력한 지배력과 서비스 사업 성장

포인트72의 현대적 포트폴리오 접근법은 "포인트72는 팀 기반 심층 리서치와 퀀트 기술을 결합하여 성장하는 산업의 리더 기업을 발굴하고, 다양한 전략을 통해 지속적으로 알파를 창출한다"로 요약할 수 있다.

엘리엇 매니지먼트 Elliott Management 와
현대자동차그룹 005380.KS

**공격적 행동주의로
한국 재벌 지배구조에 도전하다**

엘리엇 매니지먼트는 폴 싱어 Paul Singer 가 1977년 설립한 세계에서 가장 크고 공격적인 행동주의 헤지펀드 중 하나이다. 부실 채권 투자로 시작하여 기업의 구조조정, M&A, 지배구조 문제 등 기업 이벤트에 적극적으로 개입하여 가치를 제고하는 행동주의 투자로 명성을 쌓았다. 때로는 기업 경영진에 대한 날카로운 비판과 의결권 확보 경쟁 불사를 통해 원하는 변화를 관철시키는 공격적이고 타협 없는 전술을 사용하는 것으로 유명하다. 깊이 있는 법률적, 재무적 분석을 바탕으로 투자 대상을 선정하며 전 세계 다양한 산업과 지역의 기업들을 타겟으로 삼는다. '벌처 펀드 Vulture Fund'라는 비판적인 별명으로 불리기도 하지만 주주 권리 보호와 기업 지배구조 개선에 기여했다는 긍정적인 평가도 동시에 존재한다.

엘리엇 매니지먼트의 투자 철학은 '심층 분석을 통해 저평가되었거나 비효율적인 운영/지배구조 문제를 가진 기업을 발굴하고, 대규모 지분과 공격적인 행동주의 전술을 활용하여 기업 가치를 적극적으로 재편하고 극대화하는 것'에 집중한다. 그들은 '주주의 힘'을 통해 변화를 강제한다.

 **투자 철학**

- **가치 분석** - 기업의 내재가치 대비 주가 괴리를 포착하지만 그 저평가의 원인을 기업의 잘못된 전략, 비효율적인 운영, 복잡하거나 후진적인 지배구조 등 해결 가능한 문제에서 찾는다.
- **공격적인 행동주의 전술** - 대규모 지분 확보를 기본으로 경영진 대상 공개 서한, 이사회 진입 요구, 의결권 확보 경쟁, 소송 제기 등 가능한 모든 합법적인 수단을 사용하여 기업에 강력한 압력을 가하며 타협보다는 관철을 우선시하는 경향이 있다.
- **주주 권리 보호** - 특히 주주에게 불리한 지배구조, 불투명한 의사결정 과정 등에 반대하며 주주 평등 원칙과 이사회 독립성 강화를 요구하는 것을 주요 행동주의 테마로 삼는다.
- **기업 이벤트 개입** - 기업 합병, 분할 등 기업 가치에 큰 영향을 미치는 주요 이벤트 과정에 개입하여 주주에게 유리한 방향으로 결론이 나도록 압력을 행사한다.
- **글로벌 활동** - 전 세계 다양한 국가의 기업들을 대상으로 행동

주의를 실행하며 해당 지역의 지배구조 및 시장 특성에 대한 이해를 보여준다.

현대자동차그룹, 복잡한 재벌의 대표주자

현대자동차그룹은 현대자동차, 기아, 현대모비스, 현대글로비스 등 다수의 상장 및 비상장 계열사를 거느린 한국의 대표적인 대기업 그룹재벌 중 하나이다. 자동차 제조를 넘어 부품, 물류, 철강, 건설 등 다양한 산업을 아우른다. 복잡한 계열사 간 출자 구조로 이루어진 지배구조를 가지고 있으며 총수 일가가 그룹 전체를 지배하는 형태이다.

2018년, 현대자동차그룹은 순환출자 구조를 해소하고 지배력을 강화하기 위한 계열사 간 사업 부문 분할 및 합병 계획주로 현대모비스와 현대글로비스 관련을 발표했다. 이 계획은 주주들에게 설명되었으나, 일부 주주들과 시장 분석가들 사이에서는 합병 비율이 현대모비스 주주들에게 불리하다는 비판이 제기되었다.

 **엘리엇은 왜 현대자동차그룹을 선택했는가?**

엘리엇은 현대모비스 주식을 상당량 보유한 주주로서 현대자동차그룹의 지배구조 개편 계획에 강력하게 반대했다. 엘리엇이 현대자동차그룹을 그의 대표적인 '타겟 기업'으로 삼은 배경에는 현대자동차그룹의 '복잡한 재벌 지배구조'와 '주주에게 불리하다는 의혹을 받은 구조 개편 시도'가 있었다. 이는 엘리엇이 개입하기에 완벽한 '행동주의 기회'였다.

- **복잡한 지배구조 속 '가치 왜곡' 가능성** - 엘리엇은 현대자동차그룹의 복잡한 순환출자 구조와 계열사 간 출자 관계가 그룹 전체의 가치를 시장에서 제대로 평가받지 못하게 하거나 대주주에게 유리하고 소수 주주에게 불리한 의사결정을 가능하게 한다고 보았다. 이러한 복잡성 속에 숨겨진 비효율성이나 가치 왜곡이 행동주의 기회를 제공한다고 판단했다.
- **주주에게 불리한 구조 개편 시도에 대한 반대**^{핵심 충돌} - 엘리엇이 가장 강력하게 반대한 것은 현대자동차그룹이 추진하려 했던 모비스-글로비스 합병 계획이었다. 엘리엇은 합병 비율 산정이 현대모비스 주주들에게 불리하게 되어 현대모비스 주주들의 가치를 다른 계열사나 대주주에게 이전시키는 효과가 있다고 분석했다. 엘리엇은 이러한 명백한 '주주 가치 훼손' 시도를 막고 주주 평등 원칙을 세우려 했다. 이는 대주주의 지배력 강화 시도와 소수 주주 가치 보호라는 한국 재벌 지배구조의 고

질적인 문제에 대한 도전이었다.

- **주주 권리 보호 및 지배구조 개선 요구** - 엘리엇은 합병 계획 철회, 이사회 구성 변경독립적인 이사 선임, 배당 확대 그리고 그룹 전체의 지배구조 투명성 및 주주 친화성 강화를 요구했다. 그들은 한국 재벌 그룹의 지배구조가 글로벌 기준에 미치지 못하며 주주 가치 극대화를 저해한다고 주장하며 개선을 촉구했다.
- **공격적인 의결권 확보 경쟁 및 공개 캠페인** - 엘리엇은 자신들의 요구를 관철시키기 위해 주주총회에서 의결권 확보 경쟁을 벌이고, 언론과 다른 주주들에게 공개 서한과 자료를 배포하며 자신들의 입장을 적극적으로 알렸다. 이는 엘리엇의 공격적이고 타협 없는 행동주의 전술을 보여주었다.
- **글로벌 스탠더드 요구** - 엘리엇은 현대차그룹에게 글로벌 투자자들의 눈높이에 맞는 지배구조 투명성 및 주주 친화적인 정책을 요구하며 한국 대기업 그룹의 지배구조가 글로벌 스탠다드에 부합해야 한다고 주장했다.

결과적으로 엘리엇은 주주총회 표 대결에서 패배하여 합병 계획을 막지는 못했지만 엘리엇의 캠페인은 한국 재벌 그룹의 지배구조 문제와 소수 주주 권리 보호에 대한 사회적, 시장적 인식을 크게 높이는 계기가 되었다. 이후 현대차그룹은 물론 다른 재벌 그룹들도 지배구조 및 주주 환원 정책에 대해 더 많은 관심을 가지게 되었다. 현대자동차그룹은 엘리엇이 한국이라는 특정 지역의 '대규모 복합기업 지배구조'에 대해 공격적인 행동주의를 실행했던 가장 대표적인 사례가 되었던 '단 하나의 기업그룹'이었다.

현대자동차그룹 투자 사례에서 배우는 엘리엇 매니지먼트의 교훈

행동주의 투자의 본질을 들여다보면 엘리엇 매니지먼트에게 현대자동차그룹은 그들이 추구하는 '글로벌 복합 기업 지배구조 개입' 철학이 담긴 투자 기업이다.

- **복잡한 기업 지배구조의 기회** - 복잡한 기업 지배구조, 특히 순환출자 등은 주주 가치 왜곡을 야기하고 행동주의 투자자의 타겟이 될 수 있다. 현대자동차그룹의 복잡한 순환출자 구조는 기업 가치 평가에 혼란을 주고 지배주주에게 유리한 의사결정을 가능하게 했다. 이러한 불투명하고 복잡한 기업 구조는 가치 괴리를 만들어 엘리엇과 같은 행동주의 투자자의 개입 기회를 제공했다.
- **주주 불리한 의사결정의 리스크** - 주주에게 불리한 기업 의사결정예- 합병 비율은 주주 반발을 불러오며 행동주의 투자자는 이를 통해 기업에 개입할 명분을 얻는다. 현대모비스와 글로비스 간 합병 계획에서의 교환비율은 소수주주에게 불리하다는 평가를 받았고, 이는 엘리엇이 개입하는 직접적인 계기가 되었다. 주주 이익에 반하는 결정은 행동주의 개입의 정당성을

강화한다.

- **공개 캠페인의 효과** - 공격적인 공개 캠페인과 의결권 확보 경쟁은 행동주의 투자자가 주주와 여론의 지지를 얻어 기업에 압력을 가하는 강력한 수단이 될 수 있다. 엘리엇은 공개 서한, 언론 활용, 주주총회 안건 제출 등의 방법으로 현대자동차그룹에 압박을 가했다. 이러한 공개적 압박은 기업의 변화를 촉진하는 효과적인 도구로 작용한다.

- **지배구조 투명성의 가치** - 소수 주주 권리 보호와 지배구조 투명성은 글로벌 투자자들이 중요하게 여기는 요소이며 이는 기업 가치에도 영향을 미친다. 엘리엇은 현대자동차그룹의 지배구조 개선과 소수주주 권리 보호를 주요 요구사항으로 제시했으며 이는 글로벌 투자 기준에 부합하는 변화였다. 건전한 지배구조는 기업 가치 제고의 기반이 된다.

- **지역 특성과 행동주의** - 지역 특성에 따라 행동주의의 양상과 성공 가능성이 달라질 수 있다. 한국 재벌 그룹은 서구 기업과 다른 지배구조 특성을 가지며 이는 엘리엇의 행동주의 전략 실행과 성과에 영향을 미쳤다. 문화적, 제도적 차이를 고려한 행동주의 전략 조정이 필요하며 지역 특성을 이해하지 못하면 행동주의 투자의 효과가 제한될 수 있다.

엘리엇 매니지먼트 스타일의 현대 글로벌 포트폴리오

엘리엇 매니지먼트의 투자 철학과 접근 방식을 현대 시장에 적용한다면 다음과 같은 포트폴리오 구성을 고려할 수 있다.

● **지배구조 개선 및 가치 실현 가능성이 높은 대형 복합 기업 (40%)**
- 현대자동차그룹$^{현대차·기아·모비스}$ - 복잡한 순환출자 구조와 주주 권리 이슈를 가진 한국 대표 재벌 그룹
- 삼성전자$^{005930.KS}$ - 기업 지배구조와 자본 배분 전략 개선을 통한 주주 가치 제고 가능성
- SoftBank Group$^{9984.T}$ - 자산 가치와 기업 구조 간 괴리를 노린 투자

● **미국 대형 기술 및 통신 기업 (30%)**
- AT&T^T - 사업 구조 복잡성과 전략적 방향 수정 요구
- Salesforce^{CRM} - 비용 구조 최적화 및 이사회 개선을 통한 주주 가치 제고
- Comcast^{CMCSA} - 미디어 및 통신 복합기업의 구조 최적화 기회

● **글로벌 에너지 및 산업재 (30%)**
- Duke Energy^{DUK} - 에너지 전환 전략과 자산 배분 최적화 기회
- Marathon Petroleum^{MPC} - 사업 부문 분할 및 주주 환원 확대 가능성
- Occidental Petroleum^{OXY} - 자산 포트폴리오 최적화 및 부채 구조 개선 필요성

엘리엇 매니지먼트의 현대적 포트폴리오 접근법은 "엘리엇 매니지먼트는 복잡한 지배구조 속 가치 왜곡을 포착하고, 공격적 행동

주의를 통해 주주 가치를 극대화하는 변화를 이끌어낸다"로 요약할 수 있다.

에필로그

　다양한 투자 거장들과 거대 기관들이 각기 다른 철학과 전략으로 선택한 '단 하나의 기업' 이야기들을 따라 투자 세계를 탐험했다. 불확실성 속에서도 자신만의 나침반을 따라 성공의 길을 걸어온 그들의 지혜는 분명 우리에게 많은 영감을 주었다.

이 책에 제시된 데이터와 방법론에 대하여

　본 도서에 수록된 주가, 환율, 기업 정보, 포트폴리오 구성 등은 주로 집필 시점 기준의 공개 자료 및 추정치를 바탕으로 작성되었다. 금융 시장은 하루에도 수십 퍼센트의 변동이 가능하므로, 책 속의 특정 수치는 시간이 경과함에 따라 실제와 다를 수 있다. 달러/원화 환산 등 일부 계산은 어림계산으로 처리된 부분도 있다. 또한 본문에 인용된 투자자 및 기관의 포트폴리오 구성은 특정 시점의 공개 자료를 기반으로 서술되었으며, 이후 실제 보유 여부와 관계없이 해당 사례 분석을 위해 그 시점의 내용이 유지된 것으로 간주하였다.

　수많은 자료를 검색하고 데이터를 검증하는 과정에서, 특히 개인 운용사나 헤지펀드의 경우 모든 투자내용이 투명하게 공개되지 않아 검증되지 않았거나, 일치하지 않을 수도 있는 자료나 내용도 있었다. 필자는 최대한 신뢰할 수 있는 공개 자료와 전문가들의 분석 그리고 해당 인물/기관의 공개된 투자 철학에 근접하여 내용을 작성하고자 노력했다.

'단 하나의 기업' 선정 또한 엄밀한 규칙보다는 해당 투자자/기관의 철학이나 스토리를 가장 잘 보여주는 사례를 중심으로 이루어졌다. 예를 들어, 낸시 텡글러의 경우 일라이 릴리 투자에 대한 명확한 공개 기록이 제한적이었으나, 그녀의 투자 철학과 일라이 릴리의 기업 특성을 바탕으로 충분히 개연성 있는 사례로 선정하였다. 책에서 제시된 해석, 견해, 전략 등은 다양한 투자 관점 중 하나이며, 독자의 관점이 다를 수 있음을 존중한다. 본 도서는 투자 학습과 사고 확장을 위한 참고 자료이며, 특정 자산에 대한 투자 권유가 아님을 분명히 밝힌다. 투자 판단에 따른 결과는 전적으로 독자 개인의 책임이다.

투자의 미래- AI와 인간의 협업

우리가 거장들의 지혜를 탐구하는 동안, 기술 발전은 금융 시장의 모습을 빠르게 변화시키고 있다. 특히 인공지능AI은 데이터 분석, 패턴 인식, 자동 매매 등 투자 과정의 많은 부분을 효율화하며 인간 투자자의 역할을 대체할 수 있을지에 대한 근본적인 질문을 던진다.

AI는 방대한 데이터를 인간보다 훨씬 빠르고 정확하게 처리하고, 감정에 휘둘리지 않으며, 복잡한 계산을 수행하는 데 강점을 가진다. 로보어드바이저, AI 기반 ETF, 투자 시그널 등 다양한 AI 도구들이 이미 개인 투자자들에게 제공되고 있다.

그러나 AI가 주식 투자라는 영역에서 인간을 완전히 대체하기 어렵다는 강력한 의견과 그 이유 또한 존재한다. 주식 시장은 인간의 심리, 예측 불가능한 사건, 복잡하게 얽힌 지정학적/사회적 변수 등 데이터로 온전히 포착하고 모델링하기 어려운 요소들이 강하게 작용하기 때문이다. AI는 과거 데이터에 없는 완전히 새로운 유형의 충격에 대한 예측이나 인간 심리의 미묘한 변화를 읽어내는 데 한계를 보일 수 있다. 또한, AI 기술이 발전하여 모든 투자자가 유사한 알고리즘에 접근하게 되면, 결국 모두가 똑같은 신호를 보고 거래하게 되어 시장의 비효율성이 사라지고 수익 기회가 줄어드는 문제가 발생할 수 있다.

이러한 요소들이 주식 투자를 다른 분야와 구별 짓고, AI가 인간의 역할을 완전히 대체하기 어렵게 만드는 근본적인 이유가 될 수 있다. 따라서 앞으로도 주식 투자 분야에서는 인간의 역할이 여전히 중요하게 유지될 가능성이 높다. AI는 데이터 분석, 속도, 자동화 측면에서 인간의 능력을 강화하는 강력한 도구로서 활용되겠지만, 최종적인 전략적 판단과 위험 감수에 대한 최종 결정권은 인간에게 남아있을 가능성이 높다.

마무리하며

이 책은 투자 거장 및 기관들이 걸어온 발자취를 따라가며, 다양한 성공 철학과 전략 그리고 시장을 읽는 그들만의 시각을 배우는 여정이다. 장기적인 안목의 중요성, 기업 본질에 대한 이해, 철저한 위험 관리, 시장 심리 활용, 그리고 변화하는 거시 트렌드 읽기 등 시대와 스타일을 초월하는 성공 원칙들을 탐구한다. AI와 같은 새로운 도구의 등장 또한 투자 환경을 변화시키지만, 결국 그 도구를 어떻게 활용할지는 투자자 자신의 몫이다.

이 책을 통해 얻은 지혜와 통찰이 독자 여러분 각자의 투자 스타일에 맞춰 적용되고, 자신만의 투자 원칙을 세우는 데 필요한 영감이 되기를 바란다. 거장들의 발자취에서 배우고, AI 도구의 도움도 받으며, 시장의 복잡성 속에서도 흔들리지 않고 '미래를 향한 나만의 포트폴리오'를 성공적으로 구축해나가시기를 응원한다. 투자라는 흥미진진한 여정에서 항상 배우고 발전하며, 현명한 판단으로 성공을 거두기를 바란다. 한국에서도 이러한 좋은 투자자와 시대를 바꿀 기업들이 더 많이 탄생하기를 기대한다.